海洋考古学入門

方法と実践

木村 淳・小野林太郎・丸山真史 編著

東海大学出版部

An Introduction to Marine Archaeology: Methods and Practice

Edited by Jun KIMURA, Rintaro ONO and Masashi MARUYAMA
Published in 2018 by Tokai University Press
Printed in Japan
ISBN978-4-486-02171-1

口絵1　ケープ・ゲラドニャの沖合いの26〜28mの海底から，約3200年前の地中海青銅器時代の遺物を引き揚げる水中考古学者（写真提供：Institute of Nautical Archaeology, Don Frey）

口絵2　地中海で発掘された中で最古級とされる3300年前のウルブルン沈没船の水中発掘調査．ケープ・ゲラドニャ沈没船遺跡と同型の銅鋳塊，約10tが出土した（写真提供：Institute of Nautical Archaeology, Don Frey）

口絵3　開陽丸は，徳川幕府がオランダに建造を依頼した，補助蒸気機関を搭載したバーク（横帆）船であり，1865年に完成．戊辰戦争の末期，旧幕府軍の旗艦となり，箱館戦争の最中に北海道に回航．1868年に江差港外に暴風に見舞われ沈没した．幾度かのサルベージ後，1960〜1970年代に海底には何の形跡もないと判断され防波堤が建築された．しかしながら，1974年に江差町教育委員会により，防波堤を挟んで港の内外の海底で関連遺物の広がりが確認され，一帯が遺跡（周知の埋蔵文化財包蔵地）として登録された（写真提供：江差町教育委員会）

口絵4　滋賀県立大学が継続研究してきた琵琶湖での水中考古学調査によって湖底で確認された遺物．自然災害によって水没した可能性のある西浜千軒遺跡で確認された五輪塔の一部（写真提供：中川永，写真撮影：山本遊児）

口絵5　スリランカ南岸沖の紀元1世紀前後のゴダワヤ沈没船出土の半球状のガラス鋳塊（ガラス原材料）（写真提供：スリランカ考古学局）

口絵6　ビリトゥン沈没船出土の水瓶．法隆寺献納の龍首水瓶と意匠が類似する（写真撮影：木村淳，シンガポール・アジア文明博物館）

口絵7　韓国木浦の国立海洋文化財研究所展示の高麗王朝時代の莞島船（推定復元長9m）．朝鮮半島西岸沖の黄海海域では，新羅‐李氏朝鮮時代の船が発掘されている．莞島船は，韓国で最初に発掘された半島在来技術で建造された船体の考古資料である．11世紀後半から12世紀前半に沿岸交易に使用されたと考えられている（写真撮影：佐々木蘭貞）

口絵8　泉州市の後渚港の干潟で発掘される泉州船（泉州古船）．発掘後，船体は解体され，泉州市内の開元寺で復元された（写真提供：泉州交通史博物館）

口絵9　ジャワ海沈没船復元模型（写真撮影：木村淳，シカゴ・フィールド自然史博物館）

口絵10　ロスキレに係留される中世の復元ロングシップ・ヴァイキング船（写真撮影：木村淳，ヴァイキング船博物館）

口絵11　スクルゼレウのフィヨルド出土の大型ヴァイキング船．船内の肋材は，規則性が無く配置され，外板を先に組上げて船殻を建造したことが分かる（写真撮影：木村淳，ヴァイキング船博物館）

口絵12　メアリーローズ号の引き揚げ箇所を示した図（写真撮影：木村淳，メアリーローズ号博物館）

口絵13 イギリス・ポーツマス沖海底からのメアリーローズ号船体引き揚げ（写真提供：メアリーローズ号博物館）

口絵14 メアリーローズ号船内出土の調理用設備
（写真撮影：木村淳，メアリーローズ号博物館）

口絵15 メアリーローズ号博物館で展示される引き揚げ船体・右舷甲板と船尾部（写真撮影：木村淳，メアリーローズ博物館）

口絵16 ヴァーサ号博物館で展示される引き揚げ船体(写真撮影:木村淳,ヴァーサ号博物館)

口絵17 ヴァーサ号船尾部(写真撮影:木村淳,ヴァーサ号博物館)

口絵18　オランダ東インド会社沈没船バタヴィア号（1628）の船材引き揚げ（写真提供：パトリック・ベーカー，西オーストラリア博物館）

口絵19　保存処理を終えて西オーストラリア海事博物館で展示されるバタヴィア号船体とバタヴィア要塞の門柱（写真提供：パトリック・ベーカー，西オーストラリア博物館）

口絵20　東ティモールのジェリマライ遺跡で出土した更新世後期の貝製釣針（オーストラリア国立大学　オコナー博士提供）

口絵21　中スラウェシのトポガロ洞窟出土の土器（写真撮影：小野林太郎）

口絵22　ヴァヌアツ出土のラピタ土器（完形品）（写真撮影：小野林太郎）

口絵23　ポンペイ島のナンマドール遺跡．最大の人工島となるナンダワス島の風景（写真撮影：小野林太郎）

口絵24　イースター島のモアイ像（写真提供：慶応義塾大学　山口徹氏）

口絵25 海サマ人の家船（ボルネオ島東岸）（写真撮影：小野林太郎）

口絵26 モーケン人の家船（スリン諸島・タイ）（写真提供：国士舘大学 鈴木佑記氏）

口絵27 ボルネオ島・センポルナの陸サマ村の風景（写真撮影：小林林太郎）

口絵28 ボルネオ島・センポルナの海サマ村の風景（写真撮影：小林林太郎）

口絵29　東名遺跡から出土した魚骨（佐賀市教育委員会2009『東名遺跡Ⅱ』第6分冊 p.167）

口絵30　兵庫津遺跡から出土した漁具と魚貝類（写真提供：神戸市教育委員会）

目次

序　章　小野林太郎　1
   1. 海洋考古学の定義　1
   2. 本書における各部の構成と内容　3
   3. これからの海洋考古学とその将来　4

第1部　水中・海事考古学 …………………………… 木村　淳　7

第1章　水中考古学と海事考古学　9
   1. 水中考古学概論　9
   2. 日本水中考古学史　13
   コラム1　水中遺跡の調査・発掘法　木村　淳　23

第2章　沈没船遺跡とアジア海域史　26
   1. 船と海域史　26
   2. 海域と考古学　27
   3. 海域史と沈没船遺跡　31
   コラム2　水中考古学と海洋調査　坂本　泉　40

第3章　史跡沈没船と水中文化遺産の保護　42
   1. 中世ヴァイキング船からメアリーローズ号，ヴァーサ号，オランダ東インド会社バタヴィア号　42
   2. 水中文化遺産の概念の成立　49
   コラム3　ROVの水中遺跡調査での利用と研究　坂上憲光　53
   コラム4　ニール号発掘調査　潜水調査コラム　鉄多加志　55

第2部　島嶼・沿岸考古学と民族考古学 …………………………… 小野林太郎　57

第4章　海から見た人類の進化と歴史　59
   1. アフリカ大陸における初期人類の海洋適応　59
   2. 原人による出アフリカと海洋適応　61
   3. 旧人・新人の出現と新たな海洋適応　62
   4. 新人による出アフリカと世界への拡散　65
   5. 環太平洋圏における新人の拡散と海洋適応　68
   コラム5　オホーツク文化　木山克彦　72

第5章　島嶼と沿岸考古学　76
   1. 島嶼・沿岸考古学のテーマ　76
   2. 日本における研究事例　78
   3. 台湾・東南アジア島嶼部の研究事例　83

4．オセアニア海域の研究事例　　87
    5．島嶼・沿岸考古学から文明論へのアプローチ　　89

  第6章　海域アジアにおける海民の過去と現在　　92
    1．海域アジアの海民たち　　92
    2．海域アジアにおける海民の出現とその歴史　　94
    3．東南アジア海域の海民：その過去と現在　　96
    4．東アジア海域の海民：その過去と現在　　98
    5．海民研究の視座と未来　　100
    コラム6　海洋考古学への期待　　北條芳隆　　103

第3部　動物考古学　………………………………………………………丸山真史　109

  第7章　動物考古学からみた海と人の歴史　　111
    1．動物考古学はどのような分野か　　111
    2．動物遺存体の資料化　　112
    3．東名遺跡にみる縄文時代早期の漁撈
      〜微小な魚骨・耳石を採集する意義〜　　113
    4．まとめ　　117
    コラム7　海洋考古学を化学する
      ——DNAで追う遺跡産魚骨の謎　　野原健司　　119

  第8章　先史時代の奈良盆地における海産物利用　　121
    1．唐古・鍵遺跡と海産物　　121
    2．唐古・鍵遺跡の魚類遺存体の特徴　　121
    3．弥生時代以前と以後　　128
    4．まとめ　　130

  第9章　近世の海産物利用　　132
    1．兵庫津における漁業と海産物利用　　132
    2．大坂の魚市場　　136
    3．京都の屋敷における水産物利用　　137
    4．まとめ　　141
    コラム8　オセアニアにおける海の動物考古学　　小野林太郎　　143

  終　章　　木村　淳・小野林太郎・丸山真史　　147
    1．海洋考古学の理論と実践　　147
    2．水中・海事考古学，島嶼・沿岸考古学，そして動物考古学の視点　　148

索　引　　151

序　章

1. 海洋考古学の定義

　海洋考古学とは，人類の海洋環境への適応の歴史，あるいは人類による海の利用や水上・水辺での活動の痕跡を考古学の方法を用いて研究する学問である．その研究テーマは海洋に面する沿岸・島嶼域における人類の拡散や居住，海洋水産資源の利用と生業，船舶による海上輸送や海戦に関わる遺跡など多岐におよぶ．ゆえに英語で表現するなら，Marine Archaeology とするのが妥当であろう．

　しかし，日本における海洋考古学の定義づけはこれまで曖昧であった．その結果，一般的には，海洋考古学＝水中考古学というイメージが想起されることも多い．このイメージは全くの間違いとは言い切れないが，海外における海洋考古学の一般的な概念と比べると，かなりの隔たりがあるのも事実である．同じく日本における水中考古学という名称の持つ意味も，国際的に一般化しつつある定義や意味合いとはやや異なる印象がある．この点については，すでに日本語でも指摘がなされているが（e.g. 木村 2007；林田 2017），世界的には水中考古学（Underwater Archaeology）という名称は一つの学問体系というより，海洋考古学や海事考古学といった分野における，方法論の一つとして認識されつつある．本書のタイトルに「水中考古学」という名称が入っていない理由の一つもここにある．

　一方，本書が「海洋考古学」を掲げるもう一つの理由は，その対象領域が，海を含めた水中に存在する遺跡や遺物を研究対象とする点で主流となりつつある「海事考古学」とも異なっている点にある．海事考古学（Maritime Archaeology）は近年，水中考古学という方法論を最も積極的に援用する学問領域でもあり，海を主な舞台とした人類の諸活動，特に船舶や水運・海運に関わる歴史の解明に貢献してきた．海外で「水中考古学」の講義科目やトレーニングコースを設置している大学や研究機関の多くは，この「海事考古学」を専攻するプログラムとなっていることが多く，教官の多くも海事考古学者で占められるのが一般的である．イギリスのサウザンプトン大学の海事考古学センター（Center for Maritime Archaeology）やオックスフォード大学の海事考古学（Maritime Archaeology）の大学院プログラム，オーストラリアのフリンダース大学の場合は考古学科の中に海事考古学（Maritime Archaeology）の大学院プログラムが設置されている．いずれも場合も，学生達による専攻は「海事考古学」ということになる．一方で，この分野で有名なアメリカのテキサスA＆M大学の場合，人類学科の中に船舶考古学（Nautical Archaeology）プログラムのコースを設置している．

　これに対し，本書で掲げる「海洋考古学」は先にも触れたように，人類と海や水環境との関わる全ての事象や歴史を対象としている点に大きな特徴がある．したがって，ここで示す「海洋考古学」は，当然ながら「海事考古学」の領域や方法論としての「水中考古学」も含まれるが，さらに海と人類の歴史に積極的に関わってきた「島嶼考古学」や「沿岸考古学」もその中心となる専門領域として含む．さらに本書では，人類による水産資源や海産資源の利用史を検討する上で重要な研究領域となる「動物考古学」も「海洋考古学」を構成する上で不可欠の分野と考えている．これらを総合すると，概念的には「海洋考古学」は図1のようなイメージとなるであろう．

　図にもあるように，海洋考古学も全体としては考古学という学問体系の中に組み込まれており，その上位には考古学が位置する．方法論における

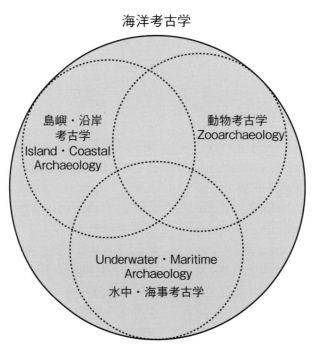

図　海洋考古学の学問的位置とこれを構成する専門領域の概念図

　考古学の特徴は，何よりも「発掘」というフィールド研究を伴う点にある．発掘の基本は土を掘ることであり，土中に残る人類の遺産，すなわち過去の遺跡や遺物の発見とその発見時の状況を可能な限り記録するところにある．その基本的な方法は陸上でも，水中においても同じである．水中においても発掘を行う場合は，水底に堆積する土砂や泥中に埋没する遺跡（沈没船等）や遺物（積載物等）を対象とし，一定の発掘法に従って，記録を取りながら掘り進めていくことになる．

　ここで強調しておきたいのは，遺跡の側から見れば，「発掘」という行為は，「破壊行為」でもあるということである．遺跡内において，一度発掘した箇所は，二度と同じ状態に戻すことはできない．ゆえに考古学的データを得られるチャンスも一度きりしかない．考古学の近代科学としての最大のジレンマもここにある．すなわち，発掘行為によって得られる遺跡や遺物に関する考古学的なデータのうち，それらがどのような土中の状況，関係性の中で出土し，収集されたのかについては再検証がほぼ不可能なのである．ゆえに考古学者は，一度きりのチャンスを最大限に活用する義務があり，その一つが可能な限り詳細な出土状況に関する記録を取ることなのである．非統制的で場当たり的な遺跡破壊を行ったり，出土状況をほとんど記録しようとしないトレジャーハンターによる盗掘が，考古学者や文化財関係者から激しく非難される根本的な理由もここにある．

　一方，考古学という学問領域は，さらにその上位に人類学や歴史学が位置すると認識されてきた．これは考古学の対象が，原則的にはあくまで人類であり，人類が誕生して以降の歴史であることによっている．したがって，考古学の対象はまずもって人類であり，世間でたびたび誤解されるように人類の誕生以前に生息していた恐竜などの古生物の研究とは一致しない．ただし，考古学が人類史そのものを対象とした研究として実践されるか，特定の地域や国の歴史の枠組みの中で実践されるかは，国や地域によって異なる傾向がある．

　たとえば日本における考古学は，イギリスやフランス等と同じく，歴史学の一分野として認識されることが少なくない．実際，日本の大学内における考古学専攻は，歴史学科の一専攻として設置されるのが一般的である．これに対し，アメリカやオーストラリアにおいては，考古学は人類学（Anthropology）の一分野として位置づけられる

ことが多い．ゆえにこれらの国での考古学は，特定の国や地域の歴史を対象とするよりも，広く人類史的な視点から，地域における事例や痕跡を研究するという姿勢がより強い．ただし，こうした傾向は，あくまでその比重がどちらにより大きいかの違いであり，考古学という学問領域が究極的にはその両方を学問的なターゲットとしていることは自明である．

したがって，本書で掲げる海洋考古学も，その目指すところは，人類と海洋，あるいは水環境との関わりを様々な事例・事象から探究するところにある．しかし，個別・具体的な研究としては，特定の地域や時代が対象となることが多い．たとえば日本を拠点にする研究であれば，その多くは日本国内における遺跡や歴史事例が対象となる機会が多くなるであろうし，地球規模で見た場合もアジア・オセアニア圏での研究がより多く，それ以外の地域で日本の研究者がイニシアティブを持って海洋考古学のフィールド調査を展開する機会はそれほどないかもしれない（もちろん不可能ではないが）．本書において紹介する事例も，日本国内やアジア圏における研究成果に由来するものが少なくない．

このように対象とする地域・時代には多様性があるが，本書で論じる「海洋考古学」を構成する主な分野を改めて整理すると，①水中・海事考古学，②島嶼・沿岸考古学，そして③動物考古学の3つの専門領域を指摘できる．ゆえに本書の構成も，各領域別に3部構成とした．関連するトピックについては，コラムとして紹介する形をとった．次に各部における内容について簡単に触れておきたい．

2. 本書における各部の構成と内容

第1部では，水中・海事考古学の方法論や主な研究事例について整理される．日本においては，これまでに出版された水中考古学関連の出版物は少なくない．しかし，その定義，学問領域，方法論などにおいては，大学などの講義などで使用するために適当な内容・体裁となっているものは極めて限られている．そこで本書では，上述のテーマについて定義，学問領域，学史，方法論と研究事例について，海事考古学を専門とする木村が整理した．特に第1部は大学における講義や演習の基礎教本としても利用できるよう，学史を中心に記述されている点に特徴がある．また，アジア海域史理解に寄与することを目的に，木村の専門分野である東アジア・東南アジアの沈没船遺跡の最新の研究がまとめられている．ヴァイキング船，メアリーローズ号，ヴァーサ号，バタヴィア号など中世から絶対王政期の沈没船の著名な引き揚げ事例とその意義，水中遺跡が水中文化遺産として保護される現状を概説する．

第2部では，島嶼・沿岸考古学の主な対象地域や，近年盛んとなりつつある研究テーマの紹介の他，これらの研究の大前提となっている人類史的な枠組みでの，人類と海，あるいは水環境との関わりの歴史について現時点で議論されている最新の状況を小野が整理した．現在，人類の歴史は約600万年とも700万年ともいわれている．またその誕生の地は，アフリカ大陸の内陸部にあたる森林地帯だった可能性が高まりつつある．この仮説が正しい場合，私たち人類の祖先は森林で生まれ，その後にどこかのタイミングで沿岸，そして海洋環境に出会い，進出していったことになる．第2部では，現在得られている人類・考古学的な情報に従いつつ，その大まかな過程について整理・紹介している．そのうえで，人類の海洋環境への進出や，海洋適応が最も進んだ地域として，アジアやオセアニアの海域世界への注目が集まりつつあることが理解されるであろう．第2部での後半では，島嶼・沿岸考古学の事例として，日本を含めたアジアやオセアニア海域における研究テーマのうち，特に海洋考古学と関わりが深いと思われるものや，近年の人類学や考古学の分野で世界的に注目をあびつつあるものを取り上げた．

一方，アジアやオセアニアの海域世界には，現在においても海と密接に暮らす「海民」と呼ばれる人々が散見される．日本でもかつて戦前までは，瀬戸内海や九州沿岸部を中心に家船民と呼ばれ，船を家として季節移動を繰り返す漁民集団が存在した他，歴史的には海部や海士・海女と呼ばれる

集団が，主に沿岸部で暮らしてきた記録が残っている．このように海と密接な関わりの中で暮らしてきた人々が，日本では「海民」や「海人」と呼ばれてきたが，似たような生活・居住様式を持つ人々は，東アジアから東南アジアの沿岸域や，さらには東南アジアの島嶼部域にも広く見られる．またオセアニアの島々の暮らしも，海との密接度は高いことが多い．ところで考古学の対象は人類であり，人類の誕生から現在までという人類史全てが対象でもある．ゆえにこうした海民の暮らしや過去における歴史は，当然ながら島嶼・沿岸考古学の対象となる．このうち，特に彼らの同時代における暮らしや文化を対象とする場合は，考古学の中で1960年代頃より発展してきた民族考古学の方法論があり，これを部分的に援用することが可能である．第2部では，そうした研究事例についても紹介し，海洋考古学の持つ視野や研究テーマの多様性を知ってもらうことに努めた．

第3部で主に取り上げられる動物考古学的なアプローチや方法論も，島嶼・沿岸考古学と密接な関わりを持っている．動物考古学の具体的な対象は，人類によって捕獲，あるいは飼育され，食料や加工品の材料等の目的で利用され，最終的に廃棄された動物遺存体（遺体）である．遺体といっても，有機物である肉の部分は残存率が極めて低いため，考古学の調査で得られる動物遺存体の大半は骨の部分となる．ただし，ここでも強調しておきたいのは，動物なら何でも良いのではなく，あくまで人間によって利用された痕跡が残る動物遺存体が対象となっている点である．また動物には，哺乳類や爬虫類，両生類のみでなく，貝類や魚類も含まれる．特に島嶼・沿岸考古学の対象となる島や沿岸域の遺跡群からは，貝類や魚類遺体が多く出土するケースが少なくない．また哺乳類では，イルカやクジラ，アザラシといった海洋性哺乳類が出土する場合もある．特に海洋性哺乳類（＝海獣）の積極的な利用は，イヌイットやエスキモーといった北方系狩猟採集民の事例が有名で，ユーラシア大陸の東北部沿岸からベーリング海峡をまたいで北アメリカ大陸の沿岸部に多い．日本においては，東北地方や北海道の沿岸に暮らしてきた縄文人による利用痕跡が多くみられる他，北海道のアイヌ人による民族誌事例も知られる．第3部では，こうした遺跡から出土する動物遺体の分析法として，骨の現生標本を用いた出土骨の同定分析の方法や，量比による重要性，出土骨にのこるカットマークのような解体痕から，当時の人びとがどのように動物を利用・廃棄したのかを復元する方法が紹介される．また海洋考古学という枠組みの中での方法論として，貝類，魚類の分析と研究事例，その成果について紹介した．

3. これからの海洋考古学とその将来

先述したように日本においては，海洋考古学や水中考古学は，その定義も曖昧であり，イメージ先行で混合的に使われてきた．その背景の一つには，この分野における研究そのものの遅れが指摘できる．特に海外の大学や研究機関で一般化しつつある「海事考古学」が，日本においてはまだ極めてマイナーな存在であることは，この状況を象徴している．実際，日本では「海事考古学」という名称を冠した大学の教育プログラムは存在してこなかった．唯一，東京海洋大学に「水中考古学」の名称を冠した講義や，大学院の教育プログラムがある他，本書執筆者の多くが所属する東海大学の海洋学部に，「海洋考古学」という枠組みで複数の講義・演習科目が開講されてきた．また東海大学海洋学部でも，2016年度より大学院（海洋学研究科）が新たにスタートし，大学院の教育プログラムも揃いつつある．

日本においては，現在この2大学でのみ，海洋考古学や水中考古学に密接に関わる講義科目や教育プログラムが用意されているという現状があるが，この分野をより本格的に学びたいという若者たちの数はけっして少なくない．また国内外における水中文化遺産や，この分野への関心は年々高まりを見せているのも事実である．これらの現状を踏まえるなら，今こそ考古学という学問領域の中で，改めて海洋考古学や海事・水中考古学の位置づけやその重要性を再確認する必要があるのではないだろうか．同時に文化財行政を主体とする日本の考古学界においては，『水中遺跡保護の在

り方について』（文化庁）を機に，水中文化遺産の保全という問題を視野に入れながら，国と地方自治体の両レベルにおいて，専門家の教育や専門的な研究機関の検討が急務となっている．

　本書はその最初の試みの一つとして，まずは海洋考古学の考古学という学問領域内における位置づけや定義から，具体的な方法論や研究事例をわかり易く紹介した教科書的な役割を目指して執筆された．ただし，ここで定義した海洋考古学の分野はかなり広く，その方法論や研究テーマも多様である．今後は，これを構成する専門領域別により詳しい総合的な教科書が求められるかもしれない．特に日本ではまだ部分的にしか紹介されていない「海事考古学」については，改めて関連書籍の刊行が強く求められよう．東海大学においては2017年度より，英国で開発された海事考古学のトレーニングプログラムを試験的に導入し，この専門領域をより深く学べる機運も生まれつつある．この分野における今後のさらなる発展と普及を願いたい．

第1部
水中・海事考古学

　本書は，海洋考古学の学問領域ごとに，3部の構成から成っている．3章から成る第1部冒頭では，水没した遺跡，すなわち水中遺跡を探求する水中考古学の研究が，どのように発展してきたのかを概観する．陸上に限らず，水面下にも遺跡が残ることを知った考古学者らは，スキューバ式潜水によって水底に到達し科学的な発掘調査を地中海で開始した．水中遺跡に残る遺物には，驚くほど良好な状態で保存されているものがあった．また，陸上では発見例の少ない船や港の遺跡，海面の高さの変動や自然災害により水没した遺跡があった．地球上を覆う海や湖沼，河川も人類の活動空間であり，海上交易や海戦の痕跡が，体系的に研究されていく．海事考古学や船舶考古学の専門家は，20世紀の航空機の開発以前に，人類史で長く使用されていた舟や船を遺跡として研究し，既存の考古学と歴史学でもその成果が認知されるようになった．第1部第2章では，東アジアや東南アジアの海域を舞台にした歴史，海域史に，考古資料として遺跡から出土する船体や沈没船遺跡に考古学の立場から，新たな解釈を加えた．陸上と水中で出土事例が増加する船体考古資料は，造船技術の発展を読み解くのに有益で，ヒトやモノ，イデオロギーなどの移動に関わった船に具体像を与えてくれる．造船史は，東アジアでは，国ごとの発展で研究されてきたが，海域を往来した船に使われた造船技術は，伝播と融合を果たしていた．第1部の最終章では，20世紀にその船体が引き揚げられた，ヨーロッパの歴史時代の沈没船（史跡沈没船）を概説した．デンマークのヴァイキング船，イギリスのメアリーローズ号，スウェーデンのヴァーサ号は，いずれも，その国の文化・歴史・社会・国家形成に密接に関わる沈没船遺跡であり，船にアイデンティティを求め，その結果としてこれらの国でもその後の水中遺跡研究が進展した．オーストラリアのバタヴィア号のように水中遺跡保護の仕組みや体制整備で大きな影響を与えた事例もある．最終章では，水中遺跡が水中文化遺産として保全されるに至った道程も説明する．

扉写真　奄美大島宇検村倉木崎海底遺跡での金属探知機調査

第1章　水中考古学と海事考古学

　　水中環境で考古学作業を行う水中考古学は，スキューバ式潜水技術の普及とともに，1960年代から地中海で始まり，アメリカやヨーロッパの研究機関により実践された．古代地中海世界において沈没した交易船を，陸上と同様に発掘調査し研究することを初期の水中考古学は目指した．考古学者自らが潜水して発掘調査に直接携わり，その価値を明らかにしてきた．人類史の数千年間，舟・船は，水上輸送，交易，海賊行為や海戦，植民地活動の手段であり，ヒト・モノの移送に使用されてきた．失われた船も重要な考古遺跡である．船体，港湾施設，沿岸遺跡，景観まで幅広く研究対象とする船舶考古学や海事考古学の専門分野が成立した．国内では，早くに小江慶雄が琵琶湖葛籠尾崎湖底遺跡の存在に着目，その後，琵琶湖湖底遺跡群の研究が進展する．1980年代から，元王朝クビライ船団の船が沈んだ長崎県の鷹島沖合い海域で調査が開始，1990〜2000年代後半の同島神崎港沖で船体部材・武器・甲冑類関連遺物の出土を経て，2012年の船体出土は，同遺跡の国史跡指定の契機となった．これを機に，文化庁主導により，水中遺跡調査検討委員会が設立され，国内における水中遺跡の調査・把握・保護・活用の方針が示されることとなる．

1. 水中考古学概論

地中海における水中考古学と船舶考古学の進展

　「水中考古学（Underwater Archaeology）」は考古学の一分野である．研究対象となる水中遺跡は，"過去の人類活動の痕跡であり，その全体あるいは一部が常時または一時的に水没し，水域に形成された遺跡"と定義される（木村 2007）．

　地中海では，20世紀初頭から，古代ギリシア・ローマ文明の遺跡が数多く海底に残っていることが注目され始めた．1901年，ギリシア半島南部沖合いのアンティキティラ島の海綿採取ダイバーによって，青銅製像の腕が発見されたことを契機に，その存在が知られるようになった紀元前1〜2世紀頃の沈没船からは，青年の青銅製像の他，アンティキティラメカニズムと呼ばれる青銅製品が引き揚げられた（図1-1）．この青銅製品は，その後の2000年代の研究で，30個以上の歯車からなる，太陽と月の位置を予測するために用いられた器具と判明している．

　1940年代フランスの海洋学者ジャック・イヴ・クストーらによって自給式水中呼吸装置（アクアラング）が開発され，スキューバ式潜水技術が普及し，地中海各地の海底で水中遺跡の発見が報告されるようになった．1951〜1957年にかけてクストー自身は，地中海沿岸フランス・マルセイユのリウ島沖の水深約30〜45 mの海底で，アクアラングを使用して，初の沈没船遺跡調査を行った．グラン・コグリエ沈没船遺跡では，古代地中海世界でワインやオリーブ油の貯蔵容器として使用されたアンフォラ陶器壺が多量に確認された（図1-2）．これらはエーゲ海のロードス島産やヒオス島産と特定され，グラン・コグリエ沈没船は，紀元前2世紀頃と，紀元前2世紀末から紀元前1世紀初頭頃に沈んだ2隻の沈没船から成ると考えられている．グラン・コグリエ沈没船の実態の解明につながったクストーのスキューバ式潜水技術による発掘調査は，地中海域での水中考古学実践の幕開けとなった．1965年には地中海の沈没船遺跡調査の成果を考古学的な視点から報告した『Marine Archaeology』が出版されている（Taylor ed. 1965）．同書では，水中という特殊環境で考古学作業を実践するにあたって，発掘調査法に関する技術的な問題が解決されていたことが示されている．

　スキューバ式潜水が普及する中で，トルコ沿岸

図 1-1 アテネ国立考古博物館所蔵のアンティキティラメカニズム．1901 年に潜水夫によって，アンティキティラ島沖合いで，青銅像や多量のアンフォラとともに引き揚げられた．残存長は約 20 cm で，後の研究により歯車からなる，太陽と月の運行予測の器機と判明した（写真提供：アテネ国立考古学博物館）

図 1-2 マルセイユ・リウ島沖で発掘されたグラン・コグリエ沈没船から回収されたワイン用の大型アンフォラ壺（写真提供：Taylor ed. 1965）

などの地中海沖合いでは，アンフォラなどの沈没船関連遺物の引き揚げも盛んになっており，考古学者による水中での学術調査の必要性が唱えられていた（スロックモートン 1966）．1960 年代，古典考古学で著名なペンシルバニア大学に在籍していたジョージ・F・バスは，こうした報告を受け，トルコ南岸沖ケープ・ゲラドニャで多数のアンフォラや金属物が残る海底での水中発掘調査を行う（口絵 1）．1960〜1970 年代の時点での宝探し的な見方や，古典考古学界主流派の批判を受けながらも，陸上と同精度の発掘調査を水中でも行えることを証明した．その成果は，Underwater Archaeology では無く，『Archaeology Under Water』（Bass 1966）の書名で報告としてまとめられている．一連の発掘調査成果は，水中考古学として，日本でも紹介された（バス 1974）．一方で，この紀元前 1200 年頃のケープ・ゲラドニャ沈没船の水中発掘調査については，バス自身が指摘するように，学術的に真に評価されるべきは，同沈没船を地中海最古級の交易船と特定したことにある（Bass 2005）．青銅品の原材料である銅と錫を輸送中に沈んだ船であった（図 1-3）．他の遺物から，この船で海上輸

図1-3 ケープ・ゲラドニャ沈没船からは，重さ25 kgの純正の銅の鋳塊が34点以上回収された．これらは加工前の青銅製品の原材料であった．また錫原材料や，壊れた青銅道具や編み籠も発見された．青銅品の原材料である銅に錫，再利用のための廃品青銅道具，そして遺跡から発掘された金属加工工具が，職人を乗せ青銅原材料の海上輸送に従事していた中近東沿岸の船であったことを推定するに十分な物証であった（写真提供：Institute of Nautical Archaeology, Don Frey）

送に携わったのは，現在の中近東の航海民であり，青銅器時代の地中海社会において，彼らの実像が沈没船遺跡の調査によって明らかになった．

　水中での発掘調査が，陸上と同様の考古学の実践に留まらず，専門領域を確立してこそ評価されるとの理解の下，バスは，船体考古資料や沈没船遺跡を研究対象とする「船舶考古学（Nautical Archaeology）」を追求し，「船舶考古学研究所（Institute of Nautical Archaeology）」を設立，テキサスA＆M大学を拠点に活動を続けた．地中海における船舶考古学の最大の成果として挙げられるのが，現在確認されている中では最古とされる紀元前1300年頃のウルブルン沈没船の発掘調査である．1984年からトルコ・アンタルヤ県カシュ近郊のウルブルン沖の45 m以上の沖合い海底で発掘調査が開始，ケープ・ゲラドニャ沈没船と同じく青銅器時代の3300年前に沈んだ交易船と判断された．中近東を根拠地とした船には，多量の銅と錫が積まれており，これらはキプロス島起源と分析されている（口絵2）．この他にエジプト産の金製品などの高価な品が出土しており，キプロス島を中継地にギリシアとエジプトの海上交易に従事していた船であった可能性が考えられている（Bass 2005）．海底に残る沈没船が，陸上の消費地遺跡と生産地遺跡とは異なる性格を持つ考古遺跡であることが，バスらの地中海における一連の研究により立証されている．

海事考古学論

　1960〜1970年代，地中海地域だけでなく，ヨーロッパやオーストラリアにおいても，歴史的・考古学的に重要とされる史跡沈没船の海底での発見が相次いだ．これら史跡沈没船には，1961年にスウェーデン・ストックホルム湾海底で発見された17世紀建造のグスタフ2世アドルフの旗艦ヴァーサ号，1962年にデンマークのロスキレ沖より引き揚げられた中世の5隻のヴァイキング船，1971年にイギリスで引き揚げられた16世紀テューダー朝時代の軍艦メアリーローズ号，1973年に西オーストラリア州・アブローズ諸島沖で発掘調査された17世紀初のオランダ東インド会社船バタヴィア号が含まれる．いずれの史跡沈没船も発見後にその船体が引き揚げられ，ポリエチレングリコールによる保存処理を経て，最終的には博物館展示さ

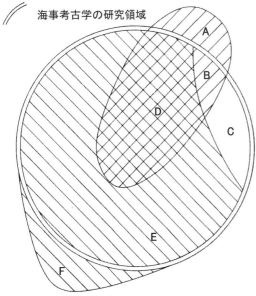

図1-4 ケンブリッジ大学のキース・マッケルロイによって提唱された海事考古学・水中考古学・船舶考古学の学問領域．A：船舶考古学において，海事の概念から除外される陵墓などから出土する船体考古資料．B：船舶考古学や海事考古学において，沿岸地域などの陸地から出土する船体考古資料．C：海事考古学において，沿岸地域などの陸地で発掘される船体考古資料以外の遺跡・遺物．D：船舶考古学・海事考古学・水中考古学の全てに関わる沈没船遺跡．E：海事考古学 水中考古学における，航海に関わる研究．F：水中考古学において，特に船舶・航海活動に関わらない水没した古環境や遺跡（Muckelroy 1978，一部改変）

れた．陸地や水底に限らず，出土した船体を考古資料として研究する学問環境が醸成されていった．1972年のイギリスでの「船舶考古学学会（Nautical Archaeology Society）」の設立に代表されるように，1970～1980年代に先進国で水中遺跡・史跡沈没船研究を専門とするNGOや学術団体が設立された．

現在，EU諸国が規範とする「考古遺産の保護に関する欧州条約（ヴァレッタ条約）」に定める考古遺産定義には，"陸上または水中に位置するかにかかわらず，構造物，建造物，建物群，手が加えられた土地，可動物体，その他の記念物およびそれらが存在する環境が含まれる"とし，陸上遺跡に適用される原則が水中遺跡に及ぶことが法的に明文化されている（ヴァレッタ条約第1条3項）．アメリカ考古学協会（Society for American Archaeology）」では，水中考古学の定義を，"水中考古学は湿地，河川，湖沼，海面下に残る人類活動の物質的痕跡を研究する学問"とし，船の建造やその使用を理解するための沈没船研究の他に，"現在は水没した都市や港，湖沼，湾，河川沿岸の住居址，農業・産業遺跡を研究対象とする「海事考古学（Maritime Archaeology）」の領域も含む"としている．水中考古学は，第一義に水中環境での厳密な考古学発掘調査によって，水没した過去の人類活動の物質的痕跡の詳細を明らかにすることを使命とする．水中考古学発掘調査で，沈没船遺跡から出土する遺物の特異性，一括性や保存状態で，陸上に類を見ない良好性が確認されてきた．その様な事例が多数地中海で特定され，さらに，これら地域や欧州などでの沈没船船体の引き揚げは，水中環境にある遺跡の発掘調査の必要性を問うた．沈没船が考古資料として認知されるに当たり，その遺跡空間がどの様な知見をわれわれにもたらすのかを追求する中で，船舶考古学や海事考古学の学問領域が確立してきた．

日本では，「水中考古学」が受け入れられているが，国外では「海事考古学」が普及し，考古学の下位分野としての学問領域を築いている．この海事考古学の概念は，「考古人類学（Archaeological Anthropology）」の見方を持つアメリカではなく，イギリスで形成された．1970年代，ケンブリッジ大学のキース・マッケルロイは，沈没船や古代の港跡など，人類の海上活動に関わる遺跡・遺物は，水中環境のみに残るとは限らないという点を踏まえ，水中考古学に変わる学問定義を提唱した．沈没船遺跡やその積み荷，さらには港湾施設，桟橋，漁撈施設などの航海活動全般にわたる資料については，沿岸域など海に隣接する陸地空間も研究対象とすることの必要性を唱えた．マッケルロイは海事考古学を定義する中で，水面下にある遺跡や遺物という考古資料の立地環境に立脚する学問領域でなく，海上を舞台にする過去の人間活動の研究としての学問領域の確立を，船舶考古学や水中考古学との関係において相対的に説明した（Muckelroy 1978，4頁）（図1-4）．海事考古学の提唱は，水中という遺跡立地環境のみを強調し，そのような特殊な条件下での発掘調査のみが，水

中考古学の学術価値との考え方に否定的であったバスの見解と根底では共通する．

マッケルロイが用いた「海事（maritime）」とは，海域を舞台にする人類活動を表す際に用いる．「海事史（Maritime History）」が，文献資料によって，歴史上の海上における人間の動向を復元するのを主要テーマとするのであれば，海事考古学は物質痕跡を手段に，この目的のための研究を行う．海事考古学の提唱によってマッケルロイが本質的に意図していたものは，海上を舞台にする過去の人間活動，社会経済や政治の変遷や技術革新を総合的に研究することであったと考えられる（Muckelroy 1978，3-8頁）．その対象には，人類拡散，水辺環境や海域の利用・海上交易・海賊行為，海戦，海洋覇権などのテーマが含まれていた．マッケルロイ自身は，人類が航空機を利用する以前において，人類史に舟や船舶が果たした役割を理解することなしに，過去の人類活動の理解は成り立たないとの見方を持っていた．プロセス考古学の影響もあって，沈没船という遺跡空間の厳密な解釈によって，これらを明らかにすることを目的としていた．

船上での沈没船やその積荷は，これを解明する有効な考古資料である．その延長である船の目的地としての港や，積荷や人の集積地である港市，航海活動と不可分な建造物などは，海と陸との境界に位置するために厳密には沿岸地域，さらには海から河川を通じて内陸に入る陸地空間も海事考古学の研究対象になると現代では解釈されている（木村 2007）．考古学分野の景観・環境論と相まって，海域と隣接する空間に形成される「海事文化景観（Maritime Cultural Landscape）」論が受け入れられるなど，海事「maritime」の概念は解釈の拡大が続いてきた（Catsambis et al. 2014）．遺跡立地を，海域と陸地に分ける二元論的な考えは過去のものとなり，その緩衝あるいは中間帯ともいえる沿岸空間の重要性が着目されるようになった．沈没船遺跡やその積荷を中心にした従前の研究から脱却する模索が，海事考古学者自身の手によって試みられてきた．北アメリカやオーストラリアでは国家形成史と歴史考古学の関係で，海事考古学とは何のための学問なのかと問うてきた．これらの国の近代国家成立への道程や現西洋的物質文化の形成について，イギリス文化と社会慣習そのものの植民地への移転を目指したとの議論がある．この文化移転の手段となった船舶の役割に注目し，沈没船遺跡に残る遺物が反映する植民地生活の実態が研究されている（Staniforth 2003）．海事考古学者は沈没船を自国の西洋文化の形成と発展に必要な物質を包括した史料とみなし，その研究こそが植民地主義下に形成された国家の物質文化の本質を探る上で重要であると説いた．

2. 日本水中考古学史

水中遺跡研究と調査

日本の考古学界では，戦前に，約1万5000～9000年前の縄文時代に遡る諏訪湖底遺跡を巡る論争を端緒に水中遺跡の存在が注目された．長野県諏訪湖の湖底から石鏃が引き揚げられたことを契機に，湖底になぜ遺跡が形成されたのかという，サイトフォーメーションプロセス（site formation processes）に関わる議論が巻き起こった．諏訪湖湖岸の半島状地形のうえに位置する諏訪湖底遺跡は，現在では，諏訪盆地の沈降の影響を受けて水没したというのが一つの解釈となっている．その後，水没遺跡を巡る研究は，国内の湖底遺跡を中心に展開する．

水中遺跡に着目し，水中考古学の必要性を説いたのは故小江慶雄であり，日本水中考古学研究の先駆者として業績を残した．小江は滋賀県琵琶湖葛籠尾崎半島周辺最深部の−70 mの湖底から引き揚げられる縄文土器及び弥生土器の存在を指摘し，湖底遺跡として研究を開始した（小江 1971）（図1-5）．小江が取り組んだ研究も，葛籠尾崎湖底遺跡がなぜ形成されたのかという課題に主眼を置いた．その研究では，祭祀行為による湖への土器奉納，周囲の陸上遺跡からの流れ込みなどを検証対象としながら，完形品が多く出土する湖底の遺物を包含する層は，元来，葛籠尾崎半島上にあったと推察し，断層による遺跡地の陥没や垂直動の地盤沈下が遺跡形成要因と結論付けている．同湖底遺跡は，現在まで，水没形成の要因と

図1-5 琵琶湖湖底の深部，葛籠尾崎湖底出土の完形の縄文土器の深鉢（葛籠尾崎湖底遺跡資料館所蔵　落合晴彦氏撮影）

図1-6　開陽丸引き揚げの砲弾類（江差町教育委員会提供）

過程が完全に解明されているわけではない．

　小江は葛籠尾崎湖底遺跡研究の過程で，国外で増加していた水中発掘調査の事例に着目し，Underwater Archaeology を水底考古学と紹介し，海・湖沼・河川等の水底に埋没する遺跡を考古学者自らが調査する必要性を説いた．日本の研究者として「水中考古学」の研究概念を明示した（小江 1971；1982）．その上で，"水中考古学は，考古学の概念の拡大を図ったり，その方法を改変しようとするものではない．あくまで考古学の学問的基盤や蓄積された方法に，さらに水底の資料とそれに対する認識の手段を付与する役割を担うのである．" としている（小江 1982，13 頁）．

　水中考古学が考古学研究の一学問領域であるという考えは，以後日本国内の研究者間で認められている水中考古学研究の基本認識として受け入れられてきた．一方で，上述で小江が指摘した，"従来の考古学が不可能とした認識の領域"，つまり水中考古学研究の専門性に関わる議論は国内で成熟してこなかった．考古学との分科ではなく同科が強調されたことにより，水中という特殊な立地環境にある遺跡の発掘調査という以上の学問的価値が十分に説かれてはこなかった．この点，沈没船遺跡や水没遺跡の考古学研究という使命から，学問の専門性が深まり，研究の多様性が生まれた国外の状況と，日本の水中考古学の展開は大きく異なっていた．

　湖底遺跡を中心に展開する日本の水中考古学の中で，1974 年に北海道江差町沖に沈む旧幕府海軍旗艦開陽丸では，国内初の本格的な沈没船遺跡の水中考古学発掘調査が実施された．開陽丸は，徳川幕府の発注によりオランダ・ドレトレヒトの造船所で建造された 3 本マストのバーク（横帆）型木造船で，1865 年に進水した．戊辰戦争末期，旧幕府軍は，蝦夷地箱館（北海道函館）五稜郭を根拠に新政府軍に抵抗していたが，海上からの援軍として江戸から開陽丸を回航した．1868 年に江差占領後，港外に停泊していた開陽丸は，11 月 15 日夜半に暴風に見舞われ座礁沈没することとなった．1972 年，一旦は海底に関連遺物無しということで江差港に防波堤が建設されたが，江差町教育委員会はその後に海底で遺物を確認した．遺跡として周知の埋蔵文化財包蔵地に指定された海域では，1974 年から防波堤改修に伴う海底発掘調査が荒木伸介主導で行われた（江差町教育委員会・開陽丸引揚促進期成会 1982；江差町教育委員会 1990）（口絵 3）．1984 年までの調査で約 3 万 3000 点の遺物を回収，海底には船体の一部が残された．砲弾類などの金属遺物と木製品などの有機物から成る遺物が海底より多量に引き揚げられたことから，これらの保存処理を行うことにな

図1-7 鋼矢板で湖底を囲み，中を排水して陸地化して発掘調査を行うドライドック式の水中遺跡調査．琵琶湖の浅い水域に位置する遺跡の発掘調査で有効性が確認された（滋賀県教育委員会提供）

った（図1-6）．1970〜1980年代において，一つの自治体が日本初の本格的な沈没船遺跡の水中発掘調査と引き揚げ遺物の保存処理を行った実績は，国内において他に例をみない．日本で最初の本格的な海底での水中考古学発掘調査が行われ，大規模な海揚がり遺物の保存処理が実践された事例であるとの点で，開陽丸は，日本の水中考古学史上にとって重要な遺跡である．近現代日本—オランダ交渉史という観点では，同遺跡は「共有海事遺産（Shared Maritime Heritage）」という価値を持つ．

その後，国内では，1867年に瀬戸内海で沈没した坂本龍馬の「いろは丸」などの水中発掘調査が行われ，幕末史に名を残す船の実態について水中考古学研究からの検証が行われている（水中考古学研究所・京都市埋蔵文化財研究所 2006）．また，幕末から明治期にかけては，1869年に千葉県勝浦沖で沈没した「ハーマン号」，1874年に静岡県南伊豆沖で沈没したフランス郵船「ニール号」，1890年に和歌山県串本沖で沈没したオスマン・トルコ帝国海軍船「エルトゥールル号」など，外国船籍の沈没船遺跡が国内の海域で特定されている．個別に調査が進んだが，開陽丸の先駆的事例と比較するかたちで，日本近代海事史や幕末・明治期の史跡沈没船群として体系的あるいは比較的手法での研究が国内で進展した訳では無かった．

1980年代以後も滋賀県琵琶湖湖底遺跡群の研究は，日本独自の水中考古学動向の中で大きな役割を果たすことになる．琵琶湖では琵琶湖総合開発事業に先立って，1972〜1973年湖辺に所在する遺跡の分布調査により100以上の湖底遺跡が確認された．1980年には文化庁が滋賀県大津市栗津湖底貝塚を「遺跡確認法の調査探査研究」における水中遺跡調査対象地域として選定する．浅水域での発掘調査は，縄文時代の栗津湖底遺跡や赤野井湾遺跡などの遺跡が，鋼矢板で周囲を囲い内側を陸化する手法で発掘調査された（滋賀県教育委員会・滋賀県文化財保護協会 1984）（図1-7）．湖底面下に大規模な貝層が検出され，動物の骨や

第1章 水中考古学と海事考古学 15

図 1-8　1980 年代の鷹島沖で初めて実施された海底遺跡探査時に，調査団に持ち込まれた青銅印（印台一辺 6.5 cm，726 g）．印面には，パスパ文字で，官位である総把が印刻される（長崎県松浦市教育委員会所蔵　落合晴彦氏撮影）

木の実などの有機物も残っていた．一般に，水没した遺跡の湖底・海底面下から出土する遺物については，嫌気条件によりバクテリアなどの生物活動が低調であることから，有機物などが特に良好に保存される．琵琶湖湖底に水没した貝塚についても，このような水没した遺跡の特性により，現代のわれわれに琵琶湖湖畔の環境を利用した縄文人の食生活の一端を教えてくれることとなった．琵琶湖でも水深 3〜4 m に位置する湖底遺跡では潜水方式による調査が行われてきた．琵琶湖湖底遺跡は，湖全域に分布するが，その立地環境は，湖岸の砂地とそれに続く浅瀬，湖中の浜堤上の浅瀬（陸地と浅瀬の間に深さ数 m の湖水で隔てられる），右の浜堤が完全に水没して内海になった湖底，水深 10 m を超す深度の湖底に分かれる．これら湖底遺跡の成立の原因は，時代ごとの湖面の水準の変化に，立地・周辺地形の沈下，隆起，地滑りなど複合的に重なり，当時の水辺域が水没し，水中遺跡として残っていると考えられる．琵琶湖には，三ツ矢千軒遺跡や尚江千軒遺跡に代表される千軒と名称がつく湖底遺跡が 10 ヶ所余りある．中世・近世の集落について，地震災害で水没したとされる伝承があり，滋賀県立大学による継続的な水中遺跡調査によってその検証がされてきた（口絵 4）．小江の研究を原点とする日本最大の淡水湖である琵琶湖の湖底遺跡研究は，先史時代以降の遺物が湖底で良好に保存されていることを証明し，水辺や内水域の利用，さらに水没遺跡の形成に災害という要因も関わることを明らかにしてきた．湖底遺跡研究は，諸外国の事例と比べても，その数は多く，日本水中考古学の大きな実績となっている．

元軍襲来関連の鷹島海底遺跡

1980 年代の琵琶湖湖底遺跡調査と同じ頃，九州北西部の伊万里湾の湾口に浮かぶ長崎県の鷹島沖合いで調査が始まった．その後，鷹島海底遺跡としての数十年に及ぶ発掘調査と同遺跡の研究は，日本水中考古学の前進に大きく寄与した．鷹島は，1281 年に元軍の船団が日本へ侵攻した際に，平戸島とともに，船団集結地となったとされる．その周辺の海域は，この 2 度目の元軍襲来時に，その船団が暴風により多大な損害を被り，多くの船が海底に沈んだと場所とされている．朝鮮半島の合浦（木浦）から出港したモンゴル・高麗兵から成る船団（東路軍）は対馬，壱岐を占領し，博多湾を攻撃した後に，中国を出港した後発の旧南宋兵を主体とする船団（江南軍）と集結を果たした．合流した艦隊は鷹島南岸沖に停泊した．この間，船団は九州の御家人らの軍勢と海戦したが，1281 年 7 月末の夜半に暴風雨の直撃を受け，南西から吹く風によって何隻もの船が沈没した．鷹島南岸沖は，普段は穏やか海で，岸に迫る急峻な崖が玄界灘からの風を遮る．また一部はリアス式の海岸地形で，谷地形の沿岸部から島への上陸も可能であり，元軍の船団が停泊地として選んだ理由がわかる．

1980〜1982 年にかけて，水中遺跡の探査方法の改善と保存方法の確立を目的に，文部省科学研究費特定研究を受けて，東海大学の茂在寅男を団長とする調査団が，沈んだ船団の痕跡を探すべく大規模な水中探査を行った．鷹島の南岸沖，伊万里湾に面した海域では，調査時に石弾など元軍船団に由来する遺物が多数海底から回収され，神崎港の地域住民によってパスパ文字を刻んだ管軍総把印が持ち込まれるなどの成果があった（図 1-8）．海底面下には元軍襲来関連遺物が残る可能性が考えられたことから，南岸東端「鵜ノ鼻」か

16　第 1 部　水中・海事考古学

図1-9 九州国立博物館展示のモンゴル船団の軍船に使用された木製のイカリ．中央部に石製のアンカーストック（碇石）が装着される（長崎県松浦市教育委員会所蔵 落合晴彦氏撮影）

ら西端「雷岬」までの7.5 km, 汀線より沖合い200 mの範囲の海域を鷹島海底遺跡として周知の埋蔵文化財包蔵地として指定した．これにより鷹島の当該海域では開発事業を行う際には事前調査が義務づけられるようになった．

1980～1990年代にかけての同島床浪での港や離岸堤の改修工事時には，緊急発掘調査が断続的に行われ，その間に元軍襲来関連遺物の重要な発見があった．床浪港の沖合いでは，海底面上の関連遺物の確認調査が行われ，港の沖合い，海底に伸びる埋没谷での発掘調査が行われた．埋没谷には，砂やシルトが堆積し，現海底面下の数mの深さで元軍襲来当時の遺物包含層が確認された．また，1992年の発掘調査では，さらにその下の遺物包含層から縄文時代早期の遺物が特定されている．開発行為に伴う一連の緊急発掘調査は，開陽丸以来の大規模な水中遺跡発掘調査となった．

1990～2000年代には，鷹島町を主体に，九州・沖縄水中考古学協会（現アジア水中考古学研究所）・九州大学が同遺跡で学術調査を進めた．この間に，床波港ではなく神崎港で港改修工事と離岸堤建設計画が持ち上がり，新たな緊急発掘調査が実施されることとなる．この際に重要な課題となったのは，現海底面の下，どの程度の深さに，元軍関連遺物が埋没しているかを特定することであった．鷹島南岸の東側の神崎港での1995・1996年の緊急発掘調査で，この問題に関する大きな進展があった．本格発掘に先立つ水中探査機材を使用しての海底面下の地質構造の断面把握により，1～2 mに異常反応が検出された．異常反応は，床浪港での発掘の知見に反し，関連遺物包含層の想定される深さより浅い場所に位置していたため，最初に浚渫機で海底面を掘り下げたところ，岩石とともに大型の木片が出土した．これらは，元軍船団の船舶が使用した木製イカリであり，潜水による水中発掘調査を進めたところ，同型3本の木製イカリが，当時の海底面に突き刺さったままの錨泊時の状態で出土した．これにより，神崎港周辺海域の現海底面下の1 m強の深さに関連遺物包含層が存在することが確認された（長崎県教育委員会1996）．また，出土イカリには碇石を伴った状態のものが確認された．これにより，碇石は木製のシャンク（身木）の中央部に装着され，十字型のイカリのアンカーストックとして機能することが判明した（図1-9）．以後の2000年代の緊急発掘調査では，中国の江南から出港した船団

第1章　水中考古学と海事考古学　17

図1-10　2000年代の鷹島神崎港沖合いの緊急発掘調査で出土した火薬兵器（てつはう）（松浦市教育委員会所蔵）

の関連遺物が数多く出土した．明瞭に元軍船の船材と確認できる隔壁部材が出土した他，元軍の武器・甲冑類他に，火薬兵器が出土遺物に含まれた（鷹島町教育委員会 2003；松浦市教育委員会 2008）（図1-10）．その後，松浦市と九州国立博物館による X 線 CT 分析では，この球形の兵器が，火薬と共に，鉄片を散弾として詰めることで，殺傷力を増していたことが明らかになっている．

遺跡として周知されて以来，断続的な調査が行われてきた鷹島海底遺跡を巡る状況が大きく変わったのは，2隻のモンゴル軍船の発見を契機とする国史跡指定である．2006年から2010年にかけて，琉球大学・東海大学により，マルチナロービームとサブボトムプロファイラーを使用しての，伊万里湾の海底地形探査と地質探査が行われた．これらリモートセンシング探査機器による調査結果に基づく試掘調査により船体の一部が確認された．2011年には外板が接合したまま（外板条列）の船体が確認され，元軍の船（鷹島1号沈没船）であることが確認された．翌年2012年3月27日には，鷹島1号沈没船を含む一帯，神崎地区の海岸線から南北200 m，東西1.5 kmの範囲，38万4000 m^2 が鷹島神崎遺跡として国の史跡指定を受けた．国史跡の管理団体となった長崎県松浦市教育委員会は，2013年に文化庁が設置した水中遺跡調査検討委員会や琉球大学と協力しながら，保存管理計画を策定した．2014〜2015年には，さらに保存状態が良好な2隻目の船体（鷹島2号沈没船）が琉球大学によって発掘された．これら2隻の船体は，オランダ・デンマーク・オーストラリアの事例を参考に，化学繊維シートと砂による埋め戻し方法が提案され，出土海底での原位置保存が行われている．

21世紀における水中遺跡を巡る取り組み

日本で一般にいう遺跡とは，文化財保護法（1950年成立）に定義される"土地に埋蔵されている文化財（埋蔵文化財）"を指す．埋蔵文化財行政における水中遺跡の概況や位置付けは，文化庁が刊行した二つの報告（『平成12年報告』と『平成29年報告』）にまとまっている（文化庁 2000；2017）．法律については，同保護法で定める遺跡の保護と取り扱い（第92条〜第108条）が，陸上のみならず水中に没している対象物に及ぶとされる根拠について，1954年の文化財保護委員会事務局長の各都道府県教育委員会長宛ての通知「文化財保護法の一部改正について」（文委企第50号昭和29年6月22日）の記載を参考として

図1-11　1990年文化庁全国市区町村への調査結果による、216の水中遺跡立地情報

いる。"従来埋蔵文化財とは、地下、水底のその他の人目に触れ得ない状態において埋蔵されている有形文化財をいうものとされ、……"となっている。さらには、1960年の国の文化財保護委員会の通知において、"海底から発見される物件も、長期間、海底にあってその所在を発見しがたい状態にあり、発見の際にはその所有権の帰属を容易に識別することができなかったという要件を満たす限り、文化財保護法の適用を受けるものとする"と確認されている。しかしながら、これら通知に伴う、水中環境にある遺跡への措置が十分になされてきたかについては、その実施体制を含めて国の関与は不十分であった。国内の行政機関が担う埋蔵文化財の保護において、2013年では約46万件の陸上遺跡が周知化されており、その時点での年間発掘調査件数は8000件に及ぶ一方で、水中遺跡調査・保護が1件程度にとどまるという事実がある。

これまで日本では、琵琶湖を抱える滋賀県や鷹島海底遺跡が所在する長崎県以外でも、水中遺跡調査の環境に恵まれた沖縄県など、水中遺跡の把握に取り組む地方公共団体が独自の成果を上げてきた（沖縄県立埋蔵文化財センター 2017）。一方で、琉球大学・東海大学・東京海洋大学・滋賀県立大学、アジア水中考古学研究所・水中考古学研究所らNPO法人、九州国立博物館といった大学等研究機関が、断続的な水中遺跡調査を実施する状況にあった。一方、国の施策としては、「遺跡保存方法の調査研究」事業を通じて、水中遺跡の発掘調査手法及び実態把握に関する事業が上げられる。これらについては、1980年の粟津湖底遺跡における陸地化方式発掘方法と、1989年から1991年にかけて鷹島海底遺跡での水中に位置する遺跡の所在確認調査方法の確立を目的とするリモートセンシング探査が事業となっている。

上記と並行して、1990年実施の「水中遺跡の

所在地のアンケート調査」によって国内の水中遺跡の実態把握を国が初めて行った．水中遺跡の有無とその基礎データの集成であり，以下のようにその様相の一端が明らかとなった（木村 2009）．文化庁の協力の下に，各都道府県の教育委員会を通じ，全国 3245 市区町村（調査当時）へ 2 回のアンケート調査が実施された．最終的には 216 の市区町村から水中遺跡所在の回答を得て，その概要と全国水中遺跡地名表が作成された．この調査結果では，市区町村からの回答率 8 割という中で，水中遺跡が所在すると答えた市町村が全国平均で 12 ％に留まり，水中遺跡の把握が進んでいない実態が浮かび上がった．

日本は世界で 6 番目の海岸線の長さを誇り，都道府県の中で海に面していないのは 8 つの県のみである．しかしながら，1990 年調査では，海と内水（河川湖沼）の遺跡立地の傾向は，海域に 109 遺跡と内水域に 88 遺跡と大差はない（図 1-11）．日本沿岸部とその沖合いの遺跡把握はこれまで十分に行われてこなかった可能性がある．遺跡立地については，北日本を除く東日本では内水域に立地する水中遺跡の報告が多いのに対して，西日本では海で確認される水中遺跡の報告が多い．湖沼関連で 88 件のうち，滋賀以東の東日本の都道県で 80 件にのぼる．比べて，海洋に立地する 109 件のうち 90 件の水中遺跡が京都，大阪，和歌山以西の市区町村からの報告で，さらには瀬戸内海沿岸と長崎など九州北西部の沿岸と沖縄からの報告がある．内陸部の湖沼や河川に立地する水中遺跡については，関東地域からの報告が多く認められ，顕著に内水域遺跡が集中するのは滋賀県の琵琶湖である．戦前から琵琶湖での湖底遺跡研究や琵琶湖総合開発事業に伴う一連の発掘調査が，湖に水没している遺跡の実態把握につながっているのは前述のとおりである．

全国水中遺跡地名表には各市区町村に所在する水中遺跡の大まかな時代区分と内容のデータが記載されている．同表によれば，縄文時代に属する水中遺跡が国内では約 70 件と多数を占める．縄文時代の湖底遺跡他，海域でも海浜部・汀線付近での遺物の確認事例がある．これらは海水準面の変動の影響で水没した沿岸地形，海岸付近河川の水流作用で海浜に堆積した可能性などが考えられる．特異なケースでは，上述の長崎県鷹島海底遺跡で，水深約 20 m の海底面下に縄文時代早期の包含層が確認されている．

包蔵地・遺跡・遺物などの内容については，土器類が約 70 件と最も多く，上述縄文時代の遺跡数と関連性を示す．種類が不明であると報告されている件数が 40 件以上に及び，石器類の報告が 30 件余と続く．集落，住居址，建築遺構などが約 20 件で，沈没船関連の遺跡数 20 件余と並ぶ．一般的に，水中遺跡というと沈没船遺跡への偏重もいわれるが，確認された他の遺跡と比較的して低い割合で，確認された沈没船遺跡の総数も少ない．

参考までに，『通航一覧』（1853 年成立）によれば，古代以降，幕末から明治期までに少なくとも 600 件近い船舶の漂流・漂着・沈没記録があり，日本海域の潜在的な沈没船遺跡の数はさらに多いとされる．地中海の古代沈没船に関するデータをまとめた事例として，1100 隻が確認されている他，オーストラリア海域では文献記録上で，7000 隻の沈没船データがあるとされる．国内水中遺跡の実態把握の試みが示すところでは，沈没船遺跡への偏重とは逆に，国内では沈没船遺跡の理解が進んでいない実態が浮かび上がる．沈没船遺跡の歴史的・考古学的価値及び諸外国でその研究や遺跡保護・管理に果たした役割については，上述の地中海・ヨーロッパ・オーストラリアの事例他に，韓国の新安沈没船や中国の南海 1 号の事例など枚挙にいとまがない．

水中遺跡保護と管理

国内では，鷹島 1 号沈没船の発見と国の史跡となった鷹島神崎遺跡の状況を踏まえて，2013 年 3 月に文化庁が「水中遺跡調査検討委員会」を組織したことは，わが国の水中遺跡保護・管理にとって重要な転機であった．これにより将来の水中遺跡の保護と管理の指針作成に備えることとなった．国内水中遺跡の実態把握が改めて行われ，2013 年調査では 512 件という報告が出されている（文

化庁 2017）．そのうち 248 件の立地，種別，時代区分について概観報告されている．これによれば，39 都道府県 1718 市区町村の中で 637 市区町が海に面しているが，水中遺跡の立地に関しては，前回の調査と異なり，海域 110 件，湖沼 123 件，河川 7 件，その他詳細不明と，内水域の遺跡が海域の遺跡を上回った．時代区分では，縄文時代が最多となる点は前回調査と同様である．遺跡の種別では，詳細不明が 80 件と最多で，水中遺跡の詳細把握が進んでいない状況は変わらず，沈没船関連遺跡が 27 件と若干その数を増やしたが，種別全体割合いでは 10% に過ぎない．沈没船関連遺跡の総数の低さについては，同遺跡への認知の低調さに加え，これらが多く所在する海域での水中遺跡保護・管理措置の実施件数が少ないことが影響している．

水中遺跡調査検討委員会では，オーストラリア・オランダ・デンマーク・韓国から研究者・行政関係者を招聘し，それぞれの国の水中遺跡の把握状況，保護・管理体制他，遺跡の原位置保存方法の技術等の情報を収集，知見を得るといったこれまで試みられなかった諸外国との連携が重視された．文化庁は，委託事業として「水中遺跡の保存活用に関する調査研究」を実施，2016 年には事業者である九州国立博物館が鹿児島県宇検村の 12〜13 世紀中国の交易船関連である倉木崎海底遺跡でリモートセンシング探査を行った．磁気探査，水中金属探知機などこれまで使用されなかった機材を用いて同遺跡の再評価が実施された．

水中遺跡調査検討委員会による『平成 29 年報告』（文化庁 2017）では，水中遺跡保護を進めるにあたって，水中遺跡を取り巻く状況を以下のようにまとめている．

―日本・地域の歴史・文化の理解に考古学が果たす役割において，陸上で確認される遺跡数に比べて，水中遺跡の確認数が著しく少ない．
―行政がこれまで一定の指針に基づいた水中遺跡の情報集約に取り組む状況に無かったこともあり，こうした遺跡保護への国民的・行政的関心が低調である．
―国のこれまでの水中遺跡保護への取り組みは散発的で，地方公共団体が行う遺跡保護のための調査件数は少なく，その対応や内容は一様で無く，系統立った調査と保護の仕組みが不十分．
―海域・内水域での護岸工事・橋梁建設・浚渫工事・パイプラインやケーブル敷設，洋上エネルギー開発，海底資源開発といった開発行為の際の水中遺跡の消失や破壊，漁業活動による水中遺跡損傷などを軽減又は防止する方策の欠如．
―売買目的あるいは非科学的な手法による遺物の引き揚げの把握と対応の欠如．
―文化庁発出の通知・報告では，文化財保護法上，その対象が水中遺跡に及ぶとされながらも，実情はその保護に至っていない．

同委員会が指摘するところでは，水中遺跡保護の体制整備が不可欠であり，把握・周知・保存・活用の充実を図ることの必要性が明示されている．一方で，現実の水中遺跡の保護と管理について，遺跡の性格に伴う困難性も指摘される．水面下にある遺跡は，不可視の場合が多く，認識しづらいため，保全のための意識形成が難しい．また水流・塩分濃度・酸素濃度・水温などの水中環境の変化に対しては脆弱で，劣化や消失の可能性も高い．保全の実行にあたっては，陸上に比べて，その遺跡へのアクセスや諸作業に格段の困難と危険性が伴い，専門性の高い発掘調査方法や保存・活用方法の適用，その作業期間や費用に配慮が必要となる．

その上で，沈没船遺跡や水没遺跡を保護する重要性とは，これら遺跡・共伴遺物が良好な保存性と一括性を持って遺存することが挙げられる．沈没船遺跡は，史上のヒト・モノの移動・交易・水上の戦闘行為等に具体的な知見をもたらし，物質文化社会の形成や対外交渉史・外交史・海事史・造船史の理解にとって不可欠な存在である．自然環境の変化や気候変動，災害によって水没した遺跡は，水没時の状況がそのまま遺跡に保全されていることがあり，陸上の遺跡では得られない情報の取得やその復元も可能とする．水中遺跡は，その価値が単独で認められるものでなく，陸上の遺

跡や文献史料と一体的に評価され，それらと共に理解されることで，真価を得る．本章で述べた水中考古学，船舶考古学，海事考古学の学術領域は，その目的のために，高い専門性をもって発展した．

参考文献

江差町教育委員会 1990『海底遺跡の発掘調査報告 II』江差町教育委員会
江差町教育委員会・開陽丸引揚促進期成会 1982『海底遺跡の発掘調査報告 I』江差町教育委員会
小江慶雄 1971『海の考古学：水底にさぐる歴史と文化』新人物往来社
小江慶雄 1982『水中考古学入門』NHK ブックス 421 日本放送出版協会
沖縄県立埋蔵文化財センター（編）2017『沖縄県の水中遺跡・沿岸遺跡：沿岸地域遺跡分布調査報告』沖縄県立埋蔵文化財センター
木村淳 2007「水中考古学と海事考古学の定義に関する問題」『考古学研究』54 巻 1 号 89-95 頁
木村淳 2009「国内水中遺跡の保護と管理：文化遺産としての問題」『日々の考古学 2：東海大学考古学専攻開設 30 周年記念論集』六一書房 371-381 頁
滋賀県教育委員会・滋賀県文化財保護協会（編）1984『粟津貝塚湖底遺跡』滋賀県教育委員会・滋賀県文化財保護協会
水中考古学研究所・京都市埋蔵文化財研究所（編）2006『「沈没船（19 世紀のイギリス船）埋没地点遺跡」発掘調査報告：推定いろは丸』水中考古学研究所・京都市埋蔵文化財研究所
スロックモートン，ピーター 1966『海底考古学の冒険』（水口志計夫 訳）筑摩叢書
鷹島町教育委員会 2003『鷹島海底遺跡 VIII：長崎県北松浦郡鷹島町神崎港改修工事に伴う緊急発掘調査概報』鷹島町教育委員会
長崎県教育委員会 1996『鷹島海底遺跡 III：長崎県北松浦郡鷹島町神崎港改修工事に伴う緊急発掘調査報告書』鷹島町教育委員会
バス，F. ジョージ 1974『水中考古学』学生社
松浦市教育委員会 2008『松浦市鷹島海底遺跡：平成 13・14 年度鷹島町神崎港改修工事に伴う緊急調査報告書』松浦市教育委員会
文化庁 2000『遺跡保存方法の検討：水中遺跡』文化庁
文化庁 2017『水中遺跡保護の在り方について』文化庁
Bass, F. G. 1966 *Archaeology Under Water*, Thames & Hudson.
Bass, F. G. 2005 *Beneath the Seven Seas: Adventures with Institute of Nautical Archaeology*, Thames & Hudson.
Catsambis, A., Ford, B., Hamilton, D.L., *The Oxford Handbook of Maritime Archaeology*, Oxford University Press.
Muckelroy, K. 1978 *Maritime Archaeology*, Cambridge University Press.
Staniforth, M. 2003 *Material Culture and Consumer Society: Dependent Colonies in Colonial Australia*, Springer.
Taylor, J-d. P (ed.) 1965 *Marine Archaeology*, Hutchinson.

コラム1　水中遺跡の調査・発掘法

　水中考古学の歴史を紐解くと，考古学者が，漁業関係者や一般のダイバーの報告を頼りに遺跡を発見したり，その発見が文献記録や古環境の丹念な調査の所産であったりと，様々な"発見"の事例があることがわかる．地中海で青銅器時代の沈没船の存在が確認されたのは，海綿採りのダイバーへの聞き取り結果をジャーナリストのピーター・スロックモートンが若き研究者であったジョージ・F・バスに報告したことによる．メアリーローズ号の沈没地点を報告したのは，ジャーナリストのアレクサンダー・マッキーであった．オランダ東インド会社バタヴィア号はエビの潜水漁夫が見つけ，新安沈没船を初めとする韓国の沈没船遺跡の発見はタコ漁や網漁に引っ掛かった陶磁器を漁師が報告したことに端を発する．メキシコのユカタン半島で，水中洞窟の探索を行っていたダイバーは，偶然に約1万2000年前の少女の頭蓋骨と大腿骨を発見した．一方で，海水準面変動の結果水没した先史時代の遺跡は，ヨーロッパの考古学者らが，沿岸沖の旧地形を解析し，その位置の特定を試みてきた．探査や地形解析には，サイドスキャンソナーやマルチナロービームなどのリモートセンシング技術を使用して遺跡の特定を行う事例が多い．

　水中遺跡の位置記録：水中遺跡の位置特定あるいは探査や調査の計画にあたっては，日本水路協会発行の海図や国土地理院発効の湖沼図を有効に活用する．等深線が示された水底地形や底質を把握し，遺跡の立地環境を理解することで，効率で安全な探査や発掘調査が可能となる．大まかな位置が特定された水中遺跡は，より正確な遺跡位置の記録を現場で行うことになる．記録作業では，過去には，船上での山立てや六分儀を用いて水面下の遺跡の位置を記録していたが，現在ではGPS（Global Positioning System）によって位置情報を記録する手法が主流となっている．GPSは船上で使用し，水底の任意の位置情報を記録する場合は，水中から真上にブイを上げて，その位置を水面で記録する．遺跡の位置が沿岸に近く，水深が5m未満であれば，トータルステーションを用いることもある．GPSやトータルステーションの使用は，水中遺跡の存在が未確認であっても，調査の基準点を設置するうえで有効である．

　水中遺跡の範囲特定：水中遺跡の位置情報や調査の基準点を基点に，遺跡の範囲の確認作業を行う．潜水による目視調査が望ましいが，必要に応じてROVなどの無人潜水機を利用する．水底面の遺跡現況や遺物の散布状態の確認，遺物が水底面下に埋没しているかについての判断などを行う．また，遺跡の立地環境や水底の状態も確認する．目視潜水の場合は，基準点からテープメジャーを張り，これを基準線として，調査を行うのが一般的である（図1）．テープメジャーに沿って等間隔に潜水調査者を配置するスイムラインサーチ，同心円状に調査するサーキュラーサーチが範囲確

図1　テープメジャーと防水性の用紙・鉛筆を使用しての水中遺跡の記録（写真撮影：木村淳）

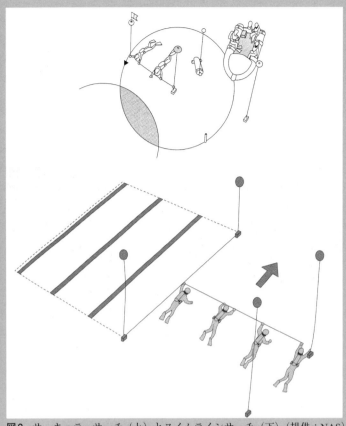

図2　サーキュラーサーチ（上）とスイムラインサーチ（下）（提供：NAS）

定に有効である（図2）．遺物の散布状況や遺跡の内容物の位置関係を詳細に記録する場合などには，ロープを升目状に張る，あるいは格子状に水糸を張ったPCBパイプを使用して，グリッド調査を行うこともある．

　水中遺跡・出土遺物の記録と発掘調査：調査時には，鉛筆や防水性のノートや方眼紙を携行することが望ましい．これらを使用して水中での遺跡の平面図や遺物の出土状況図作成を行う．同時に，水中カメラ・ビデオを使用して，発掘調査の記録，遺跡や遺物の出土状況を記録する．写真や映像データは，遺跡のモザイク写真作成や写真実測など様々な用途に使用できる．水底面を発掘する場合には，ウォータードレッジやエアリフトといった吸引式の掘削機を使用する（図3）．前者は，水流を利用して吸引力を発生させ，後者は空気が水中で上昇する力を利用して吸引力を発生させ，水底の砂やシルトを吸い込むことができる．いずれも台船や船にポンプやコンプレッサーを設置して，そこから水や空気を送り込むホースや吸引用パイプを水底まで伸ばす．ウォータードレッジは水深の浅い水底での掘削に向いており，エアリフトは深度の深い水底での作業に向いている．慎重に発掘を進めながら，遺物が出土した場合には，ラベリングを行い，図面作成や位置の記録作業を行う．

　水中遺跡・遺物の保存と保全：水底に露出している遺跡や，良好な状態で水底面下に埋没していた遺物は，急激な環境変化に弱く，適切な取り扱いが行われない場合には著しく劣化する．水底面への露出だけでも影響は大きく，さらに空気にさらした場合には，水分が含浸した有機遺物は乾燥劣化し，金属遺物は錆などの劣化が発生する．遺跡や遺物の劣化が最小限となる作業を心掛ける．非破壊的な作業が望ましいが，発掘や遺物の引き

図3 ウォータードレッジを使用した海底面掘削（写真撮影：木村淳）

揚げなどを行う場合には，保存処理の専門家と連携し，引き揚げ後の処理法・作業期間・費用などを予め検討した上で，実際の作業に臨む．有機遺物と金属遺物のいずれの引き揚げにおいても，現場での応急的な保存処置と，研究施設などでの中長期的な保存処理が適切に行われる必要がある．また，水底での遺跡の原位置保存が推奨されているが，埋め戻しや被覆材により嫌気環境を作り出し，水流や損壊行為などの物理的な影響を防ぐ工夫が重要となる．原位置保存された遺跡の保全のために，定期的なモニタリング作業の実施も必要となる．

参考文献
荒木伸介 1985『水中考古学』ニューサイエンス社
Bowens, A (ed.). 2008 *Underwater Archaeology: The NAS Guide to Principles and Practice*, Wiley-Blackwell.
Green, J. 2009 *Maritime Archaeology: A Technical Handbook, Second Edition*, Routledge.

第 2 章　沈没船遺跡とアジア海域史

　本章では，船体考古資料や古代の港からアジアの海域史について考えてみる．船体考古資料とは，遺跡として残る，あるいは遺跡から出土する舟や船の船体またはその一部である．陸上のみでなく，海底でも発見されている．航海や投錨の際に失われた船，沿岸にかつてあった港は，かつての痕跡を残すものもある．海とは，陸地空間の縁であるが，同時に海路ともなって陸地を繋ぐ．海によって隔てられた複数の地域が，海によって結ばれる．それにより何らかの要素が共有され，そこに社会的・文化的な連帯あるいは衝突が生じる．これを「海域世界」と呼ぶ．東アジア・東南アジア周辺の海域世界の歴史様相が，海上交易関連の遺跡，港湾関連遺跡，船の遺跡の発見によって解明されてきている．アジアでの水中発掘調査の事例は増加し，水底で発掘される沈没船遺跡には，良好な状態で船体が考古資料として保存されている場合もある．10世紀以前の東アジアからインド洋をつなぐ海上交易路に従事した船の特定，中世アジア海商進出の時代の海揚がり遺物，船を船団として組織し海上覇権を目指した跡として残る遺跡，東アジア・東南アジア海域の一体化を推し進めた南シナ海型航洋船の発見などである．これらは特に東アジア・東南アジアでの水中発掘調査の結果である．その成果はアジア海域世界の歴史的展開を読み解くうえで重要な知見を提供する．

1. 船と海域史

海域の概念

　海域空間を主軸に，船体考古資料からこれまでの人類活動が営まれた水系と水辺環境，人間とモノの水上移動やその影響，交易や交渉，略奪や戦闘行為等などの歴史をみてみたい．海域を歴史空間として読み解く研究は，文献史学から提示されてきた（桃木2008）．歴史は，地域軸と時間軸で構成され，陸上の社会・文化の変遷の様相は，地域ごとの年譜として説明される．歴史教育で使用される典型的な年表では，海域世界が軸上に現れることは無い．一つの国のあるいは一つの地域で時間経過とともにおこる事象の編年的説明は，人類史を端的に理解する手段としては良く機能する．が，残念ながら，そこでは，空間として確かに存在する海域は，世界の一部でなく，そこでの出来事は陸上の歴史の縁部として追いやられてきた．

　文献史料に基づいた歴史復元は，一国主義やヨーロッパ主観の脱却を目指す中で，マイノリティーの歴史的役割や，人間と環境・気候・資源との関係，非ヨーロッパ地域史の比重強化などが促されてきた．フランスの歴史学者フェルナン・ブローデルによる『フェリペ2世時代の地中海と地中海時代』刊行以来，現在の国家体制やその個人を中心に，逆算的に歴史を辿り，国の編年を紡ぐという手法は旧来のものとされた．地中海を一つの生態として歴史理解するために，その地理的条件や環境を，社会・経済・文化圏の様相やそれらに従属する個人とその活動の様相と等しく議論する手法は，それまでの実証主義的なデータ解釈にとどまる海事考古学にも影響を与えた（Staniforth 2003）．ブローデル後，海域の評価は転換を果たし，海域圏内では，複数の地域が，海を介して関係性を持つことが起こるため，海洋環境を物理的な障害とはみなさなくなった．一方で，境界が定かでない海域世界で，何をもって歴史を叙述するのか，その基準の設定は簡単ではない．筆者は，海域を往来した航洋船の考古資料と，造船技術によって海域の歴史を読み解く試みを行った（Kimura 2017）．

　近代のグローバルな経済圏統合成立には，地域

間構造や地域同士の従属関係の理解が重要とされる見方がある．海の歴史においても，海域間の結びつきを重視する考え方は古くから存在した．海のシルクルート史は，季節風（ヒッパロスの風等）の利用によって地中海世界とインド洋海域が結び付けられたことを一つの画期とする（長澤1989）．インド洋海域では，一体性のある海域圏出現条件として，小海域間の結びつきが重視された（家島 1993）．インド洋海域世界では，東西それぞれに小海域の交易圏が存在し，さらにはインド洋海域周縁の南シナ海交易圏，さらに東アジア海交易圏までの海域構造を考え，8 世紀の前半に各海域間の交流が盛んになった．各海域の沿岸部では港市が成長し，海域同士を結びつける船舶の役割も重要視されている．

　水中考古学史上，アジア海域で最も古い時代の沈没船遺跡は，インド洋地域からの報告である．スリランカ南部ワラウェ・ガンガ河近くのゴダヴァヤ村沖合い 4 km，水深約 33 m の海底で発見された紀元前 2 世紀〜紀元後 1 世紀の交易船である．沈没船からは，黒縁赤色土器の甕片，坏や皿，磨り石台の他，半球状のガラスインゴット（原材料）が発見されている（口絵 5）．ガラス製品が古代において重要な交易品であったことは知られるが，製品加工前のガラス鋳塊が，海上輸送されていた事実は，製品流通を考える上で興味深い．近年の研究では，短期の間に，日本列島にも，地中海あるいはその周辺で生産されたガラス製品が，古墳時代に持ち込まれていたことが知られている（大賀・田村 2009）．ローマ帝国貨幣が発見されているインドシナ半島南部メコン河流域に栄えた扶南国のオケオに代表されるように，東南アジア半島と島嶼沿岸の港市の成立が，ユーラシア東西の海域間のモノの移動を容易にした．時代を経ると海域間のモノの移動は，耐航性のある船によって長い距離を直接運ばれる形態となる．後述するように，9 世紀アラブ・ペルシア起源の沈没船がインドネシア沖海底で発見され，この船は東アフリカ産の木材を使って中東オマーン付近で建造され，インド洋を超えて東南アジア海域まで航海したと考えられている．海域に主軸を置いて，海域内と海域間の歴史性を追求した際に，重要な要素となるのは，船であり，港であり，それらの延長にある陸地空間ということになる．陸上では，海域世界の様相を伝える様々な物質的痕跡が発掘調査されてきたが，周縁のアジア海域とその沿岸での考古資料も近年増加しており，これらは海域アジア史理解に欠くことのできない資料である．

2．海域と考古学

人類の海域進出と舟

　人類史にとって，ヒトがいつ海域に進出し，舟を利用し始めたのかは，興味深いテーマであり続けている．初期人類や新人による海洋環境への適応と利用については，本書の第 2 部を参照されたい．ユーラシア大陸の極東アジア地域にまで進出したホモ・サピエンスは，最終氷河期のヴュルム氷期に日本に到達した．最終氷期においては，現在の南西諸島方面から日本に足を踏み入れた人類他，出ユーラシアのいくつかのルートが想定される．最終氷期の最寒冷期である約 2 万年前頃の氷床が最も拡大した時期においては，東アジア海域の陸化も進み，現在の北海道は大陸と陸続きになったが，九州北部沖合いと朝鮮半島南岸の間では完全な陸化が起こらなかった．最終氷期に波状的に日本を目指した人類のグループに舟を利用した集団がいたのか？　利用していたのであればどの様な舟であったのか？　確実な証拠となるような原始的な舟の発見事例は報告されていない．

　日本では，伊豆半島沖の神津島産の黒曜石が，国内の各遺跡で出土することから，氷河期における海上輸送の可能性が議論されてきた．静岡県沼津市愛鷹山の約 3 万 8000 年前の井出丸山遺跡の黒曜石は，産地同定により神津島産とされる．この時代，伊豆半島と神津島の間には海峡が横たわっていたと考えられる．海峡をどのような手段で横断したのかは，推定の域を出ておらず，旧石器時代のホモ・サピエンスによる舟利用とも関わり，興味深い問いとなっている．

　ヴュルム氷期，ユーラシア大陸東の北方では一部が陸続きとなっていた現在のベーリング海峡を渡って，ホモ・サピエンスはアメリカ大陸に到達

した．その後，人類は主に海岸沿いを南下したが，現在より海面が低いため，この時代の海岸線を利用していた人類の痕跡は海底面に没している．南アメリカのチリ中部キンテロ湾では，氷河期に形成され現在は水没した遺跡の発掘調査が進んでいる．出土した動物の骨片の年代測定の結果は，1万3000年前のクローヴィス文化より古い年代を示している．氷期の海岸線を人類が，徒歩のみで移動でなく，舟を利用した可能性もあるが，それを議論する証拠も発見されていない．

人類史における舟の開発について，ジェームズ・ホーネルは，文化人類学の立場から，葦・ヨシなどの水辺植物の編み束，動物の皮・果実皮材，竹材や丸木材などの浮力体を水面に浮かべることが，水域への最初の進出につながったと主張している（Hornell 1946）．古代エジプトの葦舟の事例や，中国北部流域での乾燥させた瓢箪の浮き輪利用，また乾燥させた動物の皮を縫い合わせて浮きとするなど，その土地で利用可能な資源を使い，安定した浮力を得ることで人類は水域の克服を試みた．単なる泳力の補助となる浮力体は，それらを複数組み合わせることで，ヒトが乗ることもできた．浮力体として特に応用性に富んでいたのは，竹材や丸木材であり，加工を行うことができた．竹筏あるいは丸木材を組んだ木筏は，人類史における原始的な舟の中でも，湖沼・河川のみならず，海洋環境においても使用できるものであった．丸木材を刳り抜いて造られるモノコック構造の刳り舟あるいは丸木舟も，筏同様に世界各地で普遍的に使用され，近現代までその利用が広く確認される（出口2001）．筏と丸木舟の利用比較では，輸送量，復原性や航海速度によって両者の優劣は異なる．復原性において劣り，安定を欠く丸木舟は，アウトリガー構造にすることで，より高い航海性能を持たせるなどの工夫がとられた．

考古資料としては，丸木舟が良好な状態で遺存する事例が圧倒的に多い．最古の丸木舟として知られるのは，オランダ・ドレンテ博物館に展示されているドレンテ州・ペッソ出土の約1万年前の丸木舟である．ヨーロッパアカマツを刳り抜いた長さ約3m，幅0.4m程の一材の刳り舟である

図 2-1　1955年にドレンテ州・ペッソ近郊の道路工事中に湿地帯から良好な状態で発見された丸木舟．放射性炭素年代の結果，約1万年前頃に切り出された木材を刳り抜いて作られたと考えられている（写真提供：オランダ・ドレンテ博物館）

（図2-1）．小型の丸木舟が，干潟や低湿地，水辺などでの利用にとどまったのか，海洋環境での安定した航海に利用ができたのかは，議論の分かれるところである．アジアでは，中国浙江省杭州湾内陸部の跨湖橋遺跡から出土した約8000～7000年前の丸木舟の存在が知られる．内陸の低湿地遺跡で出土した丸木舟であるが，この時期は海水準面上昇の開始期にもあたり，海岸線が徐々に変化する中，どのような環境で丸木舟の利用があったのか興味深い．海面上昇は，日本では縄文海進とよばれ，現在より内陸に海岸線が形成され，中には干潟地形もあり，こうした環境での丸木舟利用が盛んであったと考えられる．丸木舟の出土例が，日本の伝統船舶の研究の中でも取り上げられてきた（大林1975；須藤1968）．千葉県市川市の貝塚遺跡，雷下遺跡出土の7500年以上前の丸木舟も遺跡に近接した浅い海岸域での海産物採取に使用されたと考えられている．福井県鳥浜貝塚出土の丸木舟が縄文時代前期の事例として知られるが，全国で最多の出土例となる千葉県他，国内各地出土の縄文時の丸木舟の総数は，120艘以上を超え，日本は世界でも有数の出土丸木舟資料を持つ国である．前出の三方五湖近くの鳥浜貝塚出土事例の他，琵琶湖湖底遺跡群での丸木舟出土例など，内水域での丸木舟利用が日本の出土事例の特徴である．日本海に面し，小湾が複雑に入り組んだ舞鶴湾沿岸の浦入遺跡では，丸木舟が出土しているが，海洋環境という遺跡立地から，丸木舟の使途は海上移動のためと考えられている．

海域と港

　日本海や対馬海峡の海上往来は，日本列島に人類が移住して以来，完全に途絶えることなく，文化・社会形成に大きな影響を与えてきた．対馬海峡に浮かぶ壱岐島の原の辻遺跡は，弥生時代において，一支国の中心地として栄え，朝鮮半島と九州を結ぶ海上交通の要衝にあった．壱岐島東岸の内海湾の河口から河川で遡ったところにある環濠集落では，日本最古の舟着き場の跡が確認されている．内水で舟を着けられたその場所の構造は，枝を束にして基礎の一部にして石を積んで築いたものであった．当時の一支国のような舟の係留のための施設が，日本列島の他の場所で整備されていたわけではない．筏や丸木舟に代表される原始的な舟は，係留のための施設を必要とせず，適当な自然地形を舟の発着場や留め置く場所として使うことができた．内水域では，陸に上がる場所があれば，岸の樹木に艫を繋ぐか，あるいは水中にもやいの木杭を立てて利用することができた．海では，潮の干満の差を受ける地形や岩礁地帯は，舟着き場には不適当であるが，岩礁に穴を穿って，舟を縄固定したり，係留杭を穴に立てたりと工夫を施して舟を留めていた．船体の喫水が浅く，陸揚げが容易だった利便性を最大限に活かせたのは，砂浜，遠浅の海岸，湾口の干潟地形や，湾口が砂の堆積作用で外海から隔てられた潟湖地形（ラグーン）であった．九州福岡の那ノ津や畿内の玄関口，大阪湾の難波津も潟の利用であった．北部九州沿岸から瀬戸内海にかけての海上交通が発展する古代においては，当初は，潟湖地形の小湾（津）が好まれた．やがて，深度のある小湾に港機能を備えた津も整う．碇泊地として，後者の重要性が高まり，港町・泊として発展する（松原 2004）．複数日の航海は当たり前となり，日中は陸地を視界に入れ地文航法しながら，夜間には碇泊地に留まるようになる．東大寺大仏建立に尽力した行基により，瀬戸内海航路の摂播五泊が整備されたが，大宰府・博多からの近畿圏を結ぶ海上交通路は，交易網として，また物資輸送の内航海運網として発展を遂げた．

船体構造と造船技術論

　舟から船への発達とは，船体構造の変遷やその建造技術の発展として解釈される．考古学他，自然科学分野で最も重要な絶対年代測定の一つである放射性炭素年代測定を開発したシカゴ大学のウィラード・リビーは，年代測定の有効性を確かめるためにエジプトのダハシュールで発掘されたエジプト第12王朝センウセルト3世が没した紀元前1850年頃の木造船の船材を測定法開発のための分析に用いた．船舶考古学においても重要なこのダハシュール船は，葬送の船と考えられているが，当時の河川交通で使用された船の典型的な構造と造船技術が確認できる．長さ9m，幅2mを超す船体は，船材を接合しているが，釘を使用せず，ほぞ継ぎ技法が使われている（図2-2）．古代地中海で海上交易が盛んである時期，古代航海民のフェニキア人が使用した船にもこの技術が継承されている．海洋環境で，航海可能な船を建造するにあたって重要視されたのは，ほぞ継ぎで強固に船体の外板同士を接合することであった．船材を強固に接合し，船体の外殻を組上げる造船技法（船殻先行建造法）では，先ず外板同士を接合するため，多くの"ほぞ"が必要であった．地中海造船技術発展史では，その後に，先に肋材を組上げて外板を打ち付ける造船技術（船体骨格先行建造法）が出現し，船材同士の接合にほぞを多用する必要は無くなった．地中海トルコ沿岸沖で発掘された東ローマ帝国（ビザンツ帝国）時代の4世紀から7世紀のヤシアダ船には，海域史上の船殻先行建造法から船体骨格先行建造法への変遷が，船材の接合方法や肋材と外板の構造分析から理解できる（Steffy 1994）．

航洋船の発展論

　船舶考古学分析論が不在である日本国内では，舟から船への発達は，丸木船から，構造に一部丸木舟を残す準構造船，そして構造船への発展論として解釈されている（石井 1957）．これは日本で独自に生み出された船体の進化論的見方といえる．国内の豊富な出土丸木舟を背景に，この解釈では，船体構造に丸木材が採用されているか否か，その

図2-2 エジプトで出土した約4000年前のダハシュール葬船は河船であり，船材の接合には金属の留め具は使用されず，木製の楔と方形ダボ（木栓・ほぞ）で平継される（写真撮影：木村淳，フィールド自然史博物館）

使用法と共に，船の段階的発展が示される．丸木舟構造を基本とする船体が，生物のように系統進化・分化すると捉えられてきた．そこでは，日本列島と中国大陸を渡海する船が，朝鮮半島や中国大陸など，他地域からの技術流入・伝搬によって，建造法が影響受けるといった議論の不在もある．古墳時代に日本へ渡来した技術革新は，船の建造法にも及んだと想定され，その研究進展が望まれる．

全国的に出土する縄文時代から古墳時代の丸木舟と比較して，耐航性能を持つ船とされる準構造船の出土事例は，大阪府八尾市久宝寺遺跡（古墳時代前期）や福岡県の延永ヤヨミ園遺跡などに限られる（九州歴史資料館2015）．船体考古資料としての出土例は数十例に留まり，その制約の下で，古代日本で船の形状や構造理解の試みが行われてきた．船体考古資料以外には，主に近畿で集中して出土する5世紀以降の船形埴輪を基にして古代船舶の復元が試みられてきた．一方で，こうした船形埴輪資料を基にした復元船の航海実験は必ずしも成功しておらず，技術革新が具体的に何であるかを，抽象化された埴輪資料のみで確証を得ることは難しい．

船体考古資料数は限られるものの，海事考古学や船舶考古学の視点で，日本を含め東アジアの地域的な造船技術の発展を論じることは有効と考えらえる（Kimura 2017）．船体の耐航性を高める構造の一つに，舷側に外板を取り付けることが挙げられるが，国内の考古資料上では，材の端部同士を樹皮などで縫合（緊縛）する技法（sewn construction）と木栓の使用とが確認されている．日本の弥生時代から古墳時代における主要な造船技術としては，この船材同士の接合方法の特徴が指摘でき，縫合船の建造が可能であったことが考えられる．船材を縫合（緊縛）する技法自体は，東アジア海域の造船技術の一つとして，釘の使用の前段階に，広く普及していた．中国においては，紀元前から鉄製の薄板を使用して船材を縫合する技術があったことが確認されている（木村2017）．河北省平山県の春秋戦国時代の中山王国の王陵群では，副葬された船の一部が出土しており，当時の縫合（緊縛）技法を知るうえで貴重な情報を提供する．複数の副葬船があったと考えられるが，そのうちの3隻については船長13m程と推定さ

れる．船板の接合には，ほぞや木栓以外に，2つの船材の端部にそれぞれ方形の穴を開けて，端部の穴を接して鉄製薄板である鐷を4周ほど巻き付けて互いを縛り，隙間に楔を打ち込んで周巻きの緩みを防ぐ工夫をした．船材接合に鉄板の使用が示唆される記述が，838年求法僧として最後の遣唐使団に加わり往復で船に乗った円仁の『入唐求法巡礼行記』にもあり，"平鐵為波所衝，悉脱落"と，船材に穿いた穴に巻いて縫合していた平鉄が，激しい浪間を航行中に緩む様が記録として残る．

日本在来の技術と別系の航洋性の高い船を造る建造法として，日本人が特に意識していたのは，朝鮮半島の造船技術であった．『日本書紀』の650年に「於安芸国，使造．百済舶二隻」と安芸での百済船建造の記述がある．律令国家により百済から招かれたのは，造寺や造仏のための技術者だけでなく，造船工も含まれた．半島系の造船工がもたらした技術は，唐・新羅水軍との戦う百済の救援を目的とした海上軍事遠征（白村江の戦〜663年），国家間の遣使の往来など中央集権国家の船を使用する事業で重要な役割を果たした．

6世紀後半から9世紀にかけての隋や唐への遣使派遣目的は，対外交渉や先進文化の摂取，朝貢をして下賜品を受ける公（官）貿易といった様々な側面があった．隋や唐への航海に遣使が使用した船がいかなる船であったかは，海域史上の議論となるテーマの一つである．日本へは新羅使や唐使が派遣され，渤海国からも遣使が派遣されている．600年に始まる隋への遣使は，船で大阪を出航，瀬戸内海航路を経て，北九州沿岸から対馬海峡を渡り，朝鮮半島西部沿岸の黄海を北上，渤海湾を横断して，現在の中国岸への上陸を果たしていた．唐の成立後も遣使派遣は継続し，630年に始まった遣唐使船の航行は，約15〜20年に1度，894年まで継続した．数隻の船から成る船団は，当初は遣隋使と同様の航路を利用していたが，新羅との関係悪化した8世紀以後は，東シナ海を横断する航路を使用するようになり，航海の危険度は増した．隋代の船体考古資料は，河川・運河で使用された船が中心で，唐代の史料についても江蘇省如皋市などの河船に限られる．平底の河船は，外板の接合に鉄釘を使用し，船底を隔壁で仕切るなど，中国船の特徴が認められる（木村2017；Kimura 2017）．

日本遣使の渡海のための国内建造船については，上述の安芸国の百済船他，『続日本後紀』839年の「令大宰府造新羅船，以能堪風波也」のように太宰府付近建造の新羅船の航海性能を評価する具体的な記述がある．これらは朝鮮半島在来造船技術で建造された沿岸航洋船であるが，新羅船への信頼は高く，東シナ海域での航海にも用いられた．839年には，上述の円仁の遣使一団は楚州で新羅船9隻を雇い求め帰国の手段としている．中国への遣使が使用した船は，後述するように船体構造船としては平底船であり，黄海を中心とする朝鮮半島周辺海域で長らく使用され，新羅の商人の海域進出，海商の活躍を支えた．

3. 海域史と沈没船遺跡

南シナ海域の交易船

黄海と東シナ海域を介して，大陸から日本への文化や宗教の流入が起こったが，為政者が文物を求めた結果，海上交易の重要性が飛躍した．中国の唐物は，実際にはペルシア湾岸・インド洋地域で生産され，インド洋や南シナ海域の海上輸送を経てもたらされたものが含まれる．南シナ海域の交易網を利用し，インドに求法した中国僧によって航海の実態が記録されるが，法顕や義浄らは，5〜7世紀の船の様相を記している．インド（婆羅門）系や東南アジア（崑崙）系の船舶の他，7世紀にはペルシア（波斯）湾岸の商人が，これら商人やスリランカ（獅子国）との交易を活発化させ，広州で絹織物や陶磁器等を求めるようになる．750年のアッバース朝の成立を受け，アラブ（大食）系商人が活躍，ペルシア湾岸とインド洋地域の海上交易ネットワークは，さらに活性化・安定化し，イランのシーラーフと中国の広州との遠距離ネットワークが成立する．東南アジア島嶼国・半島国と中国南沿岸に囲まれた南シナ海域は，インド洋地域の商船の海上回廊となり，シュリーヴィジャヤなどの港市や広州などの港市を結んだ南海交易が展開されていた．宝飾類，織物，香木，

図2-3 インドネシアのビリトゥン島沖で，沈没船の復元模型．船材を平継にして植物繊維の紐で縫合するインド洋造船技術系統で建造されたペルシアあるいはアラブ商人の船と考えらえる（写真撮影：木村淳，復元船モデル所有：シンガポール・アジア文明博物館）

香料，象牙，犀角，ガラス器等が中国に流入，逆にインド洋地域に輸出された主要交易品には，陶磁器が含まれており，南シナ海域は「海の陶磁器の道」の玄関口となった．インド洋世界での中国陶磁器の需要は高く，模倣品まで作成された．

1998年，インドネシアの海鼠採りのダイバーらによって，中国湖南省長沙窯生産の陶磁器碗がビリトゥン島近海で発見され1隻の沈没船の存在が明らかとなった．ビリトゥン沈没船と名付けられたこの船は，後に9世紀頃のインド洋地域起源のペルシアかアラブ商船であることが判明した（図2-3）．その歴史的重要性が広く知られる一方で，遺物が売買目的で引き揚げられたことから，考古資料としては認められず，その学術価値を逸失したとの批判が今も根強く残る．海底で出土した船体は，良好な状態であり，竜骨長で約15 m，幅は5 m程で，復元船長は20 m程と考えられる．注目すべきはその造船技術で，完全な縫合船であり，厚さ4 cm，幅20〜40 cmほどの外板は，5〜6 cm間隔で開けられた直径1.6 cm程の穴に通された椰子の繊維ロープで縫い合わされている．確認された構造や技法は，現在のオマーンで建造されるダウ型の船の造船技術と類似されている．船体外板にはアフリカ産のマメ科樹木（Afzelia africana）が使用されており，当時西アフリカからアラビア半島に輸出されていた木材を使用して建造された船と考えられている．船内からは約6万点に及ぶ中国産陶磁器片が回収されており，長沙窯釉下彩碗や越州窯系青磁の壺・碗類，装飾を施した白釉緑彩製品の壺・カップ類他，青花皿など，高品質な陶磁器を含み，その多くは完形を保っていた（口絵6）．交易品としては金・銀製品の器類が回収されている．29点の青銅鏡が出土しているが，漢代の鏡がアンティークとして積載されており，その需要があったことに驚かされる．

南シナ海域の沈没船には，インド洋商船のみでなく，陶磁器の海上輸送に関わった東南アジア系の交易船の存在も確認されている．ベトナムのクアンガイ省ビンソン県チャウタン沖で，2000年代の初めに沈没船の船材とともに多数の長沙窯陶磁器，越州窯青磁，北方系の白磁が地元民によって引き揚げられた．引き揚げ地点からチャウタン沈没船と名付けられ，その研究が進む（Nishino et al. 2017）．考古学的な検証を経ていないが，陶

図 2-4 ベトナム発見の東南アジア在来系交易船の船材．竜骨長約 23 m，船体の船材を木釘で固定し，縄紐で緊縛する東南アジア在来の造船技法で建造された船であったと考えられる．フィリピン，インドネシア等で同型の船が発掘されている（写真：木村淳，東南アジア埋蔵文化財保護基金）

磁器の組成については，インドネシア沖で引き揚げられた上述のビリトゥン沈没船と類似していることがわかっている．船材の構造は，外板の接合に鉄釘を使用せず木栓を用いて椰子の索で緊縛する東南アジア在来船の技術によって建造された船であることを示している（図2-4）．チャウタン沈没船の竜骨材の放射性年代は，7世紀後半〜8世紀半ばである．交易品として積載されていた中国産の陶磁器には，刻文と墨書で，漢字他，インド系文字，アラビア系文字が描かれ，文字の中にはアンバーラックとイラン北西内陸部の地名が含まれている．8世紀の南シナ海域の海上交易ネットワークは，インド洋地域の商人と東南アジアの航海民によって維持され発展していた．唐代に南シナ海域を航海していた様々な交易船が，文献上に記録されるが，少なくとも，構造や造船技術で異なるダウ型インド洋地域の商船と東南アジア在来船の2系統が発掘されてきた．

黄海域と東シナ海域の船体考古資料

南シナ海域の活況と並行して，極東での海域ネットワークの発展には，新羅海商の介在があった．唐代，中国船の外洋進出を未だ見ない時期，私貿易へ関わったのは黄海域では新羅，日本海域では渤海国であった．黄海域を挟んで中国北東部と朝鮮半島には，新羅海商のネットワークが形成，日本の遣使との交流が記録される他，日本と唐の間で中継貿易の役割を担っていたことが伺える．新羅商人張保皐（張宝高）など有力な人物の活動が歴史資料に記録されている．7世紀後半から奈良・平安期，九州の防備と対外交渉を担ったのは，現在，太宰府市内に都督府古址として残る大宰府政庁であった．新羅海商は，役所機能としての大宰府を介し，博多津に置かれていた筑紫館（鴻臚館）に滞在し，9世紀後半頃の中国海商の進出まで日本での積極的な活動を続ける．鴻臚館の跡では，新羅陶器他に，越州窯系青磁，白磁，イスラムガラス容器などが出土している．

朝鮮半島の黄海域から日本沿岸までの新羅海商の海上活動は，航洋性の高い船無しには成り立たなかった．朝鮮半島では伝統的に，浅海向けの平底船が建造されてきたことが，出土した船体考古

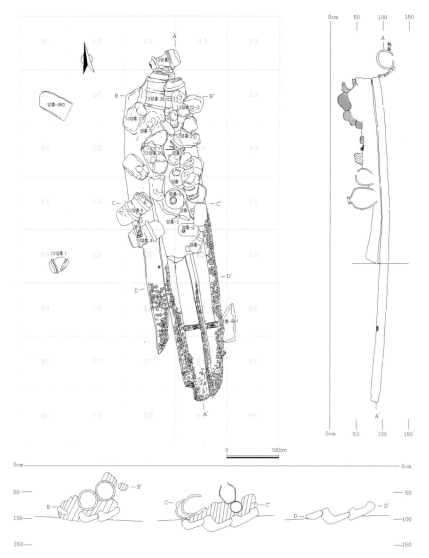

図2-5 仁川甕津郡島霊興島沖合海底での新羅時代の船材出土状況平面図．他に青磁，炻器，鉄鍋など遺物と船体が共伴する（国立海洋文化財研究所作成）

資料からわかっている．韓国国立海洋文化財研究所によって高麗王朝時代から李氏朝鮮時代の船，13隻以上が朝鮮半島西岸の沿岸部や海底で発掘調査されている（木村2012）．近年では，仁川近海の霊興島沖合いで新羅時代の船の船底の一部も発掘されている（図2-5）．船材の接合方法は，半島在来の造船技術として，後の時代にも継承される（図2-6）．高麗王朝時代の船体考古資料が最も豊富で，全羅道莞島沖の海底の発掘された11世紀末〜12世紀初頭の莞島船（残存長約6m）が古く（口絵7），全羅南道新安郡安佐島の潮間帯で出土した安佐船（残存長約14m）には14世紀後半の年代が与えられている．それら全てが平底船で，共通の特有構造が確認されている．平底船底は大型の平材を筏のように並列に組んで，ほぞと閂で継いでいる．船底から立ち上がる外板は，接合に段差をつけてズラして接合されるため，船体の外観は鎧張りに似る．船材の接合には，鉄釘は使われず，木釘やほぞのみ用いる．船の横強度は，船体内に横梁を配置することにより保たれる構造となっている．朝鮮半島の沿岸域の伝統的仕様として，黄海域での活用に適していた平底船は，同じく平底船の建造が盛んであった中国北東部の沿岸の造船業と交渉を持っていた．北東アジアの

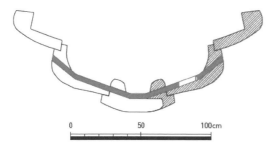

図 2-6 霊興島沈没船の断面模式図. 出土船材した大型材を並列に組んで閂で接合されている（国立海洋文化財研究所作成）

海域では，平底船建造に特化した黄海域造船伝統が長く継続した．

9世紀以降の新羅国内の政治的混乱から936年の高麗王朝の成立の間に，九州での海上交易の担い手は中国海商に移る．960年の宋の成立は政治の安定化をもたらし，商業や社会経済の発展を受け，組織化された船舶輸送は運河や沿岸域に留まらず，海上進出を果たす（斯波 1968）．11世紀には中国沿岸における寧波の台頭，日本では，大宰府が管理し鴻臚館で展開されていた交易が，平安期に転機を迎え，その場所を博多に移す（中島・伊藤 2013）．組織化された宋人海商集団や船首の船は博多津に来航し，長期滞在の居住地（唐房）が形成される．博多市内では，船主や船首を表す綱首や綱司の墨書文字が書かれた陶磁器片が多量に出土し，博多の対外交易港市としての成長を物語る．海商の博多湾岸の来航を示す考古資料として，中国の交易船に使用された木椗（木製イカリ）に装着されていた碇石がある．交易船の大型の木製イカリには，重石あるいは爪先を効果的に海底に食い込ませるために，石製アンカーストックが装着されていたが，木製部分は朽ち，碇石だけが今に残る．博多で確認されている資料には，長さ2〜3mの角柱状の碇石があり，その形状が定型化されていたものがある．碇石は，鹿児島県奄美大島宇検村でも確認されている（図 2-7）．同村近くには，中世交易船の沈没，座礁，あるいは積荷廃棄に関連する倉木崎海底遺跡が所在し，海底では12世紀後半から13世紀初頭の中国貿易陶磁器が確認されることから，南西諸島航路が海上交易ネットワークの一部として機能していたこ

図 2-7 奄美大島宇検村で確認された石製のアンカーストック（碇石）．宇検村教育委員会資料館蔵（写真撮影：木村淳，宇検村教育委員会）

とが伺える（宇検村教育委員会 1999）．

中国の泉州でも碇石が確認されている．宋代における対外交易の拡大は，広州に加えて泉州や明州といった港市の発展を促し，対外交易業務を取り扱う市舶司が置かれた．海上交易の関税は，国家財政の重要な収入源となった．明州はのち明代に寧波となって東アジアとの重要な接点を持つが，泉州は宋元代にムスリム商人やインド商人が居住し，対外交易の地となるとともに，中国海商にとっては東シナ海域と南シナ海域へ海上進出の玄関口となった．1973年泉州の後渚港の干潟で出土した泉州船（泉州古船）は，13世紀初頭建造の南宋時代の東シナ海を中心に使用された交易船と考えられる（口絵8）．沈没あるいは座礁後に，積荷の大半は回収されたと思われるが，積載品に関する墨書文字が書かれた木簡が見つかっており，綱司の文字も確認されている．また積載されていた交易品についても，一部が残っており船内で検出されている．500枚ほどの銅銭，竜泉窯や福建諸窯の青磁碗，福徳化窯の白磁碗片や青黄釉・褐釉などの壺・瓶が発見されている他，降真香，沈香，檀香，竜涎香，胡椒，檳榔，朱砂などの多種

図 2-8　広東省陽江市海陵島の海上絲綢之路博物館（海上シルクロード博物館）で調査と展示が行われている南海 1 号（写真撮影：木村　淳）

の香木・香薬類が出土しているのが特徴である．このため，南シナ海域でも，東南アジア地域沿岸で産出されるこれらの交易品を取り扱う船であったと考えられる．発掘された船体は，残存長が約 24 m で，残存幅約 9 m，発掘後に解体され泉州市内開元寺で復元され，現在でも目にすることができる．船倉は 12 の隔壁で仕切られており，船首竜骨，主竜骨，船尾竜骨の 3 材を組み合わせた中国で初めて確認された竜骨構造を持つ船である．竜骨の斜め真上に取り付けられた竜骨翼板から外板が反りをみせる構造で，波を切り裂いて航行できる鋭い船底勾配を持つ．多重外板構造で，フナクイムシの被害を最小限にし，一部を鎧張りにし，強固な船殻を持たせている．全体には，船幅が広く，船底の檣台から延びる 2 本の帆柱の帆に風を受けて，外洋でも安定した航海が可能であったと考えられる．1987 年に，広東省陽江市沖の海底で発見され，2007 年周囲の海底土砂とともに船体が引き揚げられた南海 1 号も，南宋期に南シナ海域で交易に従事していた商船と考えられる（図 2-8）．その船形は，泉州船に類似して船幅が広く，残存長は約 22 m，残存幅 10 m は程で，船倉は 11 の隔壁で仕切られる．陽江市海陵島の海上シルクロード博物館内に収められた南海 1 号は，船内での遺物の発掘作業が続いており，今後に検出される積載品の総計は 6 万点を超えると推定される．船内からは銅銭の一部，約 8000 枚が回収されている他，福建産他に，景徳鎮窯や竜泉窯の陶磁器類が確認されている．

12〜13 世紀では中国沿岸で，東シナ海域造船伝統が確立し，航洋船の建造が盛んになる．インド洋商船や東南アジア在来船が南シナ海の海上輸送の主な担い手だった時代を過去のものとし，宋代海商が自ら交易船を組織する時代の到来となった．南シナ海のパラセル諸島の岩礁域で発掘された南宋前期〜中期の華光礁 1 号船は，南海 1 号に遺物組成が似ており，東南アジアに輸出された鉄釘材の束等を積載していた．同様の鉄釘製品は，インドネシアのジャワ海沈没船からも確認されており，同沈没船は宋代海商の船であるかは不明ながら，積載品には中国陶磁器が含まれ，さらにはタイ南部窯の陶器製品も積載されており，恐らくは東南アジア半島部を経由して，インドネシアを目指した商船と考えられている（口絵 9）．インドネシア・ジャワ海で発見されたジェパラ沈没船では，中国海商の船が使用したと考えられる碇石が，ジャワ海沈没船と類似した中国産とタイ南部産の総計 1 万 640 点の陶磁器と共に引き揚げられ

ている．12〜13世紀のタイ南部産の陶磁器輸出への中国海商船の関わりと東南アジア半島沿岸各地でこうした交易品の積み下ろしが可能な港市の発展がみてとれる．航海路の拡大は半島部に限らず，南シナ海周縁も海上交易網として機能していた証しとして，ブルネイには1264年銘のムスリム系行政官"泉州判院蒲公"の墓碑が残り，ボルネオ島沖合いでの交易船の往来が示唆される．しかしながら，13世紀後半には，南宋はすでにモンゴル帝国伸長という脅威に直面していた．

造船からみた南シナ海域と東シナ海域の融合

　13世紀のモンゴル帝国の領土拡張は，ヒトの移動，物質文化の変容や，従来とは異なる社会経済システムと交易ネットワークの構築という結果をもたらした．モンゴル帝国第5代皇帝クビライは，大都（北京）建設に着手，1271年国号を大元ウルスとし元朝を打ち立てた．軍事面では，朝鮮半島の高麗や中国南部の南宋の征服によって海上軍備を整えることに成功した．クビライはアジアの海域史上，最大規模の組織的な海上侵攻を実行に移す手段を得た．過去においては，紀元前112年に漢の武帝が，現在の中国南部と北部ベトナムを支配していた南越国へ楼船を派遣し，938年には五代十国時代に広州を拠点とし南シナ海域の交易で栄えた南漢が北部ベトナム呉朝支配地域へ海上侵攻している．しかしながら，クビライによる船団派遣は，日本，ベトナム，さらにはインドネシアと一国に留まらなかった．また東シナ海と南シナ海の両海域への海上侵攻は複数回に及び，規模において過去を上回った．その意図するところは，朝貢関係に維持される海上交易の利の確保であり，船団派遣は冊封体制や対外関係において従属性を求めるクビライ施策の延長に位置付けられる．

　クビライは国家関係樹立を求める国書を携えた使節を日本に派遣したが，時の鎌倉幕府はこれを黙殺した．これを受けて海上侵攻を決めたクビライは，輸送船（千料舟），櫓漕の軽船（抜都魯軽疾舟），小船（汲水小舟）から成る船団を組織し，朝鮮半島合浦を出港させた．中国を出帆した船団も加わり，1274年博多海岸は，モンゴル兵，南宋兵，高麗兵のモンゴル混成軍の強襲を受けた．御家人ら日本兵は辛くも侵攻を食い止めたが，九州北部海岸には再度の上陸を遮る目的で石塁が築かれた．北部九州の海岸に残る元寇防塁壁は戦場地の考古遺跡として，モンゴル帝国の海上侵攻の脅威を人々がどう認識し対応したかを今に伝える．第2次の1281年の海上侵攻の際には，暴風雨と鎌倉武士団の攻撃でクビライ船団の軍船は損害を受け多数の艦船が沈んだ．当該の海域，長崎県松浦市鷹島沖では海底遺跡の発掘調査が進み，その成果については前掲しているとおりである．出土した火薬兵器は実際には殺傷力の高い散弾であり，船速が出る船形をした軍船が発掘された（図2-9）．

　日本への船団派遣と同時期，クビライの元朝はインドシナ半島へも進出を図っている．1282〜1283年にはインドシナ半島南部チャンパ王国と交戦し，同国の中核港市ヴィジャヤを攻撃した．さらに朝貢関係にあったベトナム北部を支配していた大越陳朝とは，チャンパ攻撃時の外交交渉の不調もあって，1287年に，陸上と海上から同時に進軍している．大規模船団を組織し，一説では兵1万8000人と500隻の船から成る船団は海南島を出港し，ベトナム北部ハロン湾を通過し，紅河を北上し，陸上軍本隊と合流して1288年には昇竜（現ハノイ）を陥落せしめた．しかしながら，ハロン湾海域の雲屯港付近で陳朝軍迎撃部隊の攻撃により，糧船団を失ったことで，海上侵攻は大きな支障をきたすことになる．昇竜に駐留していた本隊は兵站網を失い，陸路と海路での撤退を強いられた．船団は，紅河支流の白藤江を下っていたが，陳朝軍を率いた陳興道はこれを見越し，白藤江河口付近に木杭を配置，これに阻まれた元の艦船は航行不能に陥った．この機を逃さず陳朝軍は攻撃を仕掛け，船団は壊滅的損害を受けた．雲屯の海戦と白藤江河口は，日本同様に戦勝を導いた戦場地として知られ，その発掘調査が進んでいる．アジア海域史上，最大規模の海上侵攻は失敗に終わり，日本とベトナムにクビライ船団壊滅の地となった遺跡が残る．

　元のクビライの海上侵攻は，混乱と同時に新た

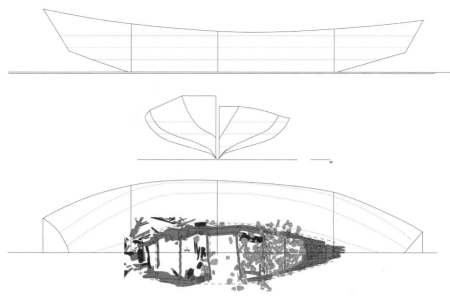

図 2-9　鷹島神崎海底遺跡出土の 2 号船

な海域秩序の形成の契機ともなった．元と諸外国は緊張関係にはあったが，物質文化・社会における交易品への需要は衰えることなく，海上の私貿易は断続的に行われた．1975〜1981 年にかけて韓国全羅南道新安郡沖の海底で発掘された 14 世紀初の新安沈没船からは多量の交易品が発掘されている（図 2-10）．2 万点を超す陶磁器，約 800 万枚の銅銭，紫檀材が主な積荷であった．積荷と共に出土した荷札には，船主あるいは船長，綱司の墨書他，京都や博多の寺社名や僧侶の名前が書かれていた．当時は，企業体として権力を持っていた寺社が，建物の造営のために船を仕立て，商人らと海上交易に出資する時代であった．新安船は 1323 年頃に中国の寧波を出航し，日本へ向かっていた途中，韓国南岸で沈没したが，日本の権力者が介在した寺社造営料唐船とも考えられている．14 世紀後半の元の衰退時期と明の勃興期の政治混乱は中国の沿岸部に及び，日本人が組織した倭寇の襲撃を受ける．日本の不安的な南北朝期，武士や商人が武装集団として沿岸域で活動し，その範囲は朝鮮半島や中国の江蘇・浙江省にまで拡大した．明の初代皇帝朱元璋は，倭寇対策と沿岸秩序回復のため，沿岸防備を充実させ，中国海商の渡海も厳格化し，1371 年には海禁として制度化する．第三代永楽帝の時代においては，渡航証明となる勘合符に貿易船発行することで，海賊行為を行う船を見極める貿易の許可制の施策をとった．日本での室町幕府成立による政治的安定も，倭寇活動の減少につながった．一方，市舶司の廃止など公貿易による統制強化は，中国商人ら海上交易従事者の反発を招き，密貿易が横行する．やがて彼らは徒党化・組織化され後期倭寇として海上に勢力を築くことになる．中国沿岸の防備が強化された元末から明初の時期においては，これまで見られなかった船舶の火砲による武装化が進んだ．また，沿岸取締りや防備に適した船形が確認され，山東省の蓬莱水城の出土船には，こうした用途に使用された船の構造が認められる（木村 2017；Kimura 2017）．

明の第 3 代皇帝永楽帝は海禁令を再度発したが，同時に市舶司を再び設置し，その治世下の 15 世紀前半，宦官鄭和を指揮官に任命し 7 回の艦隊派遣を行った．その派遣先は東南アジアから南インド，さらにはアラビア半島，アフリカ東海岸までに及び訪問国は三十余ヶ国と記録される．艦隊派遣は，海洋覇権を誇示することで訪問国に朝貢を促し，華夷秩序の復興を目的としたものであった．一説には，150 m 以上ともされる鄭和の船について，実際には南京付近で発掘された明代の造船所や舵身木から推定するに，その半分の船長があっ

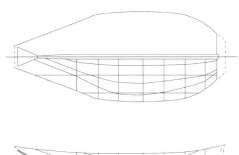

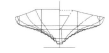

図 2-10　新安船の復元船形

図 2-11　タイで発掘調査されたパンカチャイ 2 号船の復元模型．南シナ海域で発展した造船技術によって建造された船．船底は，隔壁によって仕切られた構造を持つが南シナ海の沿岸で建造されたと考えられる

たかも疑わしいが，平底の大型船が旗艦として建造された可能性がある．海禁による貿易管理と朝貢は，海上の貿易秩序の回復をもたらした．東アジア海域では，足利義満が明朝の冊封を受けて正式な遣明船を派遣したが，やがて遣明船派遣の貿易主体は寺社や大名へと移る．14 世紀の東シナ海では，琉球王国が中継貿易地として台頭するといった交易ネットワークの拡大もおこった．東南アジア諸国においては，海禁によって自国生産の陶磁器輸出が加速，海上交易の安定によりさらに拡大することになった．

前時代の元代にモンゴル支配を避けた漢人の海域ディアスポラは，東南アジアにおいて陶磁器産業の活性化をもたらし，南シナ海の造船業にも影響を及ぼした．15 世紀においては，中国の造船技術と東南アジア在来の造船技術が融合し，遠距離航海に適した船を建造する南シナ海域造船伝統が確立する（図 2-11）．15 世紀代の南シナ海域造船伝統の発展は，インドシナ半島沿岸においてはタイのシーチャン島沖の沈没船やカンボジアのココン沈没船他，島嶼海域ではフィリピンのパンダナン沈没船，レナショール沈没船，サンタクルズ沈没船やブルネイ王国沈没船の発見に例証される．海域アジアの物流をこれら南シナ海域で建造された航洋船が支え，海上商業の時代（Age of Maritime Commerce）を導くことになる．

参考文献

石井謙治 1957『日本の船』創元社
宇検村教育委員会 1999『鹿児島県大島郡宇検村倉木崎海底遺跡発掘調査報告書』宇検村教育委員会
大賀克彦・田村朋美 2015「古墳時代前期のナトロンガラス」『古代学』7 巻 1-11 頁
大林太良（編）1975『日本古代文化の研究・船』社会思想社
木村淳 2012「高麗王朝時代の朝鮮半島在来船研究と日本伝統船舶の発展論」『考古学研究』第 59 巻 2 号 71-88 頁
木村淳 2017「海域東アジア史と航洋船の造船史：海事考古学によるアプローチ」『水中文化遺産：海から蘇る歴史』勉誠出版 59-82 頁
九州歴史資料館 2015『永ヤヨミ園遺跡Ⅲ区Ⅱ（第 1 分冊）：福岡県行橋市大字延永・吉国所在遺跡の調査』九州歴史資料館
斯波義信 1968『宋代商業史研究』風間書房
須藤利一 1968『船：ものと人間の文化史 1』法政大学出版局
出口晶子 2001『丸木舟：ものと人間の文化史 98』法政大学出版局
長澤和俊 1989『海のシルクロード史』中公新書
中島楽章・伊藤幸司（編）2013『寧波と博多』汲古書院
松原弘宣 2004『古代国家と瀬戸内海交通』吉川弘文館
桃木至郎（編）2008『海域アジア史研究入門』岩波書店
家島彦一 1993『海が創る文明：インド洋海域世界』朝日新聞社
Hornell, J. 1946 *Water Transport: Origins and Early Evolution*, Cambridge University Press.
Kimura, J 2017 *Archaeology of East Asian Shipbuilding*, University Press Florida.
Noshino, N., Aoyama, T., Kimura, J., Nogami, T., and Le, T. L., 2017 Nishimura Masanari's study of the earliest known shipwreck found in Vietnam, *Asian Review of World Histories* 5. pp. 106-122
Steffy, J. R. 1994 *Wooden Ship Building and the Interpretation of Shipwrecks*, Texas A&M University Press.
Staniforth, M. 2003 *Material Culture and Consumer Society: Dependent Colonies in Colonial Australia*, Kluwer Academic/Plenum Publishers.

コラム2　水中考古学と海洋調査

　海洋調査の場合，海水中において電波（電磁波）は減衰が激しく，そのままでは通用しない．"しんかい6500"で深海底の観察を行う場合，かなり強い光源を用いても，5m先は見えない場合が多い．可視光が通用する浅海域では，人間による潜行調査が威力を発揮するが，調査範囲は狭く，限られたポイントしか調査することができない．このため，海洋調査では海水にも良好な透過をする性質を持つ音波を用いることが主である．今日，音波は海図作成，港湾浚渫，海底ケーブル敷設，海底パイプライン調査，海底資源調査，水産資源調査等の海洋調査の他に河川調査，ダム維持管理調査など，広い分野で用いられている．以下に音響調査の水中考古学への利用について記述する．

　一般に音波を利用し物体を捉える場合，波長の短い（周波数の高い）音波ほど小さな物体（分解能が高い）を識別することができる．一方，高い周波数ほど海水中での減衰が大きく，対応水深は浅くなる．逆に周波数が低くなると分解能は低くなるが，対応水深は増す特徴がある．水中考古学を対象とした音波を用いた海洋調査は，1）マルチナロービーム（MNB）を用いた地形探査，2）サイドスキャンソナー（SSS）を用いた海底面探査，3）サブボトムプロファイラー（SBP）を用いた地層探査が挙げられる．以下にその特徴について解説する．

1）MNBを用いた海底地形調査

　MNBは，複数本（250～500本：機種によりビーム数が異なる）の音波ビームを船底（浅海の場合，舷側に仮設置することが主）から扇状（スワス幅：70～120°）に海底に向け発射し，その反射した音波を受信することで海底の詳細な地形情報を得る機器である．数百kHzでは水深数百m，数十kHzでは水深1万m超の計測が可能であり，対象水深により使用する機器の周波数帯が変わる．東海大学の浅海域（100m以浅）調査の場合，周波数400kHzのMNBを用いて調査を行っている．測深分解能がカタログベースで6mmの精度が記述されているものもあるが，測位精度や動揺センサー等の周辺機器の補正誤差により精度は数十cmが現状である．近年では，水深・海底状況に合わせ周波数やスワス幅を変更する事ができる機器が主流である．また，底質の状況により，海底から反射や散乱される音圧強度が異なる特性を利用し，疑似サイドスキャンソナー画像を得る機能を有した機器も存在している．海底地形情報は全ての調査の基本データであり，より詳細な海底地形情報を得る事は，調査を計画的にかつ精度の高い成果を上げるために最も重要な資料となる．

2）SSSを用いた海底面探査

　可視光を用いた航空写真や衛星画像のリモートセンシングとは異なり，海中のリモートセンシングには音波が用いられる．SSSを用いた海底面の探査では，曳航体送受波器より扇状の指向性を持った音波を海底に向け発信し，曳航体に近い順に戻ってきた音響情報を取得しモザイク化することで，海底の写真を撮影したようなイメージを取得することができる．本装置は，海底活断層，海底表層堆積構造，海底面微細構造，漁場調査，沈没船探索等の海底面上に存在する物体の形状把握に利用されている．さらに，音波の散乱強度を用いた底質判読が行われているが，相対的な値である事に留意しなければならない．浅海の調査の場合，周波数100～1000kHzまで様々であるが，400kHzを使用した場合，水深50m付近では幅70～100mまでの画像を習得する事ができる．深海用SSSでは，高解像度の音響画像と水深図，または海底下浅層構造を把握する高能力機も存在する．沈没船探索や水中考古学の分野にもSSSが積極的に利用されている．本学においては，2011に年3月11日に発生した東北地方沖合を震源とする東日本大震災の湾内・漁場における瓦礫分布調査などで浅海用SSSが活躍している．

　高解像度と水深・地層構造情報取得という高機

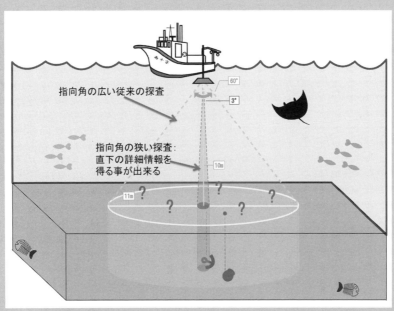

図4 地層探査概念図

能な機器が登場しているが，曳航式という観測形態を取る以上，曳航体自身の位置精度の向上が今後の課題となる．

3) SBP を用いた地層探査

海底浅層の地質構造を把握する目的で開発されたSBPは，海底活断層，海底表層堆積層構造把握，海底パイプ埋設物探査等に用いられてきた．本探査は，地形調査と同様な音響原理を用いながらも，低い周波数を用いることで，海底下の構造を把握するものである．音響の原理上，高周波数は高分解能であるものの減衰してしまうため浅層が対象となり，低周波数は低解像度ながら到達深度は深くなる．一般に送受波器から発信される音波の指向角は広く，探査測線周辺のある幅を持った構造を反映する物とされていた．これまではチャープ式が主流であったが，指向角が広く淡い記録のため，主に地層探査としての目的に使われていた．しかし，近年パラメトリック方式の指向角の狭い地層探査装置が開発され，簡易なシステムで小型の漁船（5 t 未満）を用いての観測船直下の高分解能地層探査が可能になった（図4）．

本学所有システムの場合，一次周波数が100 kHz であり，二次周波数は 15・12・10・8・6・5 kHz の中から選択が可能．カタログベースでは数十 m の探査能力と数 cm の分解能とされているが，実質十数 m の探査能力と 20 cm 分解能（底質状態で異なる）である．また，動揺センサーをシステムに採用することにより，安定した記録を得ることができる．水中考古学への応用として，地層中に埋もれた小さな数 cm サイズの遺物探査は対象外であるが，数 m サイズであれば可能性は高くなる．伊万里湾元寇遺物調査では本システムが活躍している．

これまで音波を用いた海洋調査の水中考古学への応用について記述してきた．人間によるポイント調査に比べ，音響調査は短時間で，遙かに広範囲かつデジタル情報の取得が可能になり，水中考古学の分野も音響探査を用いた攻めの時代になると推定される．しかし，精度の問題や物性の把握，探査データ処理過程には，複合的なデータの解析をはじめ，多くの探査経験を積んだ観測組織の存在が必要になる．考古学的かつ堆積学的感覚を持った研究者，経験豊富な探査技術者，優れた船舶運用者が三位一体となることが，水中考古学探査成功への鍵となると思われる．

第3章　史跡沈没船と水中文化遺産の保護

　歴史時代の史跡沈没船が海から引き揚げられており，デンマークの11世紀頃のヴァイキング船，16世紀の英仏戦争の最中に沈んだイギリス王立海軍のメアリーローズ号，17世紀のスウェーデン・グスタフ朝の旗艦ながらも進水直後に沈んだヴァーサ号が代表的である．ヴァイキング時代や絶対王政時代を象徴するこれらの沈没船は，1960～1970年代の調査後，海底から引き揚げられ，現在はその船体が博物館に展示されている．博物館は研究機関として，30年以上に及ぶ船体と関連遺物の研究と保存処理を行い，この間に海揚がりの考古遺物の保存方法研究も大きく前進した．調査から，保存と展示活用までには，長い年月と多大な労力を費やしたが，その試みは大きく評価されている．オーストラリアでは，入植期以前のオランダ東インド会社船バタヴィア号の発掘調査が1970年代に開始され，船体と関連遺物が引き揚げられた．その保護を巡っては，史跡沈没船の保全を目的とした法律が必要との議論を巻き起こし，国内法の整備も進んだ．同国ではその後，植民期の史跡沈没船研究と保護・管理が進展する．水中の沈没船遺跡については，その遺物の売買を目的にする商業サルベージ事業者にとって発掘対象となってきた．大航海時代・植民地時代の沈没船の保護の声の高まりを背景に，科学的な発掘調査が実施され，2001年ユネスコ水中文化遺産保護条約の成立を機に各国では法整備が進む．国際社会は，水中遺跡を水中文化遺産として管理し保護する施策を推進している．水中遺跡の探査法や発掘調査法の開発，保存処理法や原位置での遺跡保全のための技術発展もこれを後押ししてきた．

1. 中世ヴァイキング船からメアリーローズ号，ヴァーサ号，オランダ東インド会社バタヴィア号

中世ヴァイキング船の水中発掘調査と展示

　ヴァイキングは有能な航海民であり，鎧張りの外観を持つ独特の船で，北ヨーロッパ沿岸から大西洋を渡って現在の北アメリカ大陸やヨーロッパ内陸まで進出し，現地で定住・同化するといった一時代を築き上げた．ヴァイキングは，入植者あるいは交易者の側面もあるが，ロングシップと呼ばれる長い船を操る海からの襲撃者としても知られる（口絵10）．スカンディナヴィアのデンマークのスクルゼレウ沖合いの海底ではヴァイキング時代の船が出土している．同国はヴァイキング船分析やその保存処理研究を推し進め，海事考古学研究の先進国として知られるようになる．

　海事考古学研究の原動力となったのは，同国のロスキレ沖合いで発掘されたヴァイキング船調査といわれている（Ole 2010）．ロスキレはフィヨルドの湾奥に位置し，1000年代後半に商業都市として栄え，文化遺産に登録されており，市内にそびえる大聖堂などが歴史の面影を残す．1957～1959年，デンマーク国立博物館の水中考古学調査によって，ロスキレから20km余り，フィヨルドの両岸が狭くなるスクルゼレウの海底で，5隻のヴァイキング時代の沈没船が埋まっているのが確認された．1962年，ドライドック方式で海底を陸地化し，発掘調査が開始される．発掘されたのは11世紀に遡るヴァイキング船で，これらはロスキレへの船の侵入を防ぐために意図的に沈められた船で，フィヨルドの航路を塞ぐ防御壁となるように，列になって一部が折り重なって埋もれていた（図3-1）．出土船体は，ヴァイキング時代の異なる船で，5～6名が乗船可能な遠洋航海のための船長約16mの商船，船長14mの小型貨物船，船長30mを超え60～100名余で運用された戦闘用のロングシップ，これより小型の戦闘用船，船長12m程

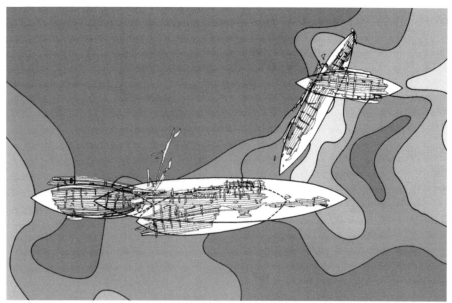

図3-1　スクルゼレウのフィヨルド海底の5隻のヴァイキング船の術度状況図（ヴァイキング船博物館作成）

の漁船から成る（図3-2）．いずれの船体も，竜骨の両舷に鎧張りの外板を組上げ，フレームを後から船底に配置する，船殻先行建造法によって建造されたヴァイキング船である（口絵11）．ヴァイキングは，この造船技術をもって10～11世紀において，北海さらには北大西洋沿岸までも航海圏にしていた．ヴァイキング船は，13～14世紀ハンザ同盟の台頭により，コグと呼ばれる大型商船が主流となる以前の時代において，北ヨーロッパを代表する船舶であった．

　スクルゼレウ・ヴァイキング船は，デンマーク国立博物館の保存処理施設に運ばれポリエチレングリコール（PEG）を船材に含浸させ劣化防止の処置が施された．1964年には，同博物館に海事考古学研究所が設立され，1969年にロスキレでヴァイキング船博物館が開館する．同館には保存処理を終えた5隻の船体が展示され，博物館外には発掘した船体を基に復元したヴァイキング船が係留されている．ヴァイキング時代の工具を使用して復元された船体，亜麻綱で縫った羊毛帆，樹皮・馬尾・海獣の皮の繊維の索具など当時の技術を再現して復元した船を使用して航海実験・体験を行っている．ヴァイキング船博物館は，特に水中遺跡調査や保存処理関連業務を専門的に行う人

材と施設が整っている（図3-3）．引き揚げられた船体を展示する博物館は，有数のヴァイキング関連遺物を所有する国立博物館とともに，デンマークにおけるヴァイキング社会・文化・経済活動と商業都市ロスキレの歴史を学ぶ中核施設として活用されている．

　デンマーク国内では博物館が水中遺跡の管理と展示を行う施設として機能し，そのスタッフは発掘調査も実施する．90年代初頭までに，2世紀から18世紀までの16隻の船体考古資料が発掘されている．沈没船遺跡に限らず，氷河期に海水準面の変動を受けて浅海に形成された石器時代の水没遺跡が海底で発掘調査されている．デンマーク中央のフュン島の南部の海域では，60ヶ所を超える中石器時代の水没遺跡が特定されている．ヴァイキング船博物館に限らず，国内の博物館施設には水中で発掘調査を行える職員を配置し，水没遺跡含めて，その調査から管理・保護を行う体制を整えている．バルト海などでは他の北欧諸国と協力して，発見が続く沈没船の保全研究が行われている（Björdal et al. 2011）．

16世紀メアリーローズ号（HMS *Mary Rose*）

　イギリスのテューダー朝時代，絶対王政の基礎

図 3-2　スクルゼレウのフィヨルド出土の小型ヴァイキング船（写真撮影：木村淳，ヴァイキング船博物館）

図 3-3　デンマーク国立博物館の真空凍結乾燥機（写真撮影：木村淳，デンマーク国立博物館）

となる王立海軍を創設したヘンリー 8 世（1491～1547）によって 1510 年に建造された軍艦がメアリーローズ号である．キャラック型横帆船として，ポーツマスで建造後，改造を経ながら，34 年間イギリス海軍の主力艦として活躍した（口絵 12）．しかしながら，第 3 次英仏戦争の最中の 1545 年 7 月 19 日，ソレント海戦で数百名の乗員とともに海峡に沈んだ．1965 年，軍事史研究に詳しいジャーナリストであったアレクサンダー・マッキーは音響探査機材を使用して，このイギリス海軍史に残る船の位置を特定することに成功した．

1960～1970 年代にダイバーによる潜水調査が開始された．一連の調査に考古学者として参加していたマーガレット・ルールは，ダイバーからの情報を基に船体がどの程度残存しているかを判断することに限界を感じ，自ら潜水調査に参加することを決めイギリス水中考古学に道を開くことになる（Rule 1982）．木造の船体の一部が確認，船体の周囲で試掘が行われ，調査と試掘が進むにつれて，少なくとも甲板 2 層が船尾部付近で残っていることが有望となった．同船はイギリス海軍の船であることから，王室が支援し，メアリーローズ

図 3-4　メアリーローズ号船内出土の短弓を体験する（写真撮影：木村淳，メアリーローズ号博物館）

基金が設立され，専門家による本格的な発掘調査と引き揚げの体制が整うこととなった．1979年からは，考古学と保存処理分野の研究者が合同で組織的な発掘調査を実施した．船体付近の出土遺物の完掘後に，船体の下に鋼鉄製のパイプを通してフレームを建造し，これを海底から持ち上げる計画が立案された．1982年にメアリーローズ号船体が海底から引き揚げられた（口絵 13）．

船体は，ポーツマスにある海軍工廠に運ばれ，化学繊維で覆う措置が取られ，木造部位が乾燥しないように，水が散布された．同時に船体の洗浄を始め，考古学者たちが，船体に残された遺物の記録作業にあたった．また，船体から分離していた船材をもとの位置に戻す作業が進められ，これら遺物の総数は1万9000点を数えた（Marsden 2015）．以前にもメアリーローズ号関連の遺物として，"Henry the Eighth, by the Grace of God King of England ……"とヘンリー8世の名が刻まれた専用のデミカルヴァリン砲が引き揚げられていた．

船体引き揚げ後，フランス艦隊との海戦で沈没したイギリス王室屈指の歴戦の軍艦には，沈んだ当時の船の状況を再現できる十分な考古情報が残されていた．水兵が扱う長弓・短弓などの多量の武器類は，イギリス海軍史を語る貴重な資料となっている（図 3-4）．また，負傷した兵を治療する医療器具といった戦闘を物語る遺物や，士官のビール飲用のためのジョッキ，船上生活を再現可能な遺物も見つかっている（口絵 14）．ソレント海峡で沈没に巻き込まれた数百名の乗員の個人名など，16世紀当時の詳細な記録は残っていない．船内で発見された17名の遺骸の分析が進み，頭蓋骨から，メアリーローズ号のパーサーら乗船員の素顔が復元されている（図 3-5）．1993年からは，木造の船体にPEGを散布しての保存処理が開始されたが，この作業は30年近くに及び2014年になってようやくその作業が終了した．保存処理を終えた船体は，2015年にリニューアル開館したメアリーローズ号博物館に展示されている（口絵 15）．イギリスの王室のNavy RoyalあるいはRoyal Navyの歴史に名を残すメアリーローズ号の一連のプロジェクトに参加した研究者らは，イギリスでの水中遺跡調査や海事考古学研究を推し進める立場となった（木村 2016）．

イギリスでは，1975年の「沈没船保護法（Protection of Wrecks Act）」成立以来，メアリーローズ号沈没地点を含む，歴史的に重要な史跡沈没船の法的保護を行ってきた．また，イギリス海軍船籍の船については，「軍事遺産保護法（Protection of Military Remains Act）」によって特別な保護措置がとられてきた．さらに，2002年の「国家遺産法（National Heritage Act）」の改正により，イギリスの各政府に水中文化遺産保護管理が義務付けられた．イングランドについては，政府系機関のイングリッシュ・ヘリテージが遺産行政の中心であるが，所管の水中文化遺産の保護のための措置や関係機関との調整を行っている．4万件以上の水底での考古遺物の発見報告や沈没船遺跡の所在可能性のデータがあり，開発事業等に対応できる仕組みを構築してきた．ウェセックス・アーケオロジーなどの民間会社が水中遺跡調

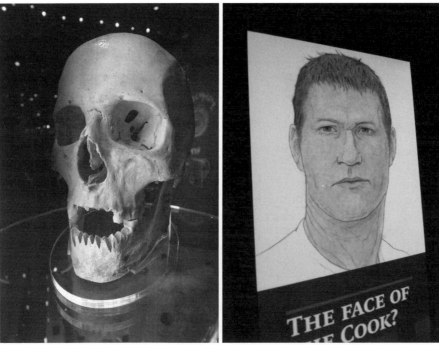

図3-5 メアリーローズ号船内出土の頭蓋骨(左)と復元された顔(右).調理師と考えられている(写真撮影:木村淳,メアリーローズ号博物館)

査部門を設けており,沿岸・海洋環境の資源開発時の事前調査や発掘を行う.1970年代初の船舶考古学学会の成立と学術誌の刊行はイギリスでの研究蓄積を後押し,サウサンプトン大学に代表される大学院教育での海事考古学導入が図られることとなった.

17世紀ヴァーサ号(*Vasa*)

スウェーデンの首都ストックホルムのヴァーサ号博物館には,スウェーデン王グスタフ2世アドルフ(1594〜1632)の命によって1628年に建造されたヴァーサ号が展示され,その研究が継続している(Hocker and Karlsson 2011)(口絵16).同船は1961年にストックホルム湾の海底から引き揚げられ,木造船体の保存処理と管理の研究において大きな知見を提供した.スウェーデン王国のヴァーサ王朝の名を冠し,同国海軍旗艦として建造されたヴァーサ号は,1628年8月10日,ストックホルム港から出航直後,強風により船体が傾き,開いた砲門から海水が流れ込み浸水した.ヴァーサ号は乗船していた150名の乗組員のうち船内に残された30名以上と共に海底へと沈んで行った.沈没の要因となったのは,追加された船尾装飾と砲台による過重で,船体の復元力を失ったことにあると考えられている(口絵17).沈没後333年の間海底に眠っていた船体は,民間の研究家によって探索が開始され,1950年初頭にその位置が特定される.1956年に船材と思われる部材を引揚げ,ヴァーサ号と確認される.数年に及ぶ準備作業の末1961年4月24日にストックホルム湾海底から船体が引き揚げられた.

ヴァーサ号船体は,その原形の95%以上が保存され,17世紀の船体考古資料として重要な価値を持つ.ストックホルムで造船され,完成までに2年の歳月を要した.3本の帆柱を持つ船で,船長69m,1210t.24ポンド砲を64門搭載し,2層の砲列甲板に備え付けられた(図3-6).脱塩処理後の,PEGによるヴァーサ号保存処理は,30年以上に及び,現在も船体維持の研究が進められている(ダル・ロス2003).ヴァーサ号はスウェーデン王国の軍艦に位置づけられることから,保存処理に必要な費用は王室が負担した.良好な状態で海底から引揚げられた船体の保存に成功したヴァーサ号博物館は,研究機関として国内外から高

図 3-6 ヴァーサ号船内第 1 砲列甲板. 研究部門長のフレッド・フォッカー博士 (写真撮影：木村淳, ヴァーサ号博物館)

図 3-7 ヴァーサ号断面模型 (写真撮影：木村淳, ヴァーサ号博物館)

い評価を得ており, スウェーデンが誇る世界有数の博物館として機能している. 同国は現在, 国家遺産委員会・国立海事博物館の管理下に水中遺跡の可能性がある所在地を約 1 万 5000 ヶ所把握 (うち 8300 ヶ所を遺跡登録) し, 沈没船関連遺跡は 3482 件とされ, それらの調査・保護に取り組んでいる.

VOC 沈没船バタヴィア号 (*Batavia*) の発掘とオーストラリア海事考古学

オーストラリア海事考古学は, 自国領海内に沈んだ史跡沈没船の発掘調査とそれら遺跡の保護施策と共に発展してきた. 同国で発展した海事考古学は, 歴史考古学との関連性が強く, 特に 16〜17 世紀のイギリス・オランダによるアジア進出期の沈没船遺跡の存在が着目される. 同国海域では, 1622 年に沈んだイギリス東インド会社船トライアルが記録上で確認されている史跡沈没船としては最も古い. 海域全体では, 約 7300 隻の船舶の沈没に関する記録があるとされ, そのうち約 14% については位置が確認されている. オーストラリア海事考古学の研究対象は, アジア貿易を介して世界との一体化を図った東インド会社沈没船, 続いて本国から入植地へ, 文化移入を図った植民地期の沈没船の調査と, オーストラリア各州における開拓期沈没船の調査へと拡大する (Nash 2007). 歴史時代におけるオーストラリア船舶考古学は, 時代区分を「ヨーロッパ人入植以前」と「植民地時代」などのカテゴリーに分けて説明を加えることができる. 中でも西オーストラリア州海岸の沖で 1963 年に発見され, 発掘調査されたオランダ東インド会社船籍バタヴィア号 (Batavia) は, 世界で初の沈没船遺跡保護法の制定や, その後の州政府と連邦政府におけるこうした遺跡の管理・保護の体制整備, 大学等の研究機関での海事考古学教育の提供のきっかけとなった.

15 世紀において, ポルトガル・スペインがアジア地域へ進出を果たす中, 新興国オランダは, 絹織物, 中国陶磁器や東南アジア原産のクローブやナツメグなどの香辛料を求め, 自らもこの地域への進出を図った. アムステルダムを初め諸都市

第 3 章 史跡沈没船と水中文化遺産の保護 47

のオランダ商人は，船団の安定的派遣を目的に，1602年，同一資本下でアジア交易を行う共同体を設立する．連合東インド会社（VOC = Vereenigde Oostindische Compagnie）又はオランダ東インド会社（Dutch East Indian Company）である．オランダ東インド会社はアジア拠点をインドネシアのジャワ島に定め，バタヴィア（現ジャカルタ）を建設，貿易のみでなく政庁機能を持たせ植民地支配拡大の足掛かりとした．オランダ東インド会社は，1602～1794年に4700回以上の航海を行っていた．

アジア進出で先鞭をつけていた敵対国ポルトガルは，アフリカ大陸南端の喜望峰を廻り，大陸東海岸を北上，中東地域・インド沿岸沖を航海するルートを支配していた．このためオランダ東インド会社は，新たな航路を開発し，アジア進出を果たさねばならなかった．後に日本でオランダ商館長を務めることになるヘンドリック・ブラウワーは，17世紀初頭オランダ船団の司令官の地位にあり，インド洋の航海民が古代から利用していた季節風に着目し，喜望峰から東に直進し，オーストラリア大陸西岸に到達し，その後，北上してバタヴィアを目指すルートを開発した．この南インド洋を横断するブラウワー航路は，ヨーロッパからアジアへの航海日数の著しい短縮を可能とし，オランダ東インド会社に採用された．一方で17世紀初頭においては，オーストラリアとされる大陸は未踏の地であり，その西海岸沖合い海域の暗礁情報は，十分に共有されておらず，極めて危険な航海が繰り返されていた．これにより何隻かのオランダ東インド会社船は，オーストラリア西海岸付近で航路を東にとり過ぎ，近海で座礁することがあった．現在までにバタヴィア号（Batavia 1629），ヴェルガルド・ドレイク号（Vergulde Draeck 1656），ジードロップ号（Zuytdrop 1712），ジーヴィック号（Zeewijk 1727）など少なくとも4隻のオランダ東インド会社船籍の船がオーストラリア西岸沖で沈んだことが確認されている．その1隻，1629年に沈んだバタヴィア号は，オーストラリア海事考古学史上でも最も重要な船であり，その研究が進められてきた（Henderson 1986）．また，同船沈没後の生存者の悲劇的運命についても海事史上広く知られている．

1628年，オランダ東インド会社船バタヴィア号は，乗船者332名と共に，アムステルダムを出港した．その航海は船内の人間関係の不審など当初から不穏なものであった．インド洋を無事横断するも，西オーストラリア州海岸沖合い約60 kmアブローズ群島近海で座礁してしまう．同船の沈没は海事史上の悲劇として知られるが，それは，指揮官ら数名が救助を求めに沈没現場を離れた後に，オランダ東インド会社商館員イエロニムス・コルネリス一派の船員らの反乱により，乗組員と女性・子供を含む多数の乗客が殺害されたというものであった．この航海で生存したのは，116名のみであった．

1963年，潜水漁を行っていた漁師によってバタヴィア号船体の一部が，アブローズ群島北のモーニング岩礁，水深5 mの海底で発見された．沈没現場は波の荒い岩礁地帯であるが，1973年から1976年の水中発掘調査の結果，左舷一部や船首尾他，銀貨，陶磁器類等の多数の関連遺物が回収された（口絵18）．引き揚げ遺物には，建設中であったバタヴィア要塞の城門に使用される予定であった門柱石材も含まれていた．引き揚げ後にPEG保存処理を施された船体の一部と関連遺物は，現在西オーストラリア海事博物館の沈没船ギャラリーで展示されている（口絵19）．その船体と関連遺物が良好に遺存していたことにより，17世紀のオランダ造船技術研究や，他の国で確認されているオランダ東インド会社船籍の沈没船との比較研究にとって重要な資料となっている．バタヴィア号の研究で得られた知見は，オランダでの17世紀東インド会社船の復元プロジェクトにも反映された．その関連遺物は，公文書上に残るオランダ東インド会社の交易記録を補完する資料であると共に，船上で使用された船具は当時の航海技術を研究する上で重要な情報をもたらした．バタヴィア号生存者が上陸し，乗組員の反乱の舞台ともなったビーコン島では，犠牲者と推定される人骨が複数確認されており，詳細を明らかにするための発掘調査が実施されている．その重要性と様々な研究成果により，バタヴィア号はオースト

ラリア海事考古学にとって研究指標となる遺跡の一つとなっている．

　オーストラリア領海でのオランダ東インド会社の発見と一連の発掘調査の進展について，オランダ政府が関心を示すことになった．1972 年，オーストラリアとオランダ両国の間で「オランダ船籍沈没船に関する委員会（Australia Netherlands Committee on Old Dutch Shipwrecks ＝ ANCOZ アンコッズ）」が組織され，引き揚げ遺物の所有権や沈没船引き揚げ遺物に関する展示と学術研究に関する国際合意が成立した．委員会では，引き揚げ遺物はオランダ政府に帰属すると確認される一方で，主要な遺物の管理は，発掘調査地である西オーストラリア州政府が行うことが確認された．これと並行して，バタヴィア号保護措置を目的に，1963〜1964 年にかけて法整備が進展し 1964 年に「西オーストラリア州博物館法（Museum Act）」が成立，のち 1973 年に「西オーストラリア州海事考古学法（Maritime Archaeology Act）」へと改正される．これは，世界で初めての史跡沈没船を保護する法の成立の事例となる．その後，オーストラリア国内では，沈没船を歴史的・考古学的価値が高い遺跡として法的保護することが明文化され，1976 年には連邦政府が管轄する海域の歴史的沈没船を保護する「史跡沈没船保護法（Historic Shipwreck Act）」が制定される．

2．水中文化遺産の概念の成立

水中文化遺産保護の小史

　諸外国では，水没した遺跡の呼称に，水中文化遺産（Underwater Cultural Heritage）を用いることが定着している．国際連合教育科学文化機関（United Nations Educational, Scientific and Cultural Organization：UNESCO，以下ユネスコ）が，2001 年に採択した「水中文化遺産保護に関する条約（The Convention on the Protection of the Underwater Cultural Heritage）」（以下水中文化遺産保護条約）の影響がある．同条約を以前に紹介した時点では，水中文化遺産の用語は，国内では認知されていなかった（木村 2006）．日本の海洋政策においても，海洋の文化資源たる水中文化遺産や水中遺跡の保護の概念は提示されてこなかったと指摘した（木村 2011）．

　ユネスコ水中文化遺産保護条約は，2001 年 11 月 2 日の第 31 回ユネスコ総会で採択，国連加盟国 20 ヶ国によって批准され，2009 年 1 月 2 日に施行された．その内容は 35 の条文と付属書「水中文化遺産保護を対象とする活動に関する規則」の 36 の規則からなる．国内の一部では，同条約について，水中文化遺産の商業利用の禁止や領海等の水域規定など，条約の一側面のみが強調される場合がある．しかしながら，条約の本質は，水中文化遺産の包括的な保護と管理を目的とし，ユネスコの他の遺産関連条約同様の国際合意である．水中文化遺産保護条約は，第 1 条で，「「水中文化遺産」とはその一部又は全部が定期又は継続的に少なくとも 100 年間水中にあった人間活動の痕跡を対象とする」と水中文化遺産を定義付け，その歴史性に 100 年間という時間幅を持たせている．水中文化遺産と水中遺跡は，類義的に使用される場合もあるが，国内ではこの様な時間幅を水中遺跡の定義に用いないという点で，諸外国で定着している水中文化遺産とは異なる基準を採用している．国際社会が，水中文化遺産という用語を用いるのは，それが人類共有の遺産として，同じ規範の下に保護・管理される必要性があると解釈するからである．

　ユネスコ水中文化遺産保護条約成立の歴史は，海洋全般に関する国際合意である国連海洋法条約の制定にまで遡り，法律分野と水中文化遺産分野の専門家が協議を重ねて合意に至った（O'keefe 2002）．

―1982 年「海洋法に関する国際連合条約（United Nations Convention on the Law of the Sea：UNCLOS，以下，国連海洋法条約）」の成立．
―「国際法協会（International Law Association：ILA）」のメンバーが中心となって水中文化遺産の保護と管理を定める国際条約の制定を働き掛ける．
―1991 年イコモスに「水中文化遺産国際委員会（International Committee on Underwater Cultural

Heritage)」を設置.
― 1996 年「国際記念物遺跡会議（International Council on Monument and Sites ＝ ICOMOS，以下イコモス）」が「水中文化遺産の保護と管理に関する憲章」を採択.
― 2001 年のユネスコ本会議で「水中文化遺産保護条約」が採択.
― 2009 年に 20 ヶ国の批准をもって同条約が発効.

　1982 年に採択された国連海洋法条約では，地中海沿岸国から，その草案に海底の考古学的・歴史的なモノの取り扱いについての条項を追加するように提案があった．この背景には，前述したように，地中海沿岸沖で，海底からの無秩序な遺物の引き揚げや，良好な状態で保存された沈没船遺跡での大規模なサルベージ事業への懸念があったと指摘できる．また，公海上（深海底）においてその取り扱いの優先権を確保しようとする地中海沿岸諸国の政治的意図も否定できない．結果，国連海洋法条約には，考古学的及び歴史的な物，に関する条項が含まれることになり，国際法上初めて，海洋環境における考古・歴史価値を有する遺産の取り扱いが明記されることとなった．国連海洋法条約で，その第 11 部深海底の条項の第 149 条「考古学上の物及び歴史的な物」は以下のように定めている．

　"深海底において発見された考古学的及び歴史的性質を有するすべての物については，由来する国あるいは国家又は，文化上の起源を有する国又は，歴史的及び考古学的起源を有する国の優先的な権利に特別な考慮を払い，人類全体の利益のために保存又は保管する."

　また，第 303 条「海洋において発見された考古学上の物及び歴史的な物」は以下のように規定する．

第 1 項―いずれの国も，海洋において発見された考古学上の又は歴史的な特質を有する物を保護する義務を有し，このために協力する．

第 2 項―沿岸国は，1 に規定する物の取引を規制するため，第 33 条の規定の適用に当たり，自国の承認なしに同条に規定する水域の海底からこれらの物を持ち去ることが同条に規定する法令の自国の領土又は領海内における違反となると推定することができる．

第 3 項―この条のいかなる規定も，認定することのできる所有者の権利，引揚作業に関する法律又はその他の海事に関する規則並びに文化交流に関する法律及び慣行に影響を及ぼすものではない．

第 4 項―この条の規定は，考古学上の又は歴史的な性質を有する物の保護に関するその他の国際協定及び国際法の規則に影響を及ぼすものではない．

　国際連合条約の中でも，加盟国数が多く，各国の海洋政策にも影響を与える法的枠組みの中で，海底の遺跡保護が義務付けられたことは画期的であった．1980 年代初頭という早い段階に，国際社会は，海洋利用の取り決めの中で，海底に遺存する人類の遺産や文化資源の扱いを議論した．その国連海洋法条約を基にして策定され，2007 年に成立した日本の「海洋基本法」には，海洋の文化資源を保護するという視点は皆無である．
　しかしながら，国連海洋法条約による海底の遺跡保護が不十分であることもまた国際社会で認識されていた．同法の条項によれば，遺跡保護の対象となるのは，海洋においても範囲が公海上（深海底）と限定的であった．また，条項で定める考古学上の又は歴史的とは具体的にどのような性質を指すのかは明らかにはされていなかった．また，保護措置の実施において，優先的な権利を付与する基準や決定プロセスは不明であった．条約には，具体的な行動の規定が含まれておらず，水中の文化財や遺跡の保護と管理を現実的に各国に促すには不十分な内容となっていた．一方で，20 世紀後半には海洋開発やダイビング等の海洋レジャー産業は成長分野で，大規模漁業が新興国によっても実施され，これらが海底の遺跡に少なからず影響を与えることが議論されていた．また，国連海

洋法条約の条項が，沈没船の積荷の商業サルベージ問題には十分対応できないとの認識が，そのような事例が発生するにつれて，徐々に形成されるようなる．海底に残る遺跡の法的保護の国際的な枠組みにおいては，遺跡の特殊性を考え，その問題に特化した法律が必要であると関係者が問題提起するようになった．

国連ユネスコに助言する諮問機関として国際記念物遺跡会議があるが，その下には，専門家からなる科学委員会があり，特に水中遺跡管理・倫理を扱う水中文化遺産国際委員会が，オーストラリアのイコモスによって組織された．その後，イコモス・オーストラリアやヨーロッパの同委員会メンバー，国際法協会が中心となって水中文化遺産の保護と管理を定める国際条約の制定に向けた素案作りが行われる．この案は，1996年のブルガリア・ソフィアの第11回イコモス総会にかけられ，「水中文化遺産の保護と管理に関する憲章（Charter on the Protection and Management of Underwater Cultural Heritage）」が採択された．同憲章前文の冒頭では，以下のように述べられている．

"本憲章は，内水域および沿岸水域，浅海，そして深海における水中文化遺産の保護と管理を奨励することを意図したものである．これは水中の文化遺産がもつ特有の属性と境遇に焦点を据えており，1990年の考古学的遺産の保護と管理に関するイコモス憲章に対する補足として理解されるべきものである．同1990年憲章は「考古学的遺産」を，物質遺産のうちでそれに関する主要な情報が考古学的諸手法によって提供されるもので，人類の存在のあらゆる痕跡を包含するとともに，人類の活動のあらゆる顕現に関連する場所，放棄された構築物，あらゆる種類の遺構，そしてそれらに付随するあらゆる可動の文化物質によって構成されるものとして定義している．本憲章においては，水中文化遺産は現在水中の環境にあるか，もしくはこれまでにそこから取り上げられた考古学的遺産を意味するものとして理解される．これは，水没した場所と構築物，難破現場および難破遺物とそれらがおかれている考古学上および自然上の文脈を含んでいる"

イコモスは，1990年に「考古学的遺産の保護と管理に関する憲章」を採択しており，水中文化遺産の保護と管理に関する憲章は，これを補完する憲章であることが説明されている．この意味で，水中の文化遺産とは，考古遺産と読み替えることができる．また，憲章前文で，深海底のみでなく，あらゆる水域に所在する水中文化遺産の保全を意図した内容となっていることがわかる．続く前文では，水中文化遺産の特性について，海水域に所在し，その歴史的背景に伴う国際性や，それらの考古学研究推進によるアイデンティティ創出への寄与，有限且つ再生不可能な共有の文化資源として適切に管理されることでの観光振興等への活用がうたわれている．一方では，環境の変化や開発行為に対しての遺産の脆弱性が指摘され，売買や投資目的のための利用禁止が明記され，これらの脅威に対して，考古学研究者が水中文化遺産の保全に努める際の理念として，本憲章が存在することが明文化されている．水中文化遺産保護と管理憲章の前文以下は，15の条文から成るが，第1条の基本原則で，"水中文化遺産の現地における保存を，選択の第一として考慮すべきである"と規定されている．一部は，5年の後に採択されるユネスコ水中文化遺産保護条約に受け継がれる．現地保存を推奨するという考え方は，イコモスが1965年に採択した「記念建造物および遺跡の保全と修復のための国際憲章（ヴェニス憲章）」から踏襲されている．

ユネスコ水中文化遺産保護条約の2001年の採択まで，ユネスコでは多くの議論が交わされ，特に軍艦の取り扱いに影響する条文については，最後まで慎重な取り扱いが求められた．尚，この間には松浦晃一郎ユネスコ事務局長が任期を務め，採択に尽力している．

ユネスコ水中文化遺産保護条約

水中文化遺産保護条約は，文化財及び文化遺産関連のユネスコ条約としては，「武力紛争の際の文化財の保護のための条約（1954）」，「文化財の

不法な輸入，輸出及び所有権譲渡の禁止及び防止の手段に関する条約（1970）」，「世界の文化遺産及び自然遺産の保護に関する条約（1972）」，「水中文化遺産保護に関する条約（2001）」，「無形文化遺産の保護に関する条約（2003）」と，4番目に採択された．20ヶ国の批准後に，2009年に正式発効され，第1回条約批准国会議がパリで開催された．会議には投票権を持つ19の批准国に加えて，71の国の代表と23のNGOなどがオブザーバーとして参加した．発効当初は，海洋権益の問題などから，批准国の増加に懐疑的な見方もあったが，批准の動きは確実に広がっており，近年では，アジアや太平洋諸国でも，条約を意識した水中文化遺産の保護施策が試みられている（木村 2014）．

水中文化遺産保護の特に重要な条項については，簡潔にまとめている（木村 2009）．第1条では"条約の「水中文化遺産」とはその一部又は全部が定期又は継続的に少なくとも100年間水中にあった人間活動の痕跡を対象とする．"と明確に水中文化遺産の定義付けを行っている．人間活動の痕跡（traces of human existence）という用語に関しては，「欧州考古学上の遺産の保護に関する条約（European Convention on the Protection of the Archaeological Heritage 1969）」に参照される．以下条文においては，"水中文化遺産の原位置保存（in situ preservation）を尊重"，"その商業目的利用の禁止"，"水中文化遺産の保護と管理及び周知"，"地域連携"，"対象となる水域（領海内・接続水域・排他的経済水域又は大陸棚・深海底）の規定"，"条約批准国における水中考古学実践の環境整備"などの内容が盛り込まれている．さらに水中文化遺産保護を補完する付帯規則には，"条約の発効の3ヶ月後，条約批准国による会議開催"などの詳細事項が規定されている．

水中遺跡が水中文化遺産として，保護管理される時代を迎えているが，法整備について，国際社会は多年にわたる試行錯誤を続けてきており，その内容がユネスコ水中文化遺産保護条約には反映されている．沈没船が陸上の遺跡と同様に，考古学，歴史上の価値を持つ遺跡・文化遺産として保護されなければならないという認識の形成はヨーロッパでの史跡沈没船の調査と引き揚げの所産でもある．今日未だ，一部の国では条件付きでの商業サルベージが認められ，遺物の所有権を巡る争いも起きている．国際法整備・組織の設立が国際社会において進んだ事実は本章で見てきたとおりである．水中文化遺産という，各水域に残る人類の過去の歴史や考古学上の価値のある遺跡に関する国際憲章と条約の成立は全ての問題解決とはならないが，それらの保護の手段となる．ユネスコ水中文化遺産条約は，水中文化遺産の定義から，現地保存（原位置保存）推奨，商業目的利用の禁止，調査・保存・活用の在り方，国家船舶・軍艦の取り扱い，国家間協力などを網羅した包括的な内容の優れた条約として発行し，条約を批准する国が増加している．

参考文献

木村淳 2006「日本水中考古学発展への模索：世界の水中考古学研究との比較を通じて」『考古学研究』53巻1号 10-23頁

木村淳 2009「国内水中遺跡の保護と管理：文化遺産としての問題」『日々の考古学2：東海大学考古学専攻開設30周年記念論集』六一書房 371-381頁

木村淳 2011「水中考古学とは何か：現状と課題，世界と日本」『歴史地理教育』10-15頁

木村淳 2014「アジア・太平洋地域水中文化遺産会議と共有海事遺産の概念について」『考古学研究』61巻3号 6-10頁

木村淳 2016「海外における水中遺跡の調査」『月刊文化財』634号 14-17頁

ダル，ロヴィサ・ロス，ハル イングリット 2003「戦艦ヴァーサ号の保存：処理方法と現在の問題点」『遺物の保存と調査』沢田正昭（編）クバプロ 47-60頁

Björdal, C.G., Gregory, D. and Trakadas, A (et al). 2011 *WreckProtect: Decay and Protection of Archaeological Wooden Shipwrecks*, Archaeopress Ltd.

Henderson, G. 1986 *Maritime Archaeology in Australia*, University of Western Australia Press.

Marsden, P. 2015 *Sealed by Time: The loss and Recovery of the Mary Rose*, Oxbow Books.

Margaret, R. 1982 *The Mary Rose: The Excavation and Raising of Henry VII's Flagship*, Conway Maritime Press.

Ole, C-P. 2010 *Archaeology and the Sea in Scandinavia and Britain : A personal Account*, Viking Ship Museum.

Hocker, F. and Karlsson, A. 2011 Vasa, Oxford Medströme.

O'Keefe, P. J. 2002 *Shipwrecked Heritage: A Commentary on the UNESCO Convention of Underwater Cultural Heritage*, Institute of Art and Law.

コラム3　ROVの水中遺跡調査での利用と研究

　海中には，過去に人類が大陸間や島々を移動し，活動してきた多くの痕跡が残されている可能性がある．海中を調査する一つの方法として人間による潜水が挙げられる．考古学者が直接潜って自分達の目と手を使って調査する利点は大きいものの，その一方で安全性の観点から潜水時間・回数や調査できる水深には制約が課せられる．

　この制約を補う形で，水中ロボットであるROV（Remotely Operated Vehicle）が海中の考古学調査にしばしば利用される．ROVはカメラやスクリューを搭載し，海中を撮影しながら移動できるロボットであり，ROVから船上まで延びるケーブルによって船上の操縦者がROVを自由に操作したり，海中の様子を観察したりできる仕組みになっている．ROVの潜水時間や潜水回数は，船上の発電装置やROV内部のバッテリに依存するので，一般的には人間の潜水時間に比べて長い時間の水中調査が可能である．また潜水深度も，耐圧性・耐水性やケーブルの長さを設計時に考慮すれば人間よりも深くまで潜ることができる．

　ROVを利用した具体的な水中調査の事例としては，北大西洋の水深約3800 mに沈没したタイタニック号の調査が有名であろう．アメリカ海洋大気庁（NOAA: National Oceanic and Atmospheric Administration）はROVを利用してこの調査を行っている（Weirich 2004）．国内での最近の事例では，立命館大学の矢野健一教授が滋賀県琵琶湖の北湖にある葛籠尾崎にて，同大学理工学部の研究者と共同開発したROVを利用して水深数十mの湖底遺跡を調査し（矢野 2016），土器などを発見している．

　東海大学海洋学部海洋文明学科の考古学者らも石垣島屋良部沖海底遺跡において2013年からROV（愛称：ケイちゃん）を利用した調査を行っている（小野 2014）．海底遺跡は，四爪鉄錨や壺群が水深約12～32 mに点在し，考古学者らは限られた潜水時間を大切にしながら実測作業やスケッチ等の研究調査に時間を割いている．一方，ROVは時間や水圧の制約にあまりとらわれることなく，船上にいる研究者らの遺跡の確認や映像

図5　石垣島での屋良部沖海底遺跡の研究調査と教育活動に利用している水中ロボット・ケイちゃん（写真撮影：海洋フロンティア教育センター・鉄 多加志）．

の記録に利用されている．記録された映像は，考古学的な調査データとしてだけでなく，各地の博物館で展示され，一般の人々に対して文化財保護の普及啓発の一助となっている．

　また，この ROV は石垣島での研究調査の目的だけでなく，水中に潜ることができない現地の青少年への文化遺産教育の活動にも活用されている（坂上 2016）．この教育活動では，現地高校生らを考古学者らと伴に遺跡のある屋良部沖まで連れて行き，船上から彼ら自身が ROV を操縦することで海底遺跡や考古学者らの水中作業の様子を見学している．この経験を通して，高校生達には地元の文化遺産の存在を知ってもらい，文化財保護の観点から関心も持ってもらえるよう企画している．さらに，2016 年度からは高校生が水中ロボットを使って海底遺跡を探索しているリアルタイム映像を，大阪市内に会場を設けてインターネット配信し，一般の人達にも広く水中文化遺産に関心を持ってもらえる企画も実施している．

　石垣島で利用しているこの ROV はハードウェアもソフトウェアも海洋学部で独自に開発されたものであり，ゲームコントローラで簡単に操縦でき，ハイビジョン映像の記録も可能となっている．また，考古学者らの要望に応じてそれらの変更や修正が容易である．今後はこの ROV に複数のカメラを搭載し，写真測量技術「フォトグラメトリー」を使った水中遺跡の 3 次元モデルの作成にも活用していく予定である．

参考文献

Weirich J.B., 2004. R.M.S. Titanic 2004 Expedition, viewed 17 August 2017, < http://oceanexplorer.noaa.gov/explorations/04titanic/welcome.html>.

矢野健一・川村貞夫・島田伸敬・坂上憲光・妹尾一樹・三ツ井友輔・加治木太郎 2016．水中ロボットを用いた葛籠尾崎湖底遺跡調査の中間報告と課題．日本考古学協会第 82 回（2016 年度）総会研究発表要旨

小野林太郎 2014．沖縄の水中文化遺産と「海底遺跡ミュージアム構想」．Ocean Newsletter 第 333 号．

坂上憲光，小野林太郎，李銀姫，片桐千亜紀，山本裕司，中西裕見子 2016．石垣島における水中ロボットを利用した水中文化遺産教育．工学教育 64(1)，p.54-59．

コラム4　ニール号発掘調査　潜水調査コラム

　静岡県の南伊豆にフランスの郵船がウィーン万博に出品した「国宝」を積んで沈んでいる話しを聞いたのは，1997年の事だったと記憶している．当時，南伊豆に住んでいる藤井さんという方が個人で調査をしていて，個人的な楽しみで行っているから大ごとにしないで欲しいといわれ，調査に参加させていただくことを断念した．それから6年の歳月が流れ，ひょんな事からポンペイのナンマドール遺跡の水中部調査で交流のあった荒木伸介氏から，あなたのいる静岡であれば「南伊豆のニール号」に興味がないかと聞かれ，藤井さんとの経緯をお話しし，それであれば藤井さんに対して，これまでの調査に敬意をはらって，協力をお願いしながら東海大学で調査をしてみてはどうだろうかと提案があった．その頃の私は，まだ非常勤の身分であったため，海洋資源学科（現在の環境社会学科）の根元先生に科学的手法を用いた調査をお願いして，自分はそのサポートとマルチビームなどのデータに基づいた潜水調査に4年ほど従事した．

　ニール号の調査チームは，2004年5月に発足して，正式名称を伊豆西南海岸沖海底遺跡［沈船］調査研究会と呼び，調査の模様はテレビ番組の企画として，地元のテレビ静岡がスポンサーとなって進行し，その内容は逐次，ニュースや特集番組として放映され，関心を集めた．

　時系列に成果を列記すると，海底に埋もれた船体の一部がニール号と断定できる証拠を発見し，2005年に正式な遺跡「（伝）ニール号沈没地点」として静岡県に登録された．

　調査開始当時に海底に船体が没していると考えられた「左舷後部甲板のボラード」は，長さ約7m，幅4mの甲板の上部だけであり，その下に船体は埋まっていないことが判明した．

　周辺でニール号のアンカーを2つ発見し，その内の一つは生存者の証言に基づいた記述にあるように，投錨されアンカーリングされた状態で見つかり，もう一方は全く使用された形跡のない状態で，海底に横たわっているのが観察された．

　特に印象深かったのは，左舷後部甲板のボラー

図6　未使用のアンカーと調査ダイバー

ド周辺の掘削作業で，エアーリフトを2台使って掘り起し，1t吊りのエアークレーンを4式使った大規模なものであった．その下に船体が無かったことは，ロマンという点では残念であったが，事実の積み重ねという観点では，非常に意味のある調査であった．また，EANガスやCCRを導入した調査潜水は，10年以上前の水中考古学では先進的な試みであり，30 m台後半の水深における水中掘削に関しても，前例が少ない作業であったと記憶している．

2017年，ニール号に関する調査が，再開されたことは非常に喜ばしいことであり，以前到達できなかった調査手法を含めて試してみたい事が山積している．最大の関心事は，何といっても「船体の行方」であるが，前回と同様に探し当てる事ができないことも十分に考えられる．その場合は，沈没予測箇所周辺の掘削調査を行うことで，遺物の発掘に関する新たな可能性が見いだせるものと確信している．

図6は，このニール号の調査プロジェクトが終了した後に，株式会社　鉄組潜水工業所が独自に行った調査の際に撮影したニール号の使用していない方のアンカーである．

第2部
島嶼・沿岸考古学と民族考古学

　第2部では、島嶼・沿岸考古学の主な対象地域や、近年盛んとなりつつある研究テーマの紹介の他、これらの研究の大前提となっている人類史的な枠組みでの、人類と海、あるいは水環境との関わりの歴史について現時点で議論されている最新の状況を紹介する。現在、人類の歴史は約600万年とも700万年ともいわれている。その誕生の地は、アフリカ大陸の内陸部にあたる森林地帯だった可能性が高まりつつある。この仮説が正しい場合、私たち人類の祖先は森林で生まれ、その後にどこかのタイミングで沿岸、そして海洋環境に出会い、進出していったことになる。第2部では、現在得られている人類・考古学的な情報に従いつつ、その大まかな過程について整理・紹介している。そのうえで、人類の海洋環境への進出や、海洋適応が最も進んだ地域として、アジアやオセアニアの海域世界への注目が集まりつつあることが理解されるであろう。第2部での後半では、島嶼・沿岸考古学の事例として、日本を含めたアジアやオセアニア海域における研究テーマのうち、とくに海洋考古学と関わりが深いと思われるものや、近年の人類学や考古学の分野で世界的に注目をあびつつあるものを取り上げた。一方、アジアやオセアニアの海域世界には、現在においても海と密接に暮らす「海民」と呼ばれる人々がいる。考古学の対象は人類であり、人類の誕生から現在までという人類史全てが対象でもあるため、こうした海民の暮らしや過去における歴史も、島嶼・沿岸考古学の対象となる。とくに彼らの同時代における暮らしや文化を対象とする場合は、考古学の中で1960年代頃より発展してきた民族考古学の方法論があり、これを部分的に援用することが可能である。第2部では、そうした研究事例についても紹介し、海洋考古学の持つ視野や研究テーマの多様性について論じる。

扉写真　インドネシアにおける旧石器時代遺跡の発掘風景

第4章　海から見た人類の進化と歴史

　この章ではアフリカ大陸の内陸部に広がる森林地帯で誕生したとされる人類による，約600万年間の歴史の中で，私たち人類がいつ頃から海に出会い，海産物の捕獲や利用の技術，さらには海を渡る航海術と発展させ，海洋適応を進めてきたのかについて考える．同時に人類の海洋適応の歴史を考えていくうえで必要なフレームワークとして，600万年間におよぶ人類史の中でも重要となる画期に注目する．特に人類の進化が，人類の海洋適応の度合いとも密接に関わってきたことを明らかにする．

1. アフリカ大陸における初期人類の海洋適応

　この章ではアフリカ大陸の内陸部に広がる森林地帯で誕生したとされる人類による，約600万年間の歴史の中で，私たち人類がいつ頃から海に出会い，海産物の捕獲や利用の技術，さらには海を渡る航海術と発展させ，海洋適応を進めてきたのかについて考える．同時に人類の海洋適応の歴史を考えていくうえで必要なフレームワークとして，600万年間におよぶ人類史の中でも重要となる画期に注目する．特に人類の進化が，人類の海洋適応の度合いとも密接に関わってきたことを明らかにしたい．

　ここではまずその最初の段階として，黎明期の人類について整理する．先述したように人類はアフリカの森林地帯で生まれたといわれており，最初に登場した人類は「猿人」と呼ばれる．人類に最も近い動物種としては，同じ霊長類に属するチンパンジーやボノボ，ゴリラといった類人猿がいる．このうち今も森林地帯を主な生息地としているのがチンパンジーで，これらチンパンジーの仲間から約600万年前頃に分かれて登場したのが猿人だったようだ．両者を分けた決定的な違いは，猿人による二足歩行である．やがて人類は二足歩行を習得し，長距離を歩いたり，走ったりできるようになったが，継続的に二足歩行ができる哺乳類は人類のみであり，動物学的には人類の最大の特徴の一つでもある（e.g. 尾本 2015）．

　さらに猿人による二足歩行の開始は，人類の体に大きな変化をもたらしていった．チンパンジーやゴリラは，ターザンのように枝から枝へ腕渡りができるほど腕や肩の筋肉，骨が発達している．人類も猿人の頃は両腕や指先も長く，木登りも得意だった特徴を示すが，やがて腕は相対的に短くなり，代わりに二足歩行で重要な腰から足の骨や筋肉が発達した．いっぽう，手先や指は類人猿に比べて小さくなる代わりに，より器用な動きができるようになっていく．しかしその最大の変化は，脳の巨大化にあった．これは二足歩行により，頭部が全身の頂点に位置することになり，重力による抵抗を受けにくくなったことも要因だといわれる．

　やがて250万〜220万年前頃までには，猿人から初期ホモ属＝原人が出現したと考えられている．私たちは学名でホモ・サピエンス種と呼ばれるが，ホモ属の特徴は大きな脳と全体的に長身な体躯にあり，その最初の祖先がこの頃に出てきたことになる．現在のところ，火の発明や利用，魚や貝といった水産資源の利用，そして石器の発達といった道具の多様化に関する痕跡の多くは，いずれもこのホモ属の出現以降であり，これら新たな活動や技術，食生活がホモ属によって開始されたとする見解が一般的である．

　かつて原人として知られていたのは，ホモ・エレクトゥスとして認識されていたジャワ原人や北

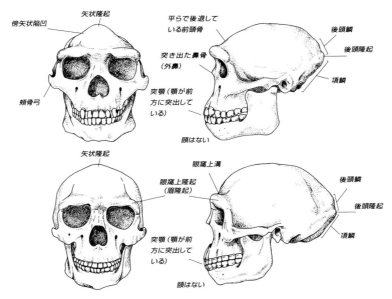

図4-1 ジャワ原人の頭骨復元 (Stringer and Andrews 2012)

京原人で，その名前が示すようにいずれもアフリカ外，それもアジア域で見つかった人々だった．しかしその後，より古い年代のエレクトゥスがアフリカで見つかった他，ジョージアのドマニシ洞窟でも約185万年前にさかのぼるエレクトゥスに近い原人レベルの人骨が発見された．さらにアフリカでは，エレクトゥスより古いとされるホモ属の人骨も発見されたことから，これらを初期ホモ属，あるいはホミニン（ヒト族）とも呼び，原人以降のホモ属をヒトとする定義もある（e.g. ストリンガー・アンドリュース 2014）．

本章のテーマである，人類による海との出会いや水産資源の利用に関する最古の痕跡が見つかっているのも，この原人以降からとなる．しかし，その多くは淡水や汽水域に生息する水産資源の利用痕跡で，原人による海産資源の利用痕跡はまだ発見されていない．水産資源の利用痕跡として現時点で最も古いと思われるものは，約195万年前のケニアのトゥルカナ盆地に位置するFwJ20遺跡より出土したナマズを主とする淡水魚である（Archaer et al. 2014）．その他に遺跡からは他の水産資源としてワニやカメの骨も出土しているが，より多く出土しているのはナマズである．その捕獲方法については，漁具的な道具が出土しなかったこともあり不明な点が多いが，ナマズの場合，素手やこん棒の利用等でも捕獲可能であることから，こうしたより原始的な方法での捕獲が推測されている．

約195万年前という年代は，これまで見てきたようにすでにホモ属が出現している年代だが，同時に猿人であるアウストラロピテクス属やパラントロプス属の仲間たちもまだ広く活動・生息していた時代でもあった．このため，現時点で最古となる魚の利用は，猿人によって行われたのか，ホモ属である原人によって行われたのか，あるいは両者が行っていたのかはまだ不明な点はあるが，報告者らは初期のホモ属と考えているようだ．いずれにせよ，この年代は，猿人の仲間からホモ属が出現してくる時期とも重なり，その過程の中で人類による水産資源の利用が開始されたのであれば，人類の進化，特に脳や身長の増大という点で興味深い．実際，魚食を含めた肉食化が人類の脳進化に何らかの影響を与えてきた可能性を指摘する研究は多く（Braun et al. 2010），この視点においても人類による水産資源利用の開始は注目を浴びつつある．

こうしてより進化した原人の中から，人類史上初めて故郷のアフリカを離れ，ユーラシア大陸への移住・拡散に成功した人々が出てくる．それがジョージアで発見されたドマニシ原人や，インド

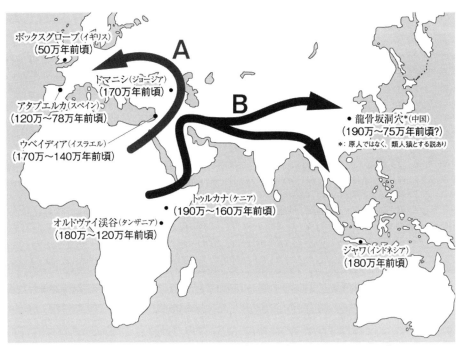

図 4-2 原人の主な出土遺跡と想定される原人の拡散ルート（小野 2017，図 10 より）

ネシアで発見されたジャワ原人（図 4-1），中国の北京原人らである．直接的な痕跡はないものの，これらの原人がユーラシア大陸へ拡散する過程で，海と出会った可能性が高い．

2. 原人による出アフリカと海洋適応

図 4-2 はこれまでに原人の骨が発見された地点とその年代値を整理したものだが，ここに見られるように現在のジャワ島は海に囲まれ，ユーラシア大陸の端となるマレー半島とは繋がっていないが，氷期にあたる時期には過去において何度もユーラシア大陸と陸続きになってきた．原人の出現が明確となる 200 万年前頃までには，約 10 万年間のスパンで気温の低下する氷期と，より温暖な間氷期のサイクルが一定化するようになる．現在は間氷期にあたり，約 1 万 2000 年前より始まったようだ．それ以前の約 10 万年間は氷期にあたり，これは最終氷期とも呼ばれる．次節で検討する私たち新人による出アフリカと世界への拡散も，この最終氷期に起こったと考えられているが，原人による出アフリカもやはり氷期に起こったようだ．

氷期に人類の大移動が起こった背景には，気温の低下や乾燥化による環境変化や資源の低下があった可能性も考えられる．その詳細はまだ不明だが，出アフリカに成功した原人は陸路のみでも，ユーラシア大陸から陸続きとなっていた現在のジャワ島へとたどり着くことができたはずである．この他にアフリカ以外で原人の痕跡が見つかっている地域には，中国やヨーロッパがあるが，これらもユーラシア大陸に位置しており，アフリカとは陸続きであるため，これらの地域に拡散した原人が海を越えたかは不明だ．アフリカ大陸からユーラシア大陸への陸路ルートとして，アフリカとアラビア半島を分ける紅海の北端に位置し，エジプトとイスラエルを結ぶシナイ半島を越えるナイルルートが指摘されてきた（図 4-2）．ユーラシア大陸上での古い原人の痕跡が，ジョージアやイスラエルで発見されていることを踏まえるなら，最も可能性の高いルートでもあろう．

一方，陸路ではなく，初期の原人が部分的に海を渡ることができたなら，同じく紅海の南端に位置するバブ・エル・マンデブ海峡を越えてアラビア半島南部へ渡るか，アフリカ西北端とスペインのイベリア半島の間あり，地中海の西端部に位置するジブラルタル海峡を渡り，ヨーロッパ方面に入るルートが想定できる（図 4-2）．しかし現在

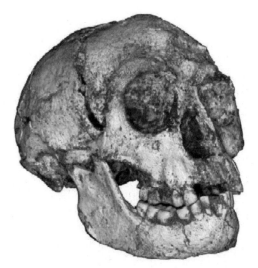

図 4-3　フローレス原人の頭骨（Stringer and Andrews 2012）

のところ，これらのルートを使ってヨーロッパやアラビア半島に入ったと推測できる原人の痕跡は見つかっておらず，彼らが海を渡って出アフリカを達成させたかは不明な点が多い．

ところが近年，氷期の間にも陸続きになっていなかったと推測されてきたインドネシアのフローレス島で，原人レベルの人類が存在していたことが発見された．フローレス原人とも呼ばれるこの人骨は，そのサイズがとても小さい点でも特徴的だ（図 4-3）．このため，発見当初から，現在においてもフローレス原人は小人病などを発症した，ホモ・サピエンスの奇形ではないかという説もあった．しかしその後，多くの形質人類学者らが詳細な分析を行った結果，この人骨が原人レベルのものであることに関しては定説化しつつある（e.g. Kaifu et al. 2015）．

現在のところ，フローレス原人が確認されている年代はいずれも 10 万年前以降で，これは次章で論じる私たち新人が登場し，やがて世界へと拡散する時代とも重なる．つまり原人の年代としては極めて新しいといえるが，フローレス島では内陸部のマタメンゲ遺跡で 84 万年前後の年代値が得られた層から，数百点の剝片石器が出土している．この年代に従うなら，これらは原人によって制作されたことになり，フローレス原人だったか不明だが，原人がフローレスに到達していたことは間違いない．つまりフローレス島で発見された石器の存在は，インドネシアの原人が 80 万年前頃までには海を渡る技術と知識を発達させ，フローレス島への移住に成功していた可能性を示唆している（e.g. 小野 2017）．

その場合，フローレス島まで到達するには，ジャワ島とバリ島の間にある最短 2.5 km のバリ海峡を経て，バリ島とロンボク島の間にある約 20 km のロンボク海峡を渡り，ロンボク島の西に位置するスンバワ島等の小スンダ列島を経由しなくてはならない．ここで特に難関となるのはロンボク海峡だが，氷期においても最短で 19 km 前後はあったようだ．したがってフローレス島で発見された石器の年代が正しい場合，ウォーレシア海域は海を越えて人類が最初に移住した地ともなる可能性を持っている．

ところで彼らはどのような手段で，この距離を渡海したのだろうか．残念ながら証拠は何一つ残っていない．推測されるのは，原始的な筏のようなものを使用したか，浮力のある丸太や木を利用して泳いで渡ったかであるが，完全に自力で泳いで渡った可能性もゼロではない．ただし，現時点において原人レベルの人類が筏の製作に必要となるロープや縄といった道具を作ることができた考古学的な痕跡はなく，これらの痕跡はいずれも私たち新人や旧人以降である．一方，15 km 前後という距離は，泳ぎに慣れた人間が泳いで渡れる距離ではある．特に丸太などの浮力を利用すれば，渡海できた人間がいた可能性は否定できない．またロンボク島からは海を挟んでフローレス島が視界に入っていることも踏まえるなら，好奇心に駆られた原人の誰かが自力での渡海に成功し，やがてフローレス島へ渡ろうとした人々が出てきたのかもしれない．現時点でその手段は不明だが，フローレスで発見された石器の存在は，この島へ渡った原人がいた証拠であり，今後のさらなる研究が求められている．

3. 旧人・新人の出現と新たな海洋適応

出アフリカを果たした原人らは，その後も長い時間をかけてアフリカ，およびユーラシア大陸やジャワなどで徐々に脳の容量や体格を進化させて

いったことが，各地で発見されてきた古人骨からうかがえる．ヨーロッパでも約150万年前までには原人が進出した痕跡があり，約80万年前以降になると古人骨の数がかなり増える．そのヨーロッパで見つかり，私たち新人の直接の祖先になる可能性を指摘されているのが，ドイツで最初に発見されたハイデルベルク人（ホモ・ハイデルベルゲンシス）である．このハイデルベルク人より40万年前頃に進化したと考えられているのが，ホモ・ネアンデルターレンシス，すなわちネアンデルタール人である．その名にあるように，ネアンデルタール人は同じくドイツのネアンデルタール渓谷で19世紀末，最初に発見されたことからその名前がついた（図4-4）．

ネアンデルタール人による移住と拡散は，年代的には約20万年前から4万年前に相当する．特に後述する私たち新人，ホモ・サピエンスのアフリカ外での出現が明確化する5万年前以前は，ヨーロッパから西アジアで最も大きな勢力を持っていた人類でもあった．しかし，ネアンデルタール人の痕跡はアフリカ大陸ではほとんど確認できていない．このことは，ネアンデルタール人がアフリカの外で誕生した可能性を示唆している．つまりアフリカを出たのは，その祖先と考えられるハイデルベルク人の仲間たちで，彼らの移住先となったヨーロッパや中東域でネアンデルタールへとさらなる進化が起こったことになる．

現在，ネアンデルタール人による痕跡が残る遺跡は，北アフリカからヨーロッパの地中海沿岸や，アラビアの紅海沿岸にも多く存在する．これら沿岸遺跡の中には，淡水産が多いようだが貝類の出土が確認されているものも少なくない．貝類の出土するその他の同時代遺跡は，北アフリカのリビア，モロッコ，アルジェリアの他，フランスやスペインのジブラルタル海峡沿いでも見つかっている．このうちフランスのテラ・アマタ遺跡からは，約30万年前の文化層から多数のカキや海産貝類が出土した．ネアンデルタール人の終焉の地としても知られるジブラルタル海峡沿岸でも，ゴルハム洞窟やバングアード洞窟でこの時代の海産貝類利用が確認されている（e.g. Erlandson 2001）．

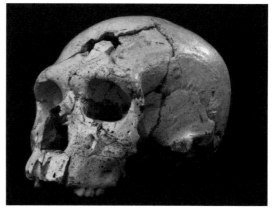

図4-4 ネアンデルタール人の頭骨（Stringer and Andrews 2012）

これら旧人に対し，アフリカに残ったホモ属から進化し，誕生したとされるのが，私たちホモ・サピエンス＝新人だ．しかし，新人がアフリカでどのように誕生したのかについてはまだ不明な点が多い．現在のところ，ネアンデルタール人の祖先といわれるハイデルベルク人はアフリカでも発見されているため，ホモ・サピエンスも彼らかその仲間から進化し，誕生した可能性は高い．その出現期についても諸説があるが，遺伝子分析と古人骨資料の年代値からは，約20万年前とする仮説が最も支持されている．このうち現時点で最も古い新人の古人骨は，エチオピアのオモ渓谷キビシュで40年以上前に発見された2個の頭蓋骨片である．この他の人骨も含め，古い新人化石はいずれもアフリカでのみ発見されており，化石からもアフリカ起源説が支持されつつある．

しかし，ホモ・サピエンスがアフリカで誕生したとする「アフリカ起源説」が注目されるようになったのは，ここ数十年のことで，それ以前は「多地域進化説」の方が有力であった．これは世界中に拡散した私たちホモ・サピエンスが，それ以前にユーラシア大陸に拡散した原人，ホモ・エレクトゥスから各地で進化を遂げた結果として誕生したとする考え方である．ところが1980年代以降，DNA分析を軸とする遺伝学が急速に発達した結果，私たちは世界中のどんな人々であろうと，遺伝子上では極めて共通性の高い人種であり，共通の遺伝的祖先を持つことがわかってきた．また最初に研究者の多くが注目したミトコンドリア

第4章　海から見た人類の進化と歴史　63

図4-5 海産・水産資源の利用痕跡が残るアフリカの新人遺跡（小野 2017, 図16より）

DNAに基づく遺伝子解析からは，その最も古いタイプ（L0〜L2型）がいずれもアフリカでしか確認できない一方，アフリカ以外の地域に居住するホモ・サピエンスは大きく1つのグループ（L3型）として認識できることもわかってきた（e.g. ロバーツ 2013）．

このように現生人類，つまり私たち新人がアフリカで新たに誕生した種の子孫であるなら，それ以前の人類として存在した原人や旧人の仲間は，どこかの時期に絶滅したことになる．それがどのようなプロセスで起こったのかはまだ不明な点が多い．新人が移住する以前よりヨーロッパや西アジアで暮らしていたネアンデルタール人と，私たち新人との間には遺伝的関係はないといわれてきたが，近年では非アフリカ人の中にも平均して1〜4％の割合で，ネアンデルタール人に特徴的な遺伝子を持つ人がいるとの指摘もある（Green et al. 2010）．もしそうであれば，新人との混血が進む中でより人口が多かった新人によって遺伝的に淘汰されたという考えもできるが，それだけが要因ではなかったであろう．

ネアンデルタール人が絶滅した時期は，約3万年前と考えられているが，この頃より世界の気温は寒冷化し，約2万年前に最終氷期の最寒冷期（LGM）を迎える．気候や環境変動の視点からみるなら，ネアンデルタール人はそうした変化に対応しきれなかったとも考えられる．あるいは寒冷化により減少した資源の獲得競争において，新人に負けたのかもしれない．一方の私たち新人だが，ネアンデルタール人の資源利用と比較した場合，より多様な資源を利用してきた痕跡が見つかりつつある．その一つが，貝類だけでなく，魚類や哺乳類を含めた海産資源の利用である．

現在，もっと古い新人による海産資源の利用痕跡は，南アフリカの南沿岸に位置するピナクル・ポイント洞窟遺跡（図4-5）で発見された約16万年前のものだ（Marean et al. 2010）．さらにピナクル・ポイント洞窟では，約16万〜10万年前の年代が得られた層群から，ムール貝の仲間であるペルナイガイやリュオウスガイなどの二枚貝を中

心に多種におよぶ海産貝類が出土した（Marean et al. 2007）．特に貝類の出土が集中するのは約12万年前の層で，この頃になるとイガイやカサガイといった巻貝の仲間も食べられていたようだ．しかし，この遺跡では，海産魚類は出土しなかった．

これに対し，南アフリカの南岸から約100 mの距離に位置するボロンボス洞窟遺跡からは（図4-5参照），約10万〜7万年前の層より10種におよぶ海産魚と，約30種の海産貝類が出土している．人類によって捕獲・利用された海産魚類の明確な痕跡としては，現時点では最も古い．出土した海産魚類は，タイ科（Cymatoceps naptus）やハマギギ科（Galeichthys）といった沿岸魚種で占められ，マグロなどのサバ科魚類に代表される遊泳速度が速く，より水深の深い外洋域に多く生息する魚類は出土していない．またボロンボスからは，多くの骨製銛が出土しており，人々が突き漁などを用いて，魚類を捕獲した可能性が指摘されている．ただし魚類の出土量は他の海産物に比べかなり少なく，当時の人類にとって，まだそれほど重要な食料資源とはなっていなかったのかもしれない．

この他にボロンボスからはイルカ，アシカ（Arctocephalus pusillus）やアフリカペンギン（Spheniscus demersus）を含む海鳥の骨も出土しており，貝類や魚類だけでなく，海産哺乳類や鳥類の利用も同時に行われていた．アシカは銛による突き漁，海鳥の場合は素手か銛で捕獲されていたようだ（e.g. Henshilwood et al. 2001）．また海鳥では，飛ぶことのできないアフリカペンギンの骨が下層により集中するのに対し，その他の海鳥は上層に向かうにつれて増加する傾向が認められる．

これらの状況を整理すると，人類による積極的な海産資源の利用は，新人やネアンデルタール人の段階になって初めて開始された可能性が高い．それはおそらく海産貝類や海生哺乳類，あるいはペンギン類の捕獲と利用からスタートした．海産貝類の利用は，すでにヨーロッパや北アフリカ沿岸でネアンデルタール人らにより30万年前頃には開始されていた．やがてアフリカで新人が登場すると，16万年前には南アフリカ沿岸で海産貝類の利用が始まり，さらに10万年前頃までには，

図4-6　スペインのマルシアで発見されたネアンデルタール人による貝製品（Zilhao et al. 2010, Fig. 4）

銛漁等による海産魚類の捕獲と利用も開始され，7万〜6万年前頃にはさらに活発化した可能性が指摘できる（図4-6）．

こうした積極的な海産資源の利用は，最寒冷期を乗り越え，新人が生き残った理由の一つであろう．さらにもう一つ，新人が生き残った決定的な要因があった．それが新人による出アフリカと，全世界への移住と拡散である．

4．新人による出アフリカと世界への拡散

人類史においては，すでに原人が出アフリカを果たしていたが，彼らはユーラシア大陸とスンダ大陸，およびフローレス島までは移住したものの，その先のウォーレシアの島々やオセアニア，新大陸への移住に成功した痕跡は今のところ認められない．これに対し，新人は世界中すべての地域への移動と移住に成功した．こうした新人によるグレートジャーニー，あるいは大拡散の出発点ともなった出アフリカの時期，およびルート，またそれに成功した集団の数については諸説があるが，その時期については大まかに10万〜7万年前頃のどこかとするのが一般的だ．

遺伝子情報に基づいた仮説では，オッペンハイマーによる8万4000年前頃との仮説が知られる．その根拠として彼は，アフリカでのみ確認されているL0〜L2のミトコンドリアDNA型とアフリカ外に広く分布するL3型の遺伝子が分離した推定年代に加え，当時の北アフリカの古環境復元に

第4章　海から見た人類の進化と歴史　65

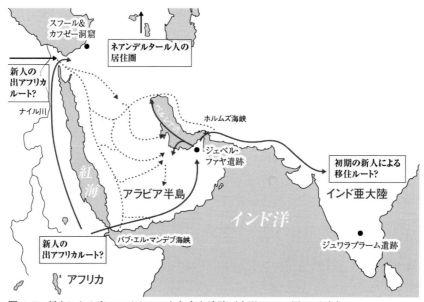

図 4-7　新人による出アフリカルートと主な遺跡（小野 2017，図 22 より）

基づき，比較的温暖で湿潤となった8万年前頃に人類が移動可能な回廊が出現した可能性を指摘している（e.g. Oppenheimer 2003；オッペンハイマー 2007）．これらの回廊は原人による出アフリカとほぼ一致するが，アフリカ大陸からユーラシア大陸へは，アフリカとアラビア半島をわける紅海を通る海上ルート，エジプトとイスラエルを結ぶシナイ半島を越える陸上ルートの2つが指摘されてきた（図4-7）．

このうちオッペンハイマーらが主張するのが，紅海の南端にあるバブ・エル・マンデブ海峡を越えてアラビア半島南部へと至る海上ルートである．その根拠の一つに，アフリカ側の出口にあたるエチオピア沿岸には，アフリカで唯一，L3 の遺伝子が確認されている点がある．L3 は出アフリカを果たした後に生まれたと考えられているため，エチオピアの L3 は出アフリカ後にアラビア半島からアフリカへと戻ってきた集団に拠るものである可能性も高いが，当時の新人が紅海を渡ることができた痕跡ともなり得る．

古環境復元によると，氷期に相当する約8万5000〜7万5000年前，紅海の水位は今よりも約 80 m 低く，現在は約 30 km あるバブ・エル・マンデブ海峡もわずか 11 km 程度だったという（Rose 2007）．その結果，この時期の紅海は徒歩で渡れた可能性もあり，このルートでアラビア半島南部に達した集団がいたとするのが，オッペンハイマーらの仮説である．この他の海上ルートとして，アフリカ西北端（モロッコ）からジブラルタル海峡を渡り，スペインのイベリア半島へと入るルートや，同じく地中海上に浮かぶマルタ島を経由し，イタリアのシチリアへと入るルートもある．しかし現在のところ，これらのルートを使って新人がヨーロッパに入ったのは，4万年前以降の可能性が高く，それ以前に遡る明確な痕跡はまだ見つかっていない．

アラビア半島に進出した新人は，その後どのようなルートで環太平洋圏へと拡散したのであろうか．現時点で得られている痕跡は極めて断片的なため，不明な部分は多いが，オッペンハイマーらはアラビア半島の南岸から沿岸を伝って，南アジアのインド亜大陸沿岸へ入った可能性を指摘している（図4-8）．

その根拠は，間氷期の現在でも乾燥地帯が多いアラビア半島では，その南部の沿岸部では最後の間氷期が始まった約13万年前と，8万年前頃にかけて雨量が最大となり，かろうじて緑の楽園が広がっていた可能性（e.g. Stringer and Barton 2008）があることだ．また沿岸ルートにより，食料としての海洋資源を確保しやすかった可能性も

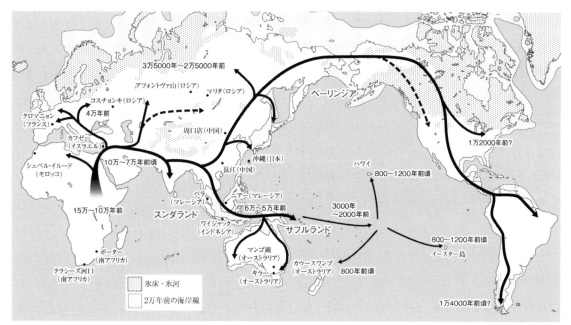

図 4-8 新人による出アフリカから環太平洋圏までの想定移住ルート（小野 2017，図 1 より）

想定される．残念ながら，アラビア半島南部からこの当時の人類の痕跡はまだ見つかっていない．これは，氷期にあたる当時の海岸線は現在，海面下に埋没しているためでもある．現時点での唯一の痕跡は，この地域で発見される中期旧石器時代の石器のみで，人類が存在していたことは間違いないが，それが新人だったか，あるいはそれ以前の人類だったのかはまだ不明だ．近い将来，これら現海面下にあり，海底遺跡化した旧石器遺跡の発見による研究の進展に期待したいところである．

アラビア半島における新人の足跡はまだ謎に包まれているが，その後，さらに東への拡散に成功した新人集団がいたことはすでに確認されている．オッペンハイマーの仮説に従えば，そうした新人集団はさらに海岸沿いに南アジアのインド亜大陸沿岸から東南アジア域に入り，スンダ大陸，そしてウォーレシア海域を経由して，5 万年前までにはオセアニア海域の西端に位置するサフル大陸（現在のオーストラリア大陸とニューギニア島）に到達した（図 4-9）．このうち東南アジアからサフル大陸，そしてその先に広がる南太平洋の島々が環太平洋圏に含まれる．一方，インド亜大陸から中国大陸に進出し，さらに台湾や琉球，日本列島，あるいはシベリア方面へ抜け，さらにベ

ーリング海峡を越えてアメリカ大陸への拡散に成功した新人集団も出現する．日本を含め，これら広く太平洋の周辺に広がる地域も環太平洋圏に含むことができる．

現在のところ，日本列島でも 4 万年前には旧石器遺跡が出現する他，大陸部でも概ね 4 万年前までには各地で新人によって残されたと推測される遺跡が散見され，この頃までには新人集団が広範囲に拡散したことがわかってきた（e.g. 小野 2017；海部 2016）．先述したように，東南アジア海域を抜け，サフル大陸へ到達した新人集団は 5 万年前とやや早い．しかし，サフル大陸への到達よりも早くに移住されたはずの東南アジア海域では，まだ 5 万年前に遡る遺跡はほとんどなく，やはり前 4 万年代が確実なところである．これに対し，サフル大陸の先に広がる南太平洋の島々への人類の進出は，3300 年前頃に登場したアジア系新石器時代集団によって開始され，最終的に 13 世紀頃にニュージーランドへの植民に成功したことで，ほぼすべての島々への移住に，私たち新人は成功した．

このニュージーランドへの移住により，現生人類は世界中への移住・拡散に成功したともいわれるが，南太平洋の島々への移住が最も新しくなる

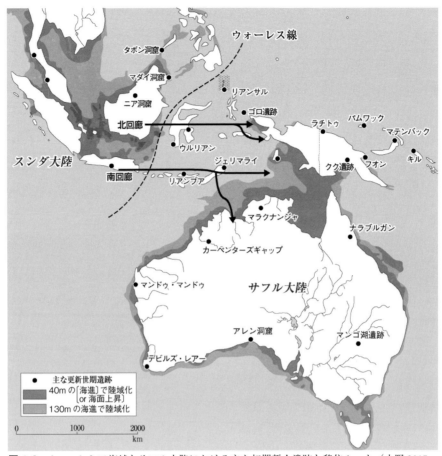

図 4-9 ウォーレシア海域とサフル大陸における主な初期新人遺跡と移住ルート（小野 2017，図 30 より）

のは，やはり海を越える移住だったからであろう．特にニュージーランドやハワイ，イースター島といったポリネシアの辺境にあたる島々へは，最も近隣の島々や大陸からでも 4000 km 以上の無寄港航海が求められる（e.g. 後藤 1999）．一方，サフル大陸への移住にはより短いものの，やはり最低 80 km の渡海が必要だった．ゆえに新人によるサフル大陸への到達は，人類がすでにそれだけの渡海能力を持っていた証拠とも考えられてきた．このように環太平洋圏への移住は，人類の海洋適応と密接な関係を持っている．そこで本章では最後に，環太平洋圏における人類の拡散について考えてみたい．

5. 環太平洋圏における新人の拡散と海洋適応

近年，新人による新たな移住と海洋適応に関わる考古・人類学的痕跡が見つかりつつあるのが，中国大陸の先に広がる日本列島，シベリアの先に広がる東北アジアの沿岸域やベーリンジアからアメリカ大陸の沿岸域，そして東南アジアからオセアニアへ続く島嶼域からなる環太平洋圏である．このうち日本列島への新人の移住期は，ミトコンドリア DNA（mtDNA）の系統樹分析や，これまでに発見されている古人骨の年代，旧石器時代遺跡の年代値から，4 万〜3 万 7000 年前頃と考えられている（e.g. 海部 2016；篠田 2007）．

日本列島では，北の北海道から南の琉球列島まで，実に 1 万近くにおよぶ旧石器時代遺跡が確認・発掘されている．しかし日本の旧石器時代遺跡で，古人骨や人間が利用・廃棄したと推測される獣骨や魚骨といった遺存体が出土した遺跡は，まだ数えるほどしかない．その原因は明らかで，火山列島でもある日本列島の土壌は，火山灰を多く含む酸性土壌が基本のため，骨が溶けやすく，

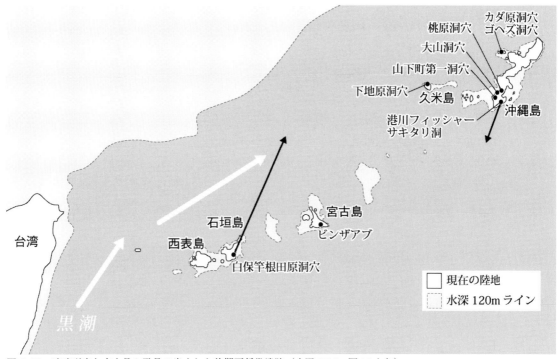

図4-10 琉球列島と古人骨や獣骨の出土した後期更新世遺跡（小野2017，図26より）

その残存率が極めて低いためである．これに対し，近年に至るまで後期更新世紀にまで遡る古人骨が多く出土しているのが，現在の沖縄県に相当する琉球諸島だ（図4-10）．このうち最も古い古人骨は，那覇市にある山下第一洞穴遺跡で出土した，約3万2000年前の年代が得られている新人のものである．

琉球列島の事例が示すのは，遅くとも3万年前までには，新人が海を渡ってすでに島嶼化していた沖縄の島々へと移住した可能性である．また琉球列島は日本列島の南部に位置することから，そのルートとしては南方からの進出が想定される．近年，この可能性を補強する新たな古人骨の発見が，沖縄の南方に位置する石垣島の白保竿根田原遺跡で相次いでいる（e.g. 沖縄県立埋蔵文化財センター 2013）．また沖縄本島のサキタリ洞遺跡では，世界最古となる2万3000年前の貝製単式釣り針（図4-11）が発見され（Fujita et al. 2016），この島嶼域へ移住した新人の海洋適応の状況が解明されつつある．

琉球列島と同じく，新人の発達した海洋適応の状況が発見され，世界の注目を集めているのが東

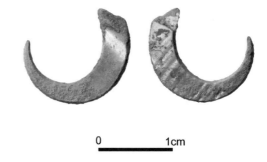

図4-11 沖縄のサキタリ洞で出土した貝製釣針（Fujita et al. 2016）

南アジアからオセアニアの海域世界である．このうちインドネシアとオーストラリアの間に位置する東ティモールのジェリマライ遺跡（図4-9）では，現時点で最も古い4万2000年の年代が得られている新人遺跡より，多くのマグロ・カツオ属の魚骨の他，2万3000〜1万6000年前頃と推測される貝製単式釣り針（口絵20）が出土した（O'Connor et al. 2011）．発見されたマグロ属の骨は，現時点では世界最古の人類によるマグロ・カツオ漁の痕跡となっている．遊泳速度の速いこれらの魚を捕獲するには，釣り漁やトローリング漁が適しており，そうした高度な漁法がすでに開発

第4章 海から見た人類の進化と歴史　69

されていた可能性を示唆する（O'Connor and Ono 2013）．ティモール島は新人がオーストラリアへと移住した拠点地の一つとして注目されてきた島で，ここで人類による発達した海洋適応の痕跡が得られたことは，人々が80 km以上の渡海に成功し，オーストラリア大陸へ移住したという仮説を補強する資料として興味深い．

　東ティモールが位置するウォーレシア海域や，サフル大陸の周囲に散らばる現ニューギニアの離島域では，3万5000年前頃よりさらに海洋適応が発達した痕跡が相次いで見つかっており，新人の渡海能力も2万年前頃までには200 km近くまでの移動が可能だったと推測されている（e.g. 小野 2017）．しかし，最終氷期に相当する後期完新世期にこの海域へ拡散した新人たちは，現在のソロモン諸島中部から先の島々へは到達できなかったようだ．ソロモン諸島の南端に位置するサンタ・クルス諸島へは200 km以上の渡海が必要な上，これらの島々はソロモン諸島中部の島々からは視界に入らない．つまり更新世期の旧石器集団は，出発点から見ることのできない島々へは基本的に移住しなかった，あるいはできなかった．

　これらソロモン諸島中部以東に広がる南太平洋の島々，同じく東南アジアから1000 km以上離れているミクロネシアの島々へ新人集団が到達できたのは，はるか後の新石器時代期になってからで，約4000〜3000年前頃である．これらの詳細については次章で紹介するが，それまで人類未踏の地だった南太平洋の離島域への拡散は，新石器時代集団がさらなる海洋適応を果たし，高度な航海術の他，孤立した面積の小さい島々でもサバイバルできるだけの農耕や漁撈技術，互恵的なネットワークを持ちあわせていたことを意味している．こうして先述したように，13世紀までにポリネシアの辺境に位置するニュージーランド，イースター島，ハワイ諸島を含むほぼすべての島々に新人は到達した．さらに南太平洋の島々へ拡散した人々は，コロンブス以前に，アメリカ大陸にも到達していた可能性が，アジア原産のニワトリの骨の発見等により指摘されつつある．

　最後にそのアメリカ大陸への移住であるが，これらが新人によって行われたことは間違いない．しかし，その初期移住期についてはまた議論が続いている．これまで，アラスカ以南のアメリカ大陸への人類による初期移住期と推測されていた年代はもっと明快で，特徴的な石刃技法によって製作されるクローヴィス石器群が出現する約1万1500年前以降と考えられてきた．その根拠は大きく二つで，一つはそれ以前にさかのぼる明確な考古学的痕跡が見つからなかったことと，もう一つは完新世期がはじまる前の寒冷期にベーリング海峡では海面低下の結果として陸橋（ベーリンジア）が出現した一方で，北アメリカの北部にかけてはローレンタイド氷床が発達し，巨大な氷の壁が形成されていたことである．

　このため，たとえ陸橋を渡れてアラスカまで到達できたとしても，そこから先には巨大な砂漠や海と同じように氷床という大きな障害が存在したとする考えが主流であった．またこの氷床の西部に人類の移動が可能となる無氷回廊が開きだすのは，1万2000年前頃以降と考えられてきた．ところが近年，これらの根拠が揺らぎつつある．まず考古学的痕跡に関しては，1万2000年前の年代を上回る年代値を示す遺跡群の発見が，南北アメリカの両地域で報告されるようになってきた．ここで問題になるのは，これら先クローヴィス文化の人々はどのようにアメリカ大陸へ進出したのかという，そのルートと移動手段である．

　実はこの点において近年注目されているのが，アメリカ大陸へと最初に進出した人類が発達した海洋適応により海藻や資源豊富な沿岸域を拠点として拡散したとする，ケルプ（海藻）ハイウェイ仮説である（Erlandson et al. 2007）．これはかつてのベーリンジア沿岸から北アメリカの西海岸ルートを利用したとする移住説で，その根拠の一つとして氷期における海面低下により現在よりも沿岸部の面積ははるかに広く，人類が利用できた環境が存在した可能性も指摘されだした．

　1980年代より劇的に進歩した遺伝子研究でも，現在のアメリカ先住民のミトコンドリアDNAのハプロタイプは，A，B，C，D，Xのいずれかに

なることが判明したうえ，これらの推定分岐年代はいずれも2万～4万年前の間の値を取ることも確認された（e.g. 篠田2007）．こうしてDNAデータからも，クローヴィス以前に新大陸に人類が移住・拡散した可能性が指摘されるようになったのである．さらにアメリカ先住民の間で確認されたこれら5つのハプログループはいずれもアジアを起源とすることも確認されている．

実際，アメリカ大陸へ移住した集団の子孫にあたる先住民族の中には，日本列島のアイヌ人や縄文人とも遺伝子が近い人々が存在する．先のミトコンドリアDNAに基づくなら，ハプロタイプB型のグループに共通性の高いサブグループが確認されている．同じくこのB型の仲間は東南アジアからオセアニア海域にも広く分布しており，太平洋を挟んで両地域への拡散に成功した集団群の中に共通の祖先が存在した可能性を示している．つまり，人類史的な視点から見た場合，環太平洋圏への新人の移住・拡散は，私たち新人による海洋適応の発達だけでなく，アフリカを起源とし，もとは共通性が高かった祖先集団たちが，いかにして各地域へと移住し，またその先の環境へ適応してきたかを考えるうえでも，多くの知見を与えてくれる．

また一方で，ポリネシアのイースター島におけるモアイに代表されるような，海洋文明の誕生と終焉についてアプローチできるのも，海洋考古学や海の視点からの人類学の持つ醍醐味であろう．文明論的視点から海と人類の歴史をみていくことは海洋考古学におけるもう一つの課題であり（e.g. 小野2017），今後のさらなる発展を期待したいところである．

参考文献

小野林太郎 2011『海域世界の地域研究—海民と漁撈の民族学』京都：京都大学学術出版会
小野林太郎 2017『海の人類史—東南アジア・オセアニア海域の考古学』東京：雄山閣
尾本恵市 2015『ヒトはいかにして生まれたか：遺伝と進化の人類学』東京：講談社
海部陽介 2016『日本人はどこから来たのか？』東京：文藝春秋
後藤明 1999『海を渡ったモンゴロイド』講談社
篠田謙一 2007『日本人になった祖先たち：DNAが解明するその多元的構造』東京：日本放送出版協会
ストリンガー・クリス，アンドリュース・ピーター（馬場悠男・道方しのぶ訳）2014『人類進化大全：進化の実像と発掘・分析のすべて』悠書院
ロバーツ・アリス（野中香方子訳）2013『人類20万年遥かなる旅路』東京：文藝春秋
Archer, W. et al. 2014 Early Pleistocene aquatic resource use in the Turkana Basin. *Journal of Human Evolution* 77: pp. 74-87.
Barton, R. et al. 1999 Gibraltar Neanderthals and results of recent excavations in Gorham's, Vanguard and Ibex caves. *Antiquity* 73: pp. 13-23
Braun, D. et al. 2010 Early hominin diet included diverse terrestrial and aquatic animals 1.95 Ma in East Turkana, Kenya. *PNAS* 107 (22): pp. 10002-10007.
Erlandson, J. M. 2001 The Archaeology of aquatic adaptations: Paradigms for a new millennium. *Journal of Archaeological Research* 9(4): pp. 287-350
Fujita, M., S. Yamazaki, C. Katagiri et al. 2016 Advanced maritime adaptation in the western Pacific coastal region extends back to 35,000-30,000 years before present. *PNAS* www.pnas.org/cgi/doi/10.1073/pnas.1607857113
Green, R.E. et al. 2010 A draft sequence of the Neandertal genome. *Science* 328: pp. 710-722
Henshilwood, C. S. et al. 2001 Blombos Cave, Southern Cape, South Africa: Preliminary Report on the 1992-1999 Excavations of the Middle Stone Age Levels. *Journal of Archaeological Science* 28, pp. 421-448
Kaifu, Y. et al. 2015 Unique dental Morphology of *Homo floresiensis* and its evolutionary implications. *PLoS ONE* 10(11): e0141614. doi:10.1371/journal.pone.0141614
Marean, C.W. et al. 2007 Early human use of marine resources and pigment in South Africa during the Middle Pleistocene. *Nature* 449: pp. 905-908
Marean, C.W. et al. 2010 Pinnacle Point Cave 13B (Western Cape Province, South Africa) in context: the Cape floral kingdom, shellfish, and modern human origins. *Journal of Human Evolution* 59: pp. 425-443
O'Connor, S., R. Ono, and C. Clarkson 2011 Pelagic fishing at 42,000 years before the present and the maritime skills of modern humans. *Science* 334: pp. 1117-1121
Oppenheimer, S. J. 2003 *Out of Eden: The Peopling of the World*. London: Constable
Stringer, C.B. and N. Barton 2008 Putting North Africa on the map of modern human origins. *Evolutionary Archaeology* 17 (1): pp. 5-7
Rose, J. 2007 The Arabian corridor migration model: Archaeological evidence for hominin dispersals into Oman during the middle and upper Pleistocene. *Proceedings of the Seminar for Arabian Studies* 37: pp. 219-237
Tocheri, M.W. et al. 2007 The primitive wrist of Homo Florensiensis and its implications for hominin evolution. *Science* 317: pp. 1743-1745
Villa, P. 1983 *Terra Amata and the middle Pleistocene archaeological record of southern France*. Publications in Anthropology 13. Berkeley: University of California.
Zilhão, J. et al. 2010 Symbolic use of marine shells and mineral pigments by Iberian Neandertals. *PNAS* 107 (3): pp. 1023-1028

コラム5　オホーツク文化

オホーツク文化は，3〜13世紀頃にサハリンから北海道のオホーツク海沿岸，千島列島にかけて展開した文化である．前代の続縄文文化や後続するアイヌ文化と比較して独自性が高く，古くから注目を集めてきた（図7，表1）．

1．大陸との関係

独自性の一つに，大陸由来の資料が出土する点が挙げられる（図8）．同時期に極東で展開した靺鞨文化や女真文化から刀子，鉾，帯金具などの金属製品を取り入れ，一時期は類似した土器も作られた．また大陸系のムギの栽培や，サハリン・北海道には自生しないイノシシの家畜化といった新たな生業も認められている．

この外来性は研究当初から注目され，オホーツク文化は靺鞨文化を担った靺鞨族が集団移住して作った文化だと考えられたこともあった．しかし，研究が進展した現在では，この大規模な集団移住説は概ね否定されている．

オホーツク文化は，中国の史書に登場する流鬼が担ったとする説が有力である．靺鞨の中には，海に出て流鬼と交易するものがあったとされる．貞観十四（640）年には，靺鞨とともに，唐の都にも朝貢している．オホーツク文化にもたらされた各種の大陸製品は，史書に描かれた流鬼と靺鞨の交易関係を反映したものと考えられる．靺鞨への輸出品はよくわかっていないが，クマや海獣類の毛皮，ワシ・タカの羽とする推定もある．

人骨もオホーツク文化の特異性を示す資料である．その形質は，北海道の縄文，続縄文，アイヌ文化期のものとは大きく異なり，アムール河下流域のナナイ族，ウルチ族に近いとされる．大陸から移り住んだ人々の規模は不明だが，この時期に，大陸からサハリン，北海道へと広域な移動が行われたことは疑いない．

2．海洋への適応

オホーツク文化では，土器や石器，骨角器などの日用品，住居や墓なども，前後の文化あるいは北海道南部の文化とは一線を画している．

住居は竪穴式で，五角形ないし六角形の上面形を呈する．内部には動物骨を集積した骨塚が形成されることがよくあり，当時の動物祭祀の一端がうかがえる．住居は大型で，道具の出土状況から，複数家族が共同生活していたと考えられている（図9）．

集落は，最終期を除けば海沿いに位置する．立地を反映し，出土動物骨もタラやニシン，カサゴなどの魚類，アザラシやオットセイ，アシカ，クジラなどの海獣類が多く，海への依存度が高い．石錘や骨角製の釣針，回転式離頭銛も高度に発達する．漁撈・狩猟は，複数家族が協業して行ったと考えられており，クジラ猟の様子を描いた骨製の針入れはその一例である（図10）．

海上での漁撈・狩猟や交易活動に使用された船が出土した例はまだないが，それを模した土製・木製品はある（図11）．その形状から幾つかの種類の船が存在していたとされる．

3．北の道の成立

オホーツク文化は，北海道の中央部以南で成立した擦文文化が北に文化圏を広めるのにつれ，徐々にその影響に取り込まれていった．擦文文化の北上の要因として，オホーツク文化の交易品とも推定されるワシ・タカ，海獣類の産地と物流網を吸収するためとする説がある．その後，擦文文化は，アイヌ文化に繋がっていく．江戸時代の松前藩によるアイヌを通じた大陸交易は，鎖国時の日本列島の4つの口の一つとしてよく知られるが，擦文文化の北上拡大と流通網の吸収がその祖形とみなせる．

サハリンと北海道の間にある宗谷海峡は最狭部で42km程しかない．一般には，この海峡が，大陸文化を日本列島へと運ぶ北の道として機能したと思われよう．しかし，道となったのは，縄文時代早期と続縄文文化期以降の限られた時期しか

ない. オホーツク文化は，日本列島における北の道の確立に大きな貢献をした文化ともいえる.

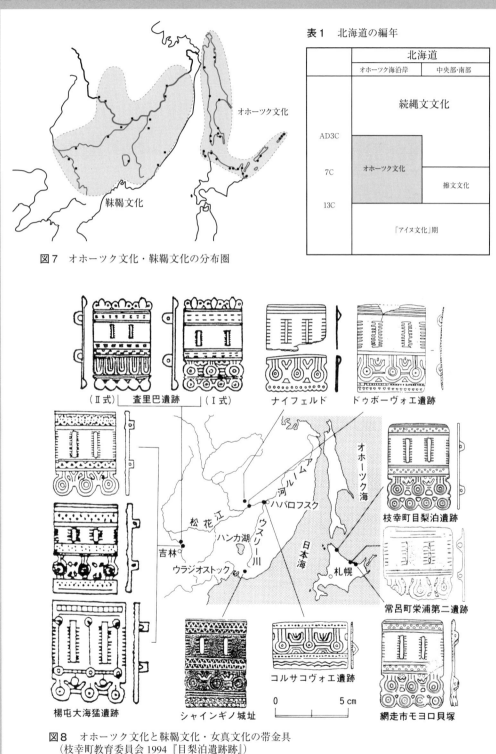

図7 オホーツク文化・靺鞨文化の分布圏

表1 北海道の編年

図8 オホーツク文化と靺鞨文化・女真文化の帯金具
（枝幸町教育委員会 1994『目梨泊遺跡跡』）

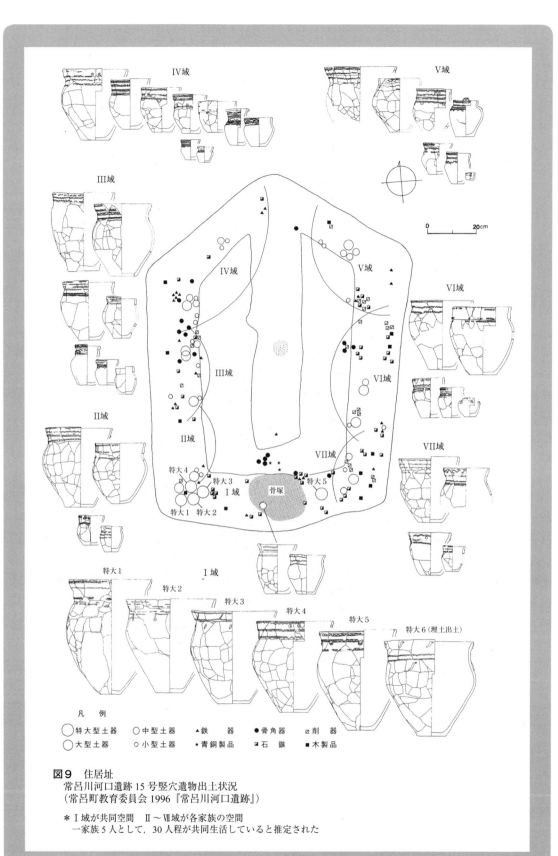

図9 住居址
常呂川河口遺跡15号竪穴遺物出土状況
（常呂町教育委員会1996『常呂川河口遺跡』）

＊Ⅰ域が共同空間　Ⅱ～Ⅶ域が各家族の空間
　一家族5人として，30人程が共同生活していると推定された

図10 骨製針入れ
　弁天島遺跡出土（八幡一郎 1943「骨製針入」『古代文化』14 － 8）

＊獲物に狙いを定めた狩猟者の後ろに表現された複数の線も，狩猟者や漕ぎ手を表現したものと推定されている

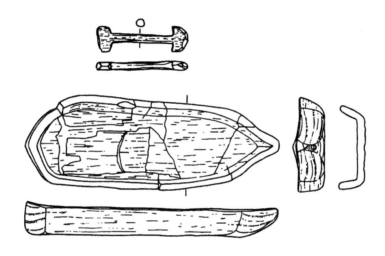

図11 船形木製品
　松法川北岸遺跡 12 号住居出土（羅臼町教育委員会 1984『松法川北岸遺跡』）

第5章　島嶼と沿岸考古学

　島嶼域における特徴の一つは，海との近さにある．地球の7割は海であり，マクロ的には大陸も海に囲まれてはいるが，面積の大きな大陸と異なり，島の場合，内陸部でも海との関わりがより強いことが多い．人類史的には，これらの島々に移住するには大海原を自力で乗り越えることが最初の条件となった．この章では，そんな島嶼域における考古学の主な舞台として，海域アジアとオセアニアにおける考古学の研究史や，島嶼・沿岸考古学と人類学や地球・海洋環境史とを結ぶ主な研究トピックについて紹介する．

1. 島嶼・沿岸考古学のテーマ

　海洋考古学を構成する一つの大きな柱となるのが，島嶼・沿岸考古学である．島嶼とは島々を指す．地理学上は，大きな陸塊を「大陸」とし，それ以外のより小さな陸塊が「島」と定義される．実際，地球上にある「大陸」は5大陸といわれるようにアメリカ大陸，ユーラシア大陸，アフリカ大陸，オーストラリア大陸，そして南極大陸の5つが認識されているのみで，残りはすべて「島」となる．つまり島嶼考古学の対象となる「島」は世界に無数にある．

　ちなみに「島」として最大の面積を持つのはグリーンランドで，次いでニューギニア島，ボルネオ島，マダガスカル島と続く．日本の本州は，インドネシアのスマトラ島についで7位にランクしている．これらの事実からもわかるように，人口が集中し，かつ大きな面積を持つ島の多くは，アジアからオセアニア海域に分布している．唯一，マダガスカル島はアフリカ大陸に最も近く，インド洋に浮かんでいるが，後述するようにマダガスカル島民の起源はインドネシア島嶼である可能性が最も高く，言語・文化的には多くのつながりがある．また領土がすべて「島」より構成されている国を「島国」と呼ぶが，独立している世界最大の島国はインドネシア共和国であり，次いでマダガスカル，ニューギニア，そして日本と続く（図5-1）．

　本章では島嶼考古学の主な舞台として，海域アジアとオセアニアにおける研究史を中心に紹介するが，その理由もここにある．つまり大きな島も含め，島が最も集中的に分布しているのがこの海域なのである．特に海域アジアの島々は，その島内人口が高いことでも際立っている．インドネシアは面積的にも最大だが，人口的にも2億3000万人を超え，これは中国，インド，アメリカに次ぎ，世界で4番にランクしている．人口減少が進む日本は，現在11番目で島国としては2番目に人口が多い．また日本とインドネシアの間に位置するフィリピンも日本に次いで世界では12番目，島国としては3番目に人口が多い．

　現代にみられるような大人口は，歴史的には近代以降に始まった傾向があるが，それでもこれらの島国が先史時代においてもそれなりの人口があったことは，確認されている遺跡数などからも明らかである．このように人口の多い地域では，多様な民族集団，文化や社会が形成され，そして多様な性格を持つ遺跡を残すことになる．海域アジアが島嶼考古学の重要な対象地域となる理由もここにある．

　一方，「島」のもう一つの特徴は海との近さにある．地球の7割は海であり，マクロ的には大陸も海に囲まれてはいるが，面積の大きな大陸と異なり，島の場合，内陸部でも海との関わりがより強いことが多い．さらに南太平洋に浮かぶオセアニアの島々のように，島嶼面積が極めて小さい場

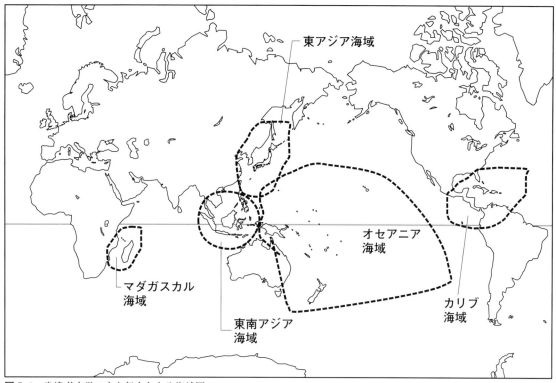

図5-1 島嶼考古学の主な舞台となる海域圏

合，島のどこからでも海が見え，海との関係は非常に濃くなる．また人類史的には，次章でより詳しく論じるが，これらの島々に移住するには大海原を自力で乗り越えることが最初の条件となった．つまりオセアニアの島々に多い離島や孤島は，これらの島々にたどり着き，そこで生きることの全てが，人類と海との関わりの歴史や動態を表している．島嶼考古学のもう一つの主な舞台がオセアニア海域となる理由は，ここにある．

　島嶼考古学が海洋考古学の一つの柱を担っているのも，こうした島嶼地域を対象とすることで，過去から現在における人類と海との関わり，あるいは人類による海への適応の歴史に最も直接的にアプローチできるところにある．その主なテーマは多岐にわたるが，大きくは（1）海を越えた島への移住行為に関する技術，移住年代，移住ルートから見えてくる人類の海洋適応の歴史の解明，（2）面積や陸上資源に限りのある島嶼環境へ移住後の人類による暮らし，特に島嶼資源や海産資源の利用に関わる技術や時間的変化から見えてくる人類と海との関わり方，海洋環境そのものの変化

の解明，そして（3）島へ移住した人類による海上ネットワークによる他島や他地域との海を越えた関わりの歴史と動態の解明，またそれを可能にした技術発展（おもに航海術・造船技術）の解明などが挙げられる．

　テレビの世界においても，一般人やタレントが孤島で数日間のサバイバルを実践する番組は人気が高く，繰り返し製作・放映されてきた．彼らはたった数日間のサバイバルを成功させても，視聴者に感動や喜びを与えてくれるが，南太平洋や沖縄列島などの離島に移住した人々は，はるかに長期に渡って島でのサバイバルに成功した．ただし，旧石器時代などに最初に島に渡った人々の中には，世代を超えて継続的に同じ島で暮らすことができなかった可能性のある事例も指摘されている（e.g. Ono et al. 2010）．限られた資源しかない孤島や離島において，人々がサバイバルできた要因，あるいはできなかった場合の要因を探し，検討するのも島嶼考古学における魅力的なテーマの一つであろう．

　沿岸考古学の主な研究テーマも，島嶼考古学と

第5章　島嶼と沿岸考古学　77

重なる．大きく異なるのは，沿岸考古学の場合は「大陸」もその研究対象となることである．先述したように「大陸」もマクロ的にみれば海に浮かんでおり，その周囲は海によって囲まれている．こうした沿岸部では当たり前ながら，そこに暮らす人類と海との関わりの歴史があったはずである．また人類史的には，アフリカ大陸の内陸部で誕生したとされる人類が，最初に海と出会ったのはアフリカ大陸の沿岸部だったことになる．さらにその後も，ユーラシア大陸を越えてその先にある日本列島や，東南アジア島嶼部へたどり着くまで，人類による海への適応はいずれも大陸の沿岸部で起こった可能性が高い．そこで，こうした大陸の沿岸部も対象とし，人類と海の歴史を考古学的に検討しようとするのが沿岸考古学である．

島嶼部においても，日本の本州やインドネシアのスマトラやジャワ島，ボルネオ島，あるいはニューギニア島のように面積の極めて大きい島では，海に面している沿岸部と内陸部とでは海との関わりも大きく異なる．こうした大きな島における人類と海との関わりに着目した考古学研究は，しばしば島嶼考古学よりも沿岸考古学として認識されてきた．当然，島にも沿岸部はあり，そうした沿岸部における人類の暮らしや海洋適応をテーマとした考古研究も，沿岸考古学と呼べるだろう．日本においては，縄文の貝塚遺跡群に関する考古研究がその代表といえる．縄文時代中期の縄文海進期に激増した縄文貝塚遺跡群は，現在では沿岸から数km～数十km離れた内陸に位置することが多いが，これまでの研究から，かつてはこれらの貝塚が海岸線上にあったことがわかってきた．また出土する貝種の変化から，当時のミクロな沿岸環境の変化や過去における海水温や海面の変動なども論じられている．こうした研究も沿岸考古学の一部として認識できるだろう．

2. 日本における研究事例

海域アジアとして認識できるのは，これまで論じてきたように主に島嶼部域で，国的には日本，台湾，フィリピン，インドネシア，マレーシア，シンガポール，ブルネイ，東ティモールが相当する（図5-1参照）．また沿岸考古学の対象域も含めるなら，これに東南アジア大陸部や中国大陸，さらに朝鮮半島の沿岸部，また広くは北東アジアやシベリアの沿岸域まで含めることができる．ただし本章で，これらすべての地域における研究史を紹介するのは難しい．そこでここではまず，島嶼域にあたる日本における事例を紹介し，ついで次節では台湾および東南アジア島嶼部における研究事例について紹介する．日本の事例は，私たち自身の歴史とも直結するためその流れを把握することは重要である．

さて日本は北の北海道から南の琉球列島まで，南北約3000 kmに渡って島嶼が連なる島国である．このため，海洋考古学的なテーマに関わる主なテーマもその対象域によって異なる．人類史的な視点からの理解では，今のところ日本における人類の痕跡は，すべて私たち新人（ホモ・サピエンス）によるとされている．まず北方域にあたる北海道では，氷期に相当する更新世後期に存在した陸橋を渡ってシベリア方面から渡来したと推測される旧石器集団を対象とした，大陸部との比較研究が進みつつある．基本的に出土する遺物の多くが石器で占められていることから，石器に基づく研究が主流である．さらに更新世末期から完新世初期にかけて出現し，1万年以上にわたって続く縄文時代期に入ると，石器に加えて土器も主な研究対象に加わる．また縄文期までくると，動物や植物遺体の他，人骨が出土することも多くなり，その研究対象は一気に拡大する．

土器は約1万6000年前という，日本でも最も古い年代に相当する土器が青森県で出土している．さらに更新世末期にまで遡る古い土器が，シベリアや東北アジアで発見されつつあることから，注目を集めている．つまり，土器の製作技術を伴った人類の移動が，この頃にも起こった可能性があり，完新世期に近い場合は海を越えた移動も考えられる．その後，北海道でも縄文時代が始まり，東北地方は人口が集中する中心地の一つとなっていく．温暖化が進み，縄文海進期とも呼ばれる約6000～4000年前には，太平洋岸を中心に各地の海岸域に貝塚遺跡が形成された．特に規模の大き

図 5-2 本書で紹介する日本列島における考古遺跡とその位置

な遺跡は関東の千葉県や東京都で多く発掘されている．また温暖化による影響もあり，縄文遺跡の数もこの頃に最大となり，人口が増加した可能性が高い．

　中でも遺跡数が増加したのが東北で，縄文人にとって住み易い環境だったと推測される．この時期は縄文時代の中では中期から後期に相当するが，青森県にある三内丸山遺跡のような規模の大きな集落遺跡が形成され（図 5-2），季節的な利用から通年的に居住する集団も出てきた．縄文人の生業は狩猟採集を基本とするといわれているが，東北から関東の太平洋岸では漁撈もかなり発達し，大型の骨製釣り針を用い（図 5-3a），マグロ属など大型の回遊魚を狙った釣り漁も盛んに行われた（図 5-3b）．さらに沿岸域で捕獲されたはずの魚介類は，内陸部の遺跡でも出土しており，三内丸山遺跡でも多く出土している．これらの痕跡は，当時すでに物資を流通させる何らかのネットワークが存在していたことを物語っている．同じような状況は日本海側でも確認されており，約 5000 年前に遡る石川県の真脇遺跡（図 5-2）では，マイルカの骨と石製の鏃が大量に出土し，意図的なイルカ突き漁が行われていたことが確認されている．また日本海側でも山地や内陸部の遺跡から，海産物の出土が確認され，何らかの流通ネットワークが存在していたようだ．

　海を介した流通ネットワークという視点で興味深いのは，伊豆諸島の神津島で産出される黒曜石の事例である．近年の研究により，すでに旧石器時代の約 3 万 7000 年前までには神津島産の黒曜石が，静岡県の沿岸から内陸部の遺跡で確認されている（e.g. Ikeya 2015）．当時においても最も近い伊豆半島の東南岸から神津島までは約 50 km の距離があったと推測され，この距離を何らかの手段で渡海できていたことになる．さらに採取された黒曜石は，伊豆半島を経由して各地へ運ばれた．

第 5 章　島嶼と沿岸考古学　79

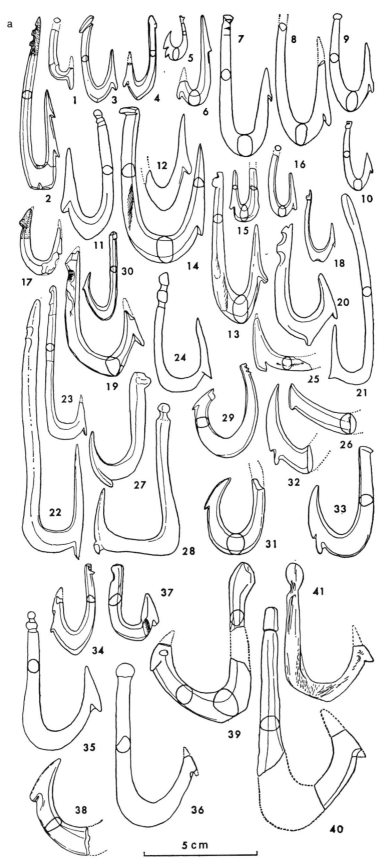

1. 大浦貝塚
2. 亀ガ岡遺跡
3. 門前貝塚
4. 宮野貝塚
5. 大洞貝塚
6. 獺沢貝塚
7〜13. 南境貝塚
14. 西の浜貝塚
15. 沼津貝塚
16. 二月田貝塚
17. 大木囲貝塚
18. 御代貝塚
19, 20. 寺脇貝塚
21. 立木貝塚
22. 椎塚貝塚
23, 24. 広畑貝塚
25, 26. 菊名貝塚
27. 久比里貝塚
28. 姥山貝塚
29. 堤貝塚
30, 31. 鉈切洞穴
32, 33, 36. 富士見台貝塚
34. 榎戸貝塚
35. 園生貝塚
37. 吉胡貝塚
38. 福田貝塚
39, 40. 津雲貝塚
41. 千葉県勝浦海岸

80　第2部　島嶼・沿岸考古学と民族考古学

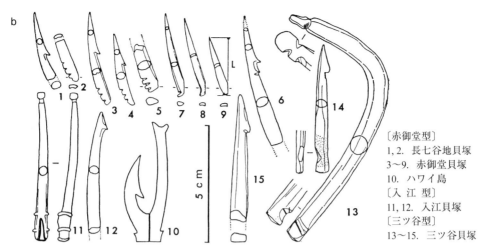

図 5-3 縄文時代に利用された主な漁具．a：関東・東北圏に多く出土する外磯釣り針　b：大型魚類を対象としたと推測される結合釣り針（ただし 10 はハワイ出土の比較事例）（渡辺 1984，第 46 図，第 57 図）

〔赤御堂型〕
1, 2. 長七谷地貝塚
3〜9. 赤御堂貝塚
10. ハワイ島
〔入江型〕
11, 12. 入江貝塚
〔三ツ谷型〕
13〜15. 三ツ谷貝塚

縄文時代になるとその流通範囲はさらに拡大し，長野県でも神津島産黒曜石の出土が確認されている（図 5-4）．また伊豆半島の下田近くにある見高段間遺跡は，神津島産黒曜石を集積するネットワークの拠点になった遺跡と考えられ（図 5-2），多くの黒曜石が出土した（e.g. 池谷 2005）．神津島産黒曜石の海を越えた旧石器時代のネットワークは，世界的にも最古の事例の一つにあたり，興味深い事例である．

九州から沖縄にかけての南日本は，海洋考古学的な研究が最も活発に行われてきた地域だ．朝鮮半島や中国大陸に最も近いこの地域では，古来より海を越えた人々の移動や交流が継続され，その結果として残された考古学的痕跡も少なくない．

古い時代では，前章でも触れたように沖縄の琉球列島は，更新世後期に遡る古人骨が数多く出土している他，世界最古と認識できる 2 万 3000 年前の貝製釣り針が出土したことでも注目を浴びている．同じく八重山諸島の石垣島では，2 万 8000 年前に遡る複数の人骨が発見された（e.g. 沖縄県立埋蔵文化財センター 2013）．現在でも石垣島や西表島は中国大陸沿岸や台湾から 200 km 以上離れており，当時も 100 km 以上の航海をしなければ辿り着けない島だった．つまりこの発見は，すでに 3 万年前頃には，東アジア海域でも私たち新人による海洋適応がかなり進んでいたことを示唆している．

九州は，北海道や東北と同じく古い土器が早くから出現することで知られ，縄文時代草創期に遡る遺跡も少なくない．約 9000 年前の縄文早期に遡る鹿児島県の上野原遺跡（図 5-2）における発掘は，すでにこの時代に複数の住居址からなる集落が存在していたことを明らかにした．現在，この遺跡は青森の三内丸山遺跡と同じく，遺跡公園として整備されている．しかし活発な火山が多い九州では，縄文時代を通していくつかの大噴火があり，その影響で縄文人の人口や遺跡数もかなり変化したことがわかってきた．火山の影響により，別の土地へ移動や逃避しなければならない状況も生じたはずである．それが直接的な要因かは不明だが，早くも 8000 年前頃には沖縄本島で，九州で出土する縄文土器と類似した土器が出土しており，九州の縄文集団は，沖縄方面まで到達していたようだ．

こうした九州などの北方から琉球列島へと南下する人々の動きは，時代が新しくなるにつれて活発化していき，特に 10〜11 世紀頃にその最大の画期を迎える．沖縄ではこの頃に水田稲作が本格的に導入される他，出土する人骨のサイズが大型化する傾向があり，九州方面から大和系の集団が移住したか，その影響がより強まった可能性が高い．すでに弥生時代に，琉球列島で産出される貝類を専業的に採集・加工し，他地域へ輸出していた集団の存在が，鹿児島県の種子島などで確認さ

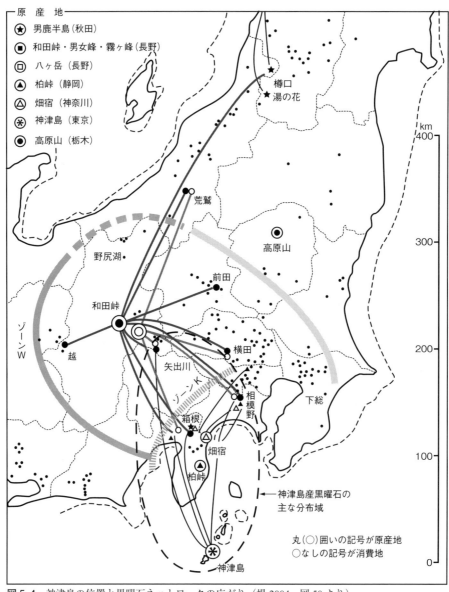

図 5-4　神津島の位置と黒曜石ネットワークの広がり（堤 2004，図 50 より）

れている．また日本では奄美・琉球列島でしか採取できないゴホウラやイモガイなどの貝を利用した装飾品（貝輪）は，九州や本州だけでなく，遠く北海道の伊達にある有珠モシリ遺跡（図 5-2）でも出土しており，北と南をむすぶ貝のネットワークが弥生時代以降，発達したことが指摘されてきた（e.g. 木下 1996）．

やがて 11 世紀にはじまる日宋交易で，その拠点となる博多を中心に九州を軸とする海上交易が活発化する．琉球列島への新たな人の動きもこれらと連動している可能性が高い．近年，鹿児島の奄美諸島に位置する喜界島で，九州から琉球への海上交易の拠点と考えられる遺跡が発掘されつつあるが，その規模から，かなりの物流があったことがうかがえる．その後，琉球では三国時代を経て琉球王国が成立し，積極的な明・清朝との海上交易を開始した．近年，こうした海上交易で活躍した船やその積載品を対象とした水中考古学の研究が進んでいる（e.g. 南西諸島水中文化遺産研究会 2014；小野ほか 2013；Ono et al. 2016）．また九州の長崎県松浦市沖の鷹島（図 5-2）では，1970 年代以降，断続的に続けられてきた調査の

結果，13世紀の元寇の際に沈んだ船が発見され，2012年には水中遺跡としては初の国指定の史跡として登録された．近年，水中文化遺産への関心は日本においても高まっており，特に九州から沖縄における研究が活発化しつつある．

3. 台湾・東南アジア島嶼部の研究事例

日本と同じくアジアの島嶼部を構成するのが台湾や東南アジアの島々である．このうち最も古い人類の痕跡が残っているのが，ジャワ原人で知られるインドネシアのジャワ島である．ジャワ原人は，世界で最初に発見された原人だが，近年その最古の年代は180万年前まで遡ると考えられている．当初の発見時，ジャワ原人の系統関係はほぼ不明だったわけだが，現在では原人がアフリカで誕生し，さらに200万年頃にその一部が人類初の出アフリカを果たし，ユーラシア大陸へと拡散したとする説が知られる．実際，アフリカではより古い原人の人骨が見つかり，さらに古い猿人の人骨はまだアフリカでしか見つかっていない．この理解に基づくなら，ジャワ原人は出アフリカ後，比較的早くにインドネシアまで到達した一派だったことになる．

現在でも原人と特定できる古人骨はジャワ島でしか見つかっていないが，フローレス島では約80万年前の年代が得られた層から石器が出土している他，3万年前頃までフローレス原人と呼ばれる小型の原人が存在していたことが最近わかってきた．フローレス原人については様々な研究が展開されているが，ジャワ原人の仲間が島嶼化により小型化したとの説もある（e.g. 海部2016）．いずれにせよ，フローレス島における事例が興味深いのは，この痕跡が原人レベルの人類による渡海が行われた可能性を示すことである．というのも，フローレス島は80万年前の更新世代も島であり，ここに到達するには最低10 km以上の海を渡る必要があったからである．このように更新世代においても島嶼部であり続けたフローレス島や，その周囲のウォーレシア海域（主に東インドネシア）での島嶼考古学は，原人やその後に進出した新人による海洋適応や，渡海による移住というテ

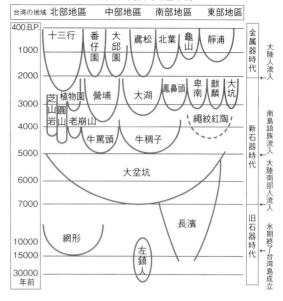

図5-5　台湾における先史時代の編年区分と地域

ーマにおいて現在，世界的にも最も注目されている分野の一つである．

新人の時代に入ると，このウォーレシア海域から海を越えて，現在のオーストラリア大陸やニューギニア島からなる旧サフル大陸への移住が約5万年前までには開始された痕跡が出てくる．サフル大陸への移住には最低でも80 kmの渡海が求められ，世界最古の長距離渡海事例となる可能性が高い．現在，5万年以上前にさかのぼる痕跡の多くはオーストラリア大陸で発見されているが，その出発点となったはずのウォーレシアの島々ではより古い痕跡が残されているはずである．また長距離渡海を可能にしただけの，人々による海洋適応が起こったのもこれらの島々だったとの仮説が成り立つ．このような背景から，ウォーレシア海域における初期の新人による移住や海洋適応をテーマとした研究が盛んとなりつつある（e.g. 小野2017a）．

日本と同じく東アジアの一部とも認識される台湾は，中国大陸沿岸より約130 km離れているが，更新世代の氷河期には陸橋で繋がっていたと考えられており，渡海することなく移住が可能だった．現時点で最も古い人類による痕跡は，日本と同じく新人時代と考えられる5万〜4万年前のもので，

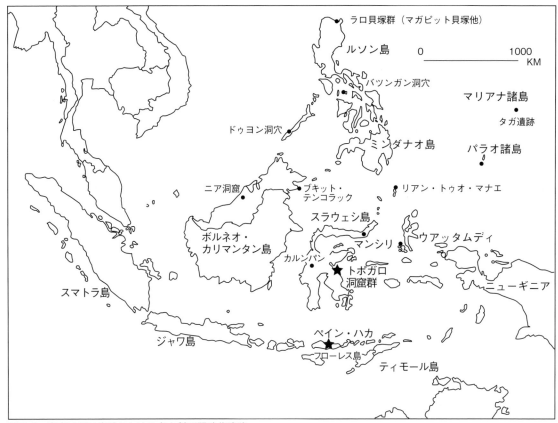

図 5-6　東南アジア海域における主な新石器時代遺跡

原人による痕跡はまだ見つかっていない．台湾における主な旧石器時代遺跡としては，八仙洞遺跡が有名で，この遺跡からは大量の海産魚骨も出土している（宋文薫 1991）．この遺跡を含む台湾における最初の旧石器文化期は長浜文化として知られる（図 5-5）．しかし近年，台湾において最も注目を集めているのは，オーストロネシア語族の拡散に関わる考古学研究であろう．

オーストロネシア語は東南アジア島嶼部からオセアニアのほぼ全域で話されている言語群で，この言語群を話す人々が新石器時代期以降に進出した結果と考えられている．台湾は言語学的にこのオーストロネシア語の起源地と考えられており，考古学的にも新石器時代期のオーストロネシア語族により持ち込まれた物質文化の多くが，台湾でより古くに出現する傾向がある．こうした事実から，台湾がオーストロネシア語族による移住・拡散の出発地として注目されるようになり，台湾においてもこのテーマに関わる新石器時代以降の遺跡群を対象とした発掘が盛んである．台湾における新石器文化としては，紀元前 4000〜3000 年にあたる大坌坑（タペンケン）文化，それに続く文化としては台湾の西部や澎湖（ペンフー）諸島で確認された鳳鼻頭（フェンピトウ）文化，台湾島南部に広がった卑南（ペイナン）文化，中央東部に広がる麒麟（キーリン）文化，そして新たな移住により広がった可能性も指摘される台湾北西部の圓山（ユアンシャン）文化などがある（図 5-5）．

これらの文化に属する遺跡から，いずれも土器や石斧が出土しているが，卑南文化や圓山文化の土器等と共通性の高い土器が，紀元前 2000 年頃より東南アジア島嶼部のフィリピン北部で出現する（図 5-6）．中でも特徴的な土器に無数の刺突や鋸歯印文，円文による装飾が施された赤色スリップ式土器（図 5-7）で，共通性の高い土器はミクロネシアのマリアナ諸島でも紀元前 1500 年くらいから出現する．同じくメラネシアのニューギニア離島部にあたるビスマルク諸島でも紀元前

84　第 2 部　島嶼・沿岸考古学と民族考古学

図 5-7 東南アジアで出土した鋸歯印文・円文土器の事例. a：ルソン島ラロ貝塚出土の土器（写真提供：オーストラリア国立大学・Hung 博士). b：北スラウェシ出土の土器（写真提供：マナド考古局）

1300 年頃に，同じ技術系統にあると考えられるラピタ土器が出現する．このうちミクロネシアやビスマルク諸島の離島は，それ以前の人類痕跡がないため，これらの土器を持ち込んだ人々によって最初に植民された可能性が高い．つまり，この人々こそ東南アジアやオセアニアへと拡散した初期オーストロネシア語族集団だったことになる．

こうした古代オーストロネシア語族集団による島嶼部への移住と拡散というテーマは，東南アジア島嶼部においても注目を浴びており，主にフィリピンやインドネシアで新たな遺跡の発掘を伴う考古学的研究が進められてきた．その結果として，現時点で初期オーストロネシア語族集団によって残された遺跡として注目を浴びている遺跡として，フィリピン諸島のルソン島北部にあるラロ貝塚遺跡群，パラワン島のタボン洞穴群（ドゥヨン洞穴遺跡），ボルネオ島のブキットテンコラック遺跡，タラウド諸島のリアン・トゥオ・マナエ遺跡，スラウェシ島のマンシリ遺跡とカルンパン遺跡群，それに北マルク諸島のウアッタムディ遺跡などがある（図 5-6）．これらはいずれも起源前 1800〜1000 年頃に利用された痕跡があり，赤色スリップ式土器や石斧，貝類や魚類をふくむ大量の動物遺存体が出土している（e.g. 小野 2011）．

ラロ貝塚遺跡群は，1970 年代より日本とフィリピンの共同研究により発見・調査されてきた遺跡で，東南アジア海域で最初に鋸歯印文の土器（図 5-7, 口絵 21）が発見された遺跡でもある．

2000 年代以降は，オーストロネシア語族集団の言語・考古資料に基づく移住仮説を提唱した第一人者でもあるピーター・ベルウッドや台湾とフィリピンの共同研究も開始され，台湾やミクロネシアとの強い関係性が認められつつある．同じくベルウッドが彼の仮説に基づき最初に発掘した遺跡として，ブキットテンコラック遺跡やリアン・トゥオ・マナエ遺跡，ウアッタムディ遺跡がある（e.g. Bellwood 1997）．中でもボルネオのブキットテンコラック遺跡からは，分析の結果，オセアニアのラピタ遺跡群から出土するニューブリテン島産の黒曜石が発見された．これは距離にして約 5000 km も離れており，黒曜石の運搬距離としては知られている限り最長の事例でもある．こうした遺跡の重要性もあり，この遺跡は 1990 年代以降，マレーシア考古学者や日本との共同調査等による再発掘が行われた（e.g. Chia 2003; Ono 2004）．同じく北マルク諸島のウアッタムディ遺跡も 2013 年より東海大学とインドネシアの共同チームによる再発掘調査が行われており，新たな資料が収集されつつある．

初期オーストロネシア語族集団の拡散において，オセアニア海域との関係を考える上で重要な鋸歯印文や円文土器に関しては，先のラロ貝塚遺跡群の他，インドネシアのマンシリ遺跡やカルンパン遺跡群で，数点の土器片が発見されている（図 5-6）．これらの土器は 3700 年前頃と推定される文化層より出土し，これが正しければオセアニア

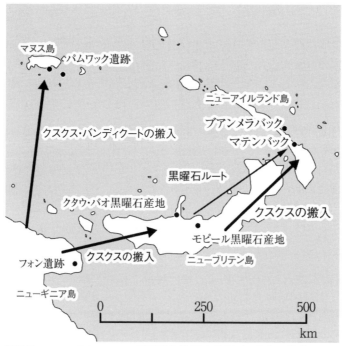

図 5-8　ニア・オセアニアの更新世遺跡群と黒曜石・動物の移動ルート
（小野 2017, 図 38 より）

における土器の出現期よりも古いことになる．したがって，ベルウッドが提唱したように初期オーストロネシア語族集団は，まず東南アジア海域の島々に拡散し，短いタイムラグを経て，さらにオセアニアへも拡散したと考えられそうだ．いっぽう，オセアニアにおける鋸歯印文土器の文化は，マリアナでもラピタ遺跡群でも紀元前 300 年頃には消滅するが，2016 年にスラウェシ島中部で東海大学とインドネシアの共同チームにより新たに発掘が開始されたトポガロ洞窟群遺跡（口絵 21）では，紀元後においても継続して鋸歯印文土器（図 5-7）が製作・利用されていた痕跡が発見された（小野 2017b）．これが正しければ，インドネシアのスラウェシ島では，より長期にわたり，鋸歯印文や円文土器の文化が継続したことになる．

新石器時代に続く金属器時代には，アジア大陸部と東南アジア島嶼部間における人の行き来がさらに活発化する．東南アジア島嶼部の金属器時代は，日本の弥生時代とほぼ同時代にあたり，大陸部より新たな物質文化として金属器が持ち込まれて開始された．日本の場合と同じように，その際には単にモノだけが運搬される交易だけでなく，人による移住も起こったようだ．南シナ海を挟んで向かい合うベトナム沿岸とフィリピン諸島では，新石器時代後期から金属器時代にかけて，同じネフライトの石材を使った耳飾りが出現する．近年における石材の産地同定の結果，これらは台湾産のものを利用していることが判明し，台湾からフィリピン，そしてベトナムを結ぶ古代の海上ネットワークの存在が明らかになってきた（e.g. Hung et al. 2013）．また耳飾りの詳細な分析研究によれば，このネットワークではモノだけでなくその製作集団も移動した可能性が指摘されている（e.g. 深山 2014）．

このように東南アジア海域では，新石器時代以から金属器時代における人類の海を越えた交流や移住をテーマとした研究が活発化しており，その対象として土器，石製品やガラス製品，金属器，陶磁器等を対象とした比較分析に注目が集まっている．また近年では，単に形態的な比較だけでなく，石製品は蛍光エックス線分析による産地同定，ガラス製品や金属器はエックス線分析を中心とする化学組成に基づく同定が一般化し，より科学的なデータに基づく比較研究が可能となりつつある．

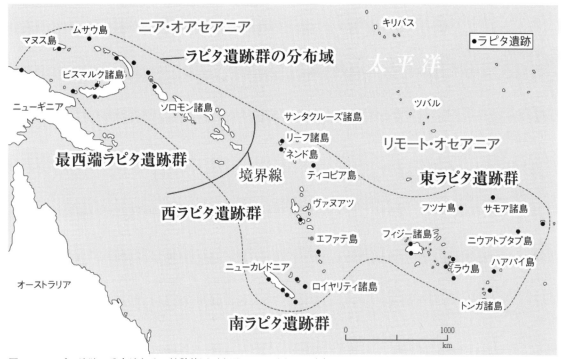

図 5-9 ラピタ遺跡の分布域とその拡散範囲（小野 2017a，図 41 より）

4. オセアニア海域の研究事例

　オセアニア海域における先史時代の特徴の一つは，アジアの海域世界と異なり，金属器時代がないことである．金属器の考古学的な出土は極めて限られており，その本格的な導入は大航海時代以降，オセアニアの島々へと出現しだした西欧人らによってもたらされた．このためオセアニアの先史時代は，大きく土器を伴う新石器時代か，土器出現前の旧石器時代の２つに分けられ，これまで研究が行われてきた．このうち旧石器時代の研究は，オセアニア海域でも最も古い人類の痕跡が残るオーストラリアで活発に行われてきた経緯がある．その結果，オーストラリア大陸では，沿岸域を中心としながらもほぼ全域で旧石器遺跡が確認されている（前章図 4-9 参照）．また大陸東部の内陸に位置する旧マンゴ湖では，４万年以上に遡ることが確実な古人骨（マンゴマン）が発見され，これらは新人であると考えられている．
　マンゴマンの発見以降，オーストラリアやニューギニアでは，オセアニアに最初に到達した人類である新人の新たな環境への適応や資源利用，大

図 5-10 ラピタ土器の鋸歯印文（写真撮影：小野林太郎）

陸内における移動に関する研究が活発に行われてきた．また近年に至るまで狩猟採集的な生活を営んできたアボリジニのいるオーストラリアや，より伝統的な農耕や狩猟採集を営む集団が存在するニューギニアでは，彼らの暮らしに関わる民族誌的情報から，過去における人類の行動や資源利用を復元しようとする民族考古学的なアプローチによる研究も盛んに行われてきた．
　いっぽう，ニューギニアの離島部にあたるビスマルク諸島では，３万 5000 年前頃より人類の痕

跡が出現するが（前章図4-9参照），旧石器集団による島嶼域への渡海による移住や，より限られた資源の中での生計活動をテーマとした研究が盛んである．その結果，日本の神津島の事例と同じようにニューギニア離島部でも黒曜石が島嶼間で運搬されていたことや，陸生動物資源の少ない島に意図的にクスクスやバンディクートなどの有袋類が持ち込まれていたことがわかってきた（図5-8）．いずれも渡海による運搬や搬入となり，人類の海洋適応を示す事例として世界的にも注目を集めている．

オーストラリアやメラネシアの一部となるニューギニアとその離島部を除けば，残りのオセアニアを構成するポリネシアやミクロネシア，そしてメラネシア東部の島々はリモート・オセアニアと呼ばれ，いずれも新石器時代まで人類による移住は行われなかった．このため，これらの海域における考古研究は，いずれもオーストロネシア語族集団による植民が行われた新石器時代以降を対象としている．中でもこの30年間，最も精力的に行われた研究が先述したラピタ集団に関する考古研究である．それ以前，リモート・オセアニアにおける考古研究はハワイやイースター島のあるポリネシアを対象とした研究が盛んであった．そうした背景から，ポリネシア人の祖先とされるラピタ集団への高い関心があったことの他，ラピタ集団がアジアを起源とする新たな移住者であったとする仮説から，東南アジアや東アジアの島嶼考古学とも繋がるテーマの大きさも，ラピタ研究を活発化させた要因だったといえる．

ラピタ研究の進展により，この集団がかなり短期間にリモート・オセアニアの島々への移住に成功し，また活発な海上ネットワークによる交流を継続していたこと，また彼らの移住は西ポリネシアに位置するサモア・トンガでストップし，それ以東への移住は行われなかったことなどがわかってきた（図5-9）．ラピタによる島嶼間ネットワークに関して，最も注目されてきた物質文化は黒曜石と土器で，東南アジアのボルネオ島でも出土した黒曜石の産地でもあるニューブリテン島タラセア半島の黒曜石は，やはり4000 km以上離れたフィジーにまで到達していたことが確認されている．土器については鋸歯印文や円文に加え，人面文や幾何学文といった特徴的な装飾を持つラピタ式土器（口絵22，図5-10）が，儀礼や交換における重要な物質文化の一つだったと考えられ，その理由として土器における共通するモチーフの存在と地域的な差異が指摘されている．

こうしたラピタ研究に続き，近年研究が盛んなのが西ミクロネシアで，マリアナ諸島ではラピタ期よりも早い紀元前1500年頃には，フィリピン方面からの初期オーストロネシア語族による移住が行われたことが確認され（e.g. Carson 2014），新たな考古調査が進んでいる．ヤップ諸島は日本人考古学者により研究が進められてきた経緯があり，過去2000年間における海を越えた複雑な人や物質文化の動きが明らかになりつつある（e.g. 印東2002）．またパラオ諸島では2000年代に入り，紀元前1000年頃の人類に居住痕跡が発見されて以後，研究が活発化しつつあり，特に海産資源の利用や長期間における環境や天候変化への適応過程に関する研究が豊富である（e.g. Ono and Clark 2012）．

最後にオセアニアにおける考古研究として，最も古い歴史を持つポリネシアでは，ポリネシア域における人類の移住期やルートに関して長年にわたり議論が続けられてきた．その結果，ハワイやイースター島への人類移住は，かつてはより古く5世紀頃までには行われたとする見方が優勢だったが，近年では12世紀以降とする仮説も支持されつつある（e.g. 小野2017a；印東2017）．また多くの遺跡が調査されてきたニュージーランドでは，13世紀以前の年代を示す確実な遺跡がなく，ポリネシアでも最後に植民された地域としての理解が一般化しつつある．こうした移住年代に関するテーマと同じく，ポリネシアで盛んに議論されてきたのが，民族誌時代において確認されてきた発達した首長制社会の形成史に関わる研究である．ポリネシアにおける発達した階級社会の象徴として知られる遺産としては，イースター島のモアイが有名だが，ハワイをはじめ各地にみられるマラエ神殿といった大型建築物に対する研究も盛んで

図5-11 スラウェシ中部のベソア盆地におけるメガリス群. a：ベソアの石像. b：バダの石像（写真提供：マナド考古局）

ある．そこで次節では，島嶼・沿岸考古学による文明論として，どのようなアプローチがあるかを最後に考えてみたい．

5. 島嶼・沿岸考古学から文明論へのアプローチ

　文明にはさまざまな定義が可能だが，そもそもの語源に基づくなら，文明の英語表現となるシヴィライゼーション（civilization）はラテン語で「都市」や「国家」を意味するcivitasに由来する．たとえば古代文明と聞けば，古代エジプトやメソポタミア文明を想起し，具体的にはピラミッドやシュメールの古代神殿等をイメージされるかもしれない．いずれも大陸で誕生した文明でもある．ゆえにその文明論の多くは，陸の視点からみた文明論になりがちだ．これに対し，島嶼・沿岸考古学が対象とする文明論は，海の視点からの文明論となる．

　歴史時代や近代以降を対象とした海の視点からの文明論はすでに論じられつつあるが（e.g. 川勝1997），先史時代までを対象とした海の視点からの文明論はまだほとんどない．これは古代エジプトや古代中国に代表されるように，都市や墓，神殿といった巨大建築物を伴う古代文明の出現が明確な大陸域に対し，日本を含めた島嶼域にはそうした目に見える形での古代文明の痕跡がほとんど残されていないことにもよる．しかし，日本を含むアジアの文明論を展開する安田喜憲が長江流域を起源とし，弥生文化期の日本にまで広がる文化や暮らしのあり方を「稲作漁撈文明」と指摘するように（e.g. 安田2009），そのスタイルや表象される建築物は異なるものの，文明的要素は島嶼域においても認められる．

　そこで文明を成立される共通要素について整理すると，①定住化，②一定の人口，③都市的な中心地の存在，④階級社会に基づく何らかの統治システム，⑤中心地と周辺域を結ぶネットワーク等が，その東西を問わず挙げられそうだ．ここで人

第5章　島嶼と沿岸考古学　89

類史的に明らかなのは，「文明」が誕生・発達した背景として，「農耕」の存在が認められることであろう．究極的には「文明」という考え方は，人類が長らく実践してきた「狩猟採集」的な生活のあり方と対照する．通年以上にわたり同じ土地に定住する生活や，人口の劇的な増加，そして都市の出現，これらは人類史的にはいずれも新石器時代期における「農耕」の出現以降に起こったと一般的に考えられている．安田による「稲作漁撈文明」も稲作による「農耕」が一つの前提となっているように，文明の誕生は新石器時代における「農耕」の開始を大きな引金にしていることは明らかだ．したがって，島嶼部においても「文明」をテーマにする場合は，新石器時代以降が対象となる．オセアニアの場合，これはラピタ時代以降であり，東南アジア海域の場合も新石器時代はそのほぼ同時代にあたる．

しかし，オセアニアや東南アジアの島嶼部において，先に指摘した「文明」の共通要素が認められるようになるのはより後の時代になってからだ．東南アジアでは続く金属器時代期にインドや中国からの影響を受けつつ階層社会が発達した．その結果，インドネシア西部のスマトラ島やジャワ島では6世紀までに複数の王国が形成され，7世紀はスマトラ島のパレンバンを本拠地としたシュリービジャヤ王国が広範囲な海上交易網を支配したことが記録されている．その後，8世紀頃にジャワ島で誕生したシャイレーンドラ朝時代には，仏教建築の世界遺産として有名なボロブドゥール寺院，続く古マタラム王国の時代にはヒンズー教寺院のプランバナン寺院が建設された．一方，ウォーレシア海域に相当する東インドネシアでは強力な王国の出現までは至らなかったものの，より緩やかな階級社会の下，メガリスなどの巨石文化が発達した．特にスラウェシ島中部のメガリス群はその規模や種類において有名である（図5-11）．またこうした東インドネシアで発達した巨石文化が，さらに東方に広がるオセアニアの巨石文化に大きな影響を与えた可能性は高い．

オセアニアにおいては10世紀以降，ミクロネシアやポリネシアで巨石文化の発達が明確化してくる．中でも有名なのは，ミクロネシアのポンペイ島に建設された約100の人工島からなるナンマドール遺跡，そしてポリネシアのイースター島に出現した約1000体のモアイ像であろう（口絵23，24）．このうちナンマドール遺跡最大の人工島となるナンダワス島が建設されたのは，13世紀頃とされている．イースター島のモアイについては諸説あるが，近年ではポリネシア人によるイースター島への移住期を12世紀頃と考える研究者も増えつつある．もしそうであれば，モアイ像の建造も早くて12世紀以降となり，ナンマドールの発展期とほぼ重なる．また年代的には，東南アジアにおける社会の階層化や巨石文化の出現よりもやや遅れることにもなる．実際，スラウェシ中部で見られる石像群は，モアイとの共通性が最も高く，これらが全く無関係に出現したとは考えにくい．しかし，ここで最も重要なのはこうした巨石文化出現の背景にあったであろう社会の階層化とそれを維持する一定の人口だったであろう．実際，ポンペイ島もポリネシアの島々も，その後の民族誌時代，強力な首長を頂点とする階級化社会の存在が記録されている．

このように東南アジアやオセアニアの島嶼部においても，人々の定住化や人口増加，そして階級社会が発達し，「文明」の物質的な象徴となる寺院やメガリス，人工島，モアイ像などの巨石建造物も出現した．しかし，海を舞台とした「文明」にとって最も重要な要素は，海を越えた人やモノのネットワークの発達とその掌握だったかもしれない．東南アジアに誕生した王国がその拡大に求められたのは，シュリービジャヤの事例にも指摘されるような海上交易ルート網の支配だった．この傾向は大航海時代と並行するマラッカ王国の時代まで受け継がれた．オセアニアの諸社会も，各地域で島嶼間ネットワークを発達させてきた歴史がある．そこでの海上ネットワークは，西ポリネシアのトンガ王国のように階層化に基づく物資の交換ネットワークから，有名なメラネシアのクラ交易のような互酬性に基づいた関係性を維持するネットワークまで多様性に満ちている（小野・長

津・印東 2018)．

　モアイで有名なイースター島の文明は，モアイ建造による森林破壊や西欧人による疫病の蔓延により，18世紀頃に崩壊したとする説が近年有名である（e.g. Diamond 2005；ダイヤモンド 2010）．確かに疫病による劇的な人口低下はイースター島民にとって大きな打撃だったであろう．しかし最大の原因は森林破壊ではなく，イースター島の孤立性にあったのではないだろうか．この島の人々は移住期以降，他の島々との海上ネットワークを全く築かなかったことが考古調査により明らかになっている．そうしたネットワークのなかったことが，イースター島における新たな病原菌や，環境変化等による食料資源の低下といったリスクに対する脆弱性を強めたとも認識できる．イースター島の事例はそうした視点もわれわれに与えてくれる．さらに島嶼部における文明論は，「文明」が持つ重要な要素の一つとなる「ネットワーク性」や情報網の役割を考える上で，新たな視点を提供するだろう．繰り返すが，海からの文明論はまだ途上にある．今後，若い世代の方々による活発な研究や議論に期待したい．

参考文献
（和文）
池谷信之 2005『黒潮を渡った黒曜石・見高段間遺跡』新泉社
印東道子 2002『オセアニア－暮らしの考古学』朝日新聞社
印東道子 2017『島に住む人類－オセアニアの楽園創世記』臨川書店
沖縄県立埋蔵文化財センター 2013『白保竿根田原洞穴遺跡－新石垣空港建設工事に伴う緊急発掘調査報告書』，沖縄県立埋蔵文化財センター調査報告書 65
小野林太郎 2011『海域世界の地域研究―海民と漁撈の民族考古学』京都大学学術出版会
小野林太郎・片桐千亜紀・坂上憲光・菅　浩伸・宮城弘樹・山本祐司 2013「八重山における水中文化遺産の現状と将来－石垣島・屋良部沖海底遺跡を中心に」『石垣市立八重山博物館紀要』22号：20-43．
小野林太郎 2017a『海の人類史－東南アジア・オセアニア海域の考古学』雄山閣
小野林太郎 2017b「鋸歯印文土器－オーストロネシア語族の拡散を語る土器」『貝塚』72: 27-30 頁
小野林太郎・長津一史・印東道子　編著 2018『海民の移動誌―西太平洋のネットワーク社会』昭和堂
海部陽介 2016『日本人はどこから来たのか？』文藝春秋
川勝平太 1997『文明の海洋史観』中央公論社
木下尚子 1996『南島貝文化の研究－貝の道の考古学』法政大学出版局
後藤明 2010『海人から見た日本人：海人で読む日本の歴史』講談社
宋文薫 1991「台湾舊石器文化探索的回顧與展望」『田野考古』2(2)：17-28 頁
ダイアモンド・ジャレド 2005『文明崩壊：滅亡と存続の命運を分けるもの』草思社（楡井浩一訳）
堤隆 2004『氷河期を生き抜いた狩人―矢出川遺跡』新泉社 83 頁
堤隆 2004『黒曜石 3 万年の旅』東京：日本放送出版協会
南西諸島水中文化遺産研究会 2014『沖縄の水中文化遺産―青い海に沈んだ歴史のカケラ』ボーダーインク
深山絵実梨 2014「先史時代東南アジアにおける耳飾と地域社会―3つの突起を持つ石製耳飾の製作体系復元―」『古代』第 135 号：43-65 頁
安田喜憲 2009『稲作漁撈文明』雄山閣
渡辺誠 1984『縄文時代の漁業』雄山閣

（英文）
Bellwood, P. 1997 *Prehistory of the Indo-Malaysian Archipelago*. Revised edition. Hawaii: University of Hawaii Press
Carson, M. 2014 *First settlement of remote Oceania: earliest sites in the Mariana Islands* Springer
Chia, S. 2003 *The Prehistory of Bukit Tengkorak as a Major Prehistoric Pottery Making Site in Southeast Asia*. Sabah Museum Monograph 8. Kota Kinabalu: Sabah State Museum
Diamond, J. 2005 *Collapse: How societies choose to fail of succeed*. Viking Penguin.
Hung, H. et al. 2013. Coastal connectivity: Long-term trading networks across the South China Sea. *Journal of Island and Coastal Archaeology* 8, pp. 384-404
Ikeya, N. 2015 Maritime Transport of Obsidian in Japan during the Upper Paleolithic. In Kaifu, Y. et al. (eds.), *Emergence and Diversity of Modern Human Behavior in Paleolithic Asia*. Texas A&M University Press, pp. 362-375
Ono, R. 2003 Prehistoric Austronesian fishing strategies: A comparison between Island Southeast Asia and Lapita Cultural Complex. In Sand, C. (ed.), *Pacific Archaeology: Assessments and Prospects*, pp. 191-201
Ono, R. 2004 Prehistoric fishing at Bukit Tengkorak, east coast of Borneo Island. *New Zealand Journal of Archaeology* 24: pp. 77-106
Ono, R. 2010 Ethno-Archaeology and the early Austronesian fishing strategies in near-shore environments. *Journal of the Polynesian Society* 119(3): pp. 269-314
Ono, R. et al. 2010 Changing marine exploitation during Late Pleistocene in nothern Wallacea: Shell fish remains from Leang Sarru rockshelter in Talaud Islands. *Asian Perspectives* 48(2): 318-341
Ono, R and G. Clark 2012. A 2500-year record of marine resource use on Ulong Island, Republic of Palau. *International Journal of Osteoarchaeology* 22 (6): pp. 637-654
Ono, R, C. Katagiri, H. Kan, N. Nagano Y. Nakanishi, Y. Yamamoto, F. Takemura and M. Sakagami. 2016 Discovery of Iron Grapnel Anchors in Early Modern Ryukyu and Management of Underwater Cultural Heritages in Okinawa, Japan. International Journal of Nautical Archaeology 45.1: 75-91.

第6章　海域アジアにおける海民の過去と現在

　海域アジアとは，アジア圏の中でも島嶼地域にあたる海域世界が相当する．この海域アジアやオセアニア海域に暮らす人々の中に，海民と呼べる人々がいる．海民とは，狭義には海を生活の基盤とする人たちを指し，漁民や海洋交易者，あるいは海上・沿岸で人間や物資を収奪する海賊などがその代表である．日本列島では，古くから，アマ（海部・海人・海女）と呼ばれ，沿岸部に居住する専業漁民が知られてきた．この章では，そうしたアジアの海民たちの過去と現在について論じる．

1. 海域アジアの海民たち

　海域アジアとは，アジア圏の中でも島嶼地域にあたる海域世界を中心とする諸地域をさす（図6-1）．島国である日本や，島嶼部東南アジアにあたるフィリピン，マレーシア，シンガポール，インドネシア，東ティモールが，アジアの島嶼域とまず認識できよう．ついで大陸部の沿岸域も，古来より海を越えて島嶼部と密接な関わりを結んできた点において，海域アジアの一部と認められる．東アジアでは中国や朝鮮半島の沿岸域，東南アジアではベトナム，カンボジア，タイ，ミャンマー，あるいはマレー半島の沿岸域がこれに含まれる．また海域アジアのさらに東には，もう一つの海域世界として太平洋に浮かぶ島々からなるオセアニア海域が広がる．

　この海域アジアやオセアニア海域に暮らす人々の中に，海民と呼べる人々がいる．海民とは，狭義には海を生活の基盤とする人たちを指し，漁民や海洋交易者，あるいは海上・沿岸で人間や物資を収奪する海賊などがその代表である．特に東南アジアの島嶼部では，海民はこの地域のプロトタイプな社会・文化的特徴を持つ集団として認識されてきた．具体的な民族集団としては，インドネシアのスラウェシ島南部を拠点とするブギス（Bugis）人，マカッサル（Makassar）人，マンダル（Mandar）人や，ブトン（Buton）人，マレー半島とスマトラ島南西を拠点とするマレー（Malay）人（立本1996），ミャンマーやタイの離島域に暮らすモーケン人，それにフィリピン南部からマレーシアのボルネオ島沿岸，そして東インドネシアに広く分布するサマ・バジャウ人などがいる（図6-1）．

　東南アジアの島嶼部において，人口学的にもこれらの集団はけっして少数派ではない．インドネシアに限っても，2000年の人口では，ブギス人で500万人以上，マレー人で900万人以上になる．民族別の人口の多さでは，同国でそれぞれ8番目と3番目に位置している（長津2012）．ただし，ブギス人やマレー人は，海洋志向の強い集団としては知られるものの，その大多数が海に関わる生業に従事しているわけではない．

　たとえばブギス人は，ピニシ（pinisi）と呼ばれる大型の木造機帆船（図6-2）を操って東南アジアの島々を往来し，また海を越えた各地に移住拠点を築いてきたことから海の民としてのイメージが強い．しかし実際には，水田稲作や都市での商売など直接，海に関わらない経済活動に従事するブギス人のほうが多いことも事実だ（Pelras 1996）．同じ傾向は，やはりスラウェシ島を拠点とするマカッサル人やマンダール人，マレー半島やスマトラ島を拠点とするマレー人にもあてはまる．彼らはブギス人が操るピニシのような大型木造船を建造・利用することは少ないものの，アウトリガー・カヌーと呼ばれる腕木が片方，あるいは両方の舷に装着されたカヌーを駆使し，海とも

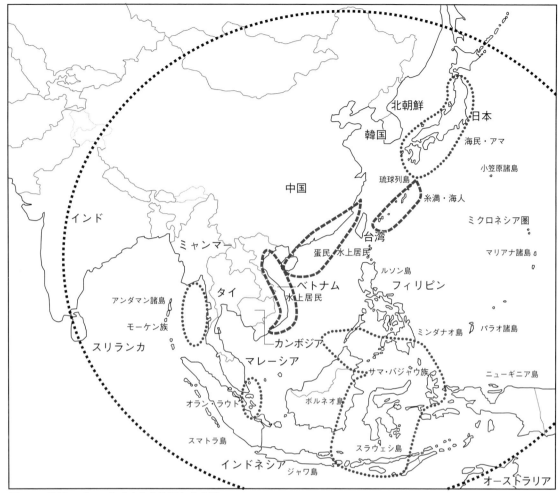

図 6-1　海域アジアにおける主な海民と分布域

関わってきた．

　一方，その多くが専業漁民や海洋交易に従事する生業を営み，一部では家船生活を行うなど，より高い海洋適応を示す海民にサマやバジャウ人，モーケン人がいる．現在，東南アジアでも家船生活を営む人々の数は激減した．それでも彼らの多くは沿岸かリーフの発達した離島，あるいは浅いサンゴ礁の海上に杭上家屋を建て，村落を形成することが多い（口絵 25）．これらの海民に共通するのは，陸上における土地所有が極めて限られていることである．また土地所有している場合でも，その多くは水田稲作や畑作に適した肥沃な土地ではなく，水の確保も難しい海岸低地やマングローブ沿いの土地が一般的だ．こうした生活スタイルのため，彼らが政治経済および文化の面で，しば

しば周縁的地位におかれてきたことも確かである．

　東アジア海域の島々にも，海民的な暮らしを行ってきた人々がいる．日本列島では，古くから，アマ（海部・海人・海女）と呼ばれ，沿岸部に居住する専業漁民が知られてきた．その最古の記録は，中国で編纂された 3 世紀の魏志倭人伝にまで遡る．海女さんというと潜水漁が有名だが，魏志倭人伝で紹介されているのも潜水漁である．さらに中世以降になると，瀬戸内海や九州の一部に，家船居住による移動漁を営む専業漁民が出現する．彼らの多くは，戦後に陸住化したため，現在ではほとんど見られなくなったが，日本にもこうした海民は存在してきた．

　さらに南の琉球列島には，近世以降に出現した

第 6 章　海域アジアにおける海民の過去と現在　93

図 6-2　ブギス人のピニシ船（写真撮影：小野林太郎）

糸満漁民を中心とするウミンチュ＝海人がいる．特に糸満系ウミンチュは，琉球列島中に移住村落を形成し，漁業を展開してきた．その字が端的にも示すように，彼らも海民的な暮らしを営む人々であろう．

東アジア海域の大陸部においても，中国沿岸の都市となる香港や上海，あるいは福建省の沿岸域に多くの家船居住民が暮らしている．彼らの多くも専業漁民であり，中国で「蛋」や「蛋家」とも呼ばれてきた．歴史的にその出現は，10世紀の北宋時代まで遡るともいわれている（e.g. 湯川 2003；長沼 2015）．「蛋」という呼称には差別的意味も含まれているという指摘もあるが，東南アジアのサマやバジャウらと同じく，彼らが社会・経済的に低い立場にあり続けてきたという一面も指摘できる．

東南アジア大陸部のベトナム沿岸に暮らす家船居住民，あるいは水上居民も歴史的には蛋民と何らかの関係を持っていた可能性がある（口絵 26）．彼らの多くは，世界遺産としても有名な北ベトナムのハロン湾とその周辺から，中部ベトナム沿岸にかけて集中している．やはり専業漁民としての性格が強い．一方，カンボジアでは，やはり世界遺産で有名なアンコールワットに隣接するシェムリアップ湖に多くの水上居民が暮らす．彼らは家船居住民ではないが，湖の水産資源を対象とした専業漁民である．ただし，海に暮らしている訳でもないため，海民と呼ぶには弊害もあるが，海域アジアの海民に極めて近い．

以上のように海域アジアには，いくつかの特徴を持つ様々な海民が暮らしてきた．また歴史とともに彼らの暮らしぶりや，住スタイルは変化してきた．特に戦後となる 1950 年代以降は，各地で大きな変容が起こった．ここではまず海域アジアの海民集団の起源や両者の関係性について検討したうえで，(1) 海域東南アジアと (2) 海域東アジアにおける海民の昔と今の姿について紹介する．

2. 海域アジアにおける海民の出現とその歴史

現在の海域アジアに広くみられる海民の人々，あるいは過去に出現した海民集団は，より長期的な人類史的視点から見た場合，何らかの繋がりはあるのだろうか．その一つの手がかりを与えてくれるのが，言語的共通性である．たとえば，東南

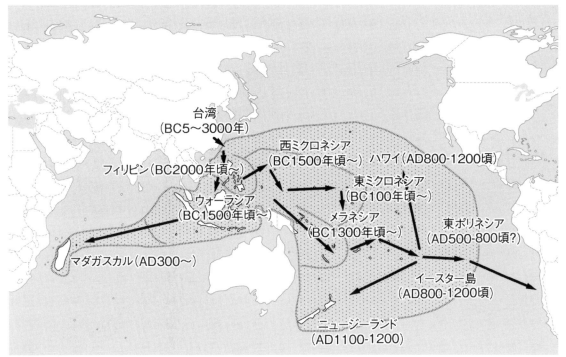

図 6-3　オーストロネシア語族の分布圏とその推定拡散年代・ルート（小野 2017，図 40）

アジア海域からオセアニアのほぼ全域，さらにインド洋を超えたアフリカのマダガスカルで話される言語群は，オーストロネシア諸語と呼ばれ大枠で共通する（図 6-3）．

さらに比較言語学や考古学に基づくオーストロネシア語族の拡散仮説では，原オーストロネシア語の起源は 6000〜5000 年前頃の南中国沿岸域から台湾に遡ることが指摘されてきた．やがて約 4000 年前頃に台湾からその南に広がる東南アジア海域への拡散が起こり，3300 年前にはその一集団と推測されているラピタ人が，メラネシアのニューギニア離島域に出現する．

その考古学的なその拡散の指標の一つは土器で，土器文化の出現と拡散時期は，言語学の分野で得られた拡散年代とほぼ一致する．また土器とともにブタやニワトリ，イヌといった家畜動物の骨，加工具とされる磨製石斧，栽培種と推測される様々な植物遺存体の出土も確認されることがあった．こうした遺物組成が示すのが，新石器時代文化を基礎にした集団による拡散だ．つまり東アジア沿岸から東南アジア海域，そしてオセアニア海域へと拡散したオーストロネシア語族と推測される集団は，新石器集団であった可能性が高い．また一般的に新石器文化の担い手は「農耕民」とされることが多い．

しかし，海域アジアからオセアニアへと拡散した新石器集団は，陸環境に特化した農耕民というより，より海に適応した農耕民だったのではと考えられてきた．こうした考えに基づき，「海民」とも呼べる海に強く適応した集団が，拡散や移動の担い手になったとする仮説が主張されてきた．実際，オセアニア海域に出現した最初のアジア系新石器集団とされるラピタ人も，海民的要素は極めて高い（小野ほか 2018）．

これまでの考古研究によれば，3300 年前頃にニューギニア離島域にあたるムサウ島やニューブリテン諸島に突如として出現したラピタ人は，3100 年前頃までにはソロモン諸島を越え，人類未踏の地であったリモート・オセアニアの島々へと急速に拡散した．数世代単位で繰り返し行われたと推測される，その移住頻度の高さからは，人口増加等により移住の必要性が出たのではなく，新たな未開拓の資源や土地の獲得を目的とした移住・拡散であった印象が強い．後述するが，こう

図6-4 海民をふくむ様々な民族集団が交差する海域東南アジアの港と市場．a：港の風景（ボルネオ島のセンポルナ）．b：センポルナの魚市場（写真撮影：小野林太郎）

した新たな資源を求めて移住を繰り返すフロンティア性は，東南アジアの海民となるサマやバジャウ人にも共通する要素である．

またリモート・オセアニアのヴァヌアツ諸島に移住したラピタ人の埋葬遺跡からは，台湾の先住民に近いアジア系の要素が強い頭蓋骨が出土するいっぽう，在地のメラネシア的要素の強い頭蓋骨も出土している．つまり，ラピタ人とは新たにアジア方面からやってきた人々と，それ以前からニューギニアの離島域に暮らしていた人々が，その割合は不明なものの混じり合った混合的な集団だった可能性が高い．現代のサマやバジャウ人にも民族的混合性は強く見られる（e.g. 長津2012；小野ほか2018）．

先史時代のラピタ遺跡群からわかってきたラピタ人の姿と，サマやバジャウ人にみられる現代東南アジアの海民にみられる共通性に加え，両者がいずれもオーストロネシア語族であることを踏まえるなら，その海民的な伝統と系譜は，少なくとも新石器時代期まで遡ることができる．興味深いことに，この時期は，網野がかつて指摘した，日本における海民や海人的な要素を持つ集団の出現期ともやや一致する[1]．言語学的にオーストロネシア語族が日本列島にも拡散した痕跡は確認されていないが，台湾には色濃く残っている点を踏まえるなら，隣接する琉球列島も含め，東アジアの海域世界も含めた広い視野からの検討はなお重要であろう．

台湾から海域東南アジアにおいて，オーストロネシア語族の拡散が活発化する3500〜3000年前という時期は，日本における弥生時代の出現期ともほぼ重なる可能性が高い．弥生時代は，大陸からの渡来人が稲作農耕や金属器文化を担って新たに移住してきたことで開始された．日本列島に暮らす海民の祖も，古くはこの弥生時代期に大陸部から移住してきた渡来系集団だったとする説もある．またこの軸は，中国を中心としたアジア域で寒冷化と乾燥化が進んだ頃と一致することもわかってきた．この結果を踏まえ，安田喜憲（2010）は中国沿岸部の稲作漁撈民がボートピープル化して，海域アジアの各地へ分散・移住した可能性を指摘している（図6-3）．その具体的な状況については不明な点が多いが，この時期に大きな人の動きがあり，その過程で海域アジアの各地に海民集団の形成が生まれたと認識できるのではないだろうか．

3. 東南アジア海域の海民：その過去と現在

東南アジア海域は，生態的にはその海域のほぼ全てが熱帯圏に属する．その範囲は，東南アジア大陸部の南シナ海からシャム湾，アンダマン海までの沿岸部と，島嶼部のマレー半島からフィリピン諸島，インドネシア諸島にかけての地理空間となる．また東南アジア海域圏はその西部がインド洋とも接している．このため，この海域圏の社会文化は熱帯圏としての生態基盤に加え，その西に

位置するインドと，北に位置する中国という二大文明圏の影響も強く受けつつ，形成されてきた．言語学的には，ほぼすべての空間で先述したオーストロネシア諸語が話されているが，民族単位での言語分化はかなり多様で複雑でもある．

この海域東南アジアにおける海民の登場は，前節でも論じたようにオーストロネシア語族が拡散した新石器時代にまでは遡ることができる（e.g. 小野ほか 2018）．しかし，先史時代における海民の暮らしや移住に関してはまだほとんどわかっていない．現時点で得られている彼らの過去に関する記述は，いずれも海域アジアが欧米諸国により植民地化されて以降のもので占められている．

ところで海域東南アジアの海民研究における第一人者の一人となる立本は，海民のプロトタイプ的性向として，(1) 離散移住傾向の強さ，(2) 商業志向の卓越，(3) ネットワークの中心性の3つを挙げている．海域東南アジアにおける海民に関する古い文字記録は，大航海時代以降にこの海域に登場した西欧人らによるものが多く，その多くは18世紀以降のものである．このため，それ以前の海民集団の暮らしぶりや性格については不明な部分も多いが，18世紀以降における記録に基づくなら，立本が指摘した性向は遅くとも18世紀にまでは遡ることができそうだ．また19世紀になるが，1860年に東インドネシアのマルク州に位置するゲセル島を訪ねた有名な博物学者のアルフレッド・ウォーレスも，以下のような記録を残している．

　ここは交易の要所で，東方海域の物産の集散地であり，ブギス人やセラム人の交易商がたくさん住んでいる（ウォーレス 1996, 94-95 頁）．……主要な交易品はトリパン〔干しナマコ〕，薬用のマッソイ樹皮，野生のナツメグ，そして鼈甲であり，それらをセラム・ラウトかアルーでブギス人の交易商に売り，他の市場に持っていこうとするものはほとんどいない（ウォーレス 1996, 106-107 頁）．

当時，すでに東インドネシアの海域には，強い商業性志向を持ったブギス人などの海民たちが交易民として活躍していた姿が浮かぶ．さらにこうした商人的な海民に海産物を提供していたのが，ウォーレスが記したセラム・ラウトやバジャウといった専業漁民たちだった．その基本的な構造は，現代においてもほとんど変わっていない．海域東南アジアの沿岸域に点在する多くの港町では，市場を中心に今も同じ光景を目にすることができる（図 6-4）．またサマ・バジャウ研究の第一人者である長津一史は，ジャワ島の北東沖合に浮かぶカンゲアン諸島のサプカン島に暮らす近年のバジャウについて報告している（長津 2012；2016）．

長津によれば，サプカン島では他の民族を出自とする人がバジャウ語を日常言語化し，自らをバジャウ人とみなすというバジャウ化が進んでいるという．1節でも指摘したように，サマやバジャウ人は政治経済の面で周縁的地位におかれてきた集団でもあったが，島における漁業の活性化もあり，人口的にも政治経済的にもバジャウの優位性が20世紀後半より高まったようだ．その結果として，新たに島へ移住してきた他集団を出自とする人々が，バジャウ語を話すことにより，バジャウ化する現象が起きている．ここで興味深いのは，本人あるいは他者が「バジャウ人である」ことを認識する要素として，「バジャウ語を話すこと」が重要となっていることだ．逆にいえば，バジャウ語を日常的に話すのであれば，バジャウ人になれるという極めて緩やかな規定しかないことを示している．ゆえにバジャウに代表される海民社会の特徴として，様々な出自の人々より構成される高いクレオール性も指摘できよう．

クレオール性や離散集合の高さは，筆者が調査してきたボルネオ島北東岸のセンポルナ周辺のサマ・バジャウ集落でもみられた．ここでは19世紀末より定住化を進めてきた陸サマ集団と，現在でも家船生活や，半定住による季節移動を続ける海サマ集団が暮らしていた（口絵 27，28）．サマ人口の多くは，陸サマ集団が占め，海サマ集団は人口的には少数である．1960年代にマレーシアが国家として独立して以降，センポルナを含む北ボルネオはサバ州としてマレーシアの一部となり，

陸サマ人の多くもマレーシア人となった．一方，季節移動を続けてきた海サマ人の多くは，マレーシア人として登録されず，隣のフィリピン領海とセンポルナの間を行き来してきた．このため1960年代以降，海サマ人はセンポルナでは不法移民とみなされ，捕まれば罰金を科せられることもしばしばだった．

しかし，実際には陸サマと海サマ集団の間には，婚姻等を通しての親族ネットワークが成立しており，定住化を選択すれば，海サマ人もマレーシア人化することは不可能ではなかったようだ．実際，マルコス政権時代にフィリピン領内で治安が悪化した1970年代にかけて，多くの海サマ人がセンポルナの沿岸域で暮らすようになり，やがて定住化していった．彼らの中には，現在ではマレーシア人として登録されている人も少なくない．一方，現在でもフィリピンとマレーシア領海の間を季節移動する海サマ人は，センポルナでは陸サマ人の仲買人に保証人になってもらい，代わりにその仲買人に海産物を優先的に卸すといったパトロン・クライアント関係を持つ事例も確認できた（e.g. 小野 2007；2011）．とはいえその関係は緩やかで，海サマ人は警察に捕まるリスクは高いものの，市場に赴き別の仲買人に売りつけることもできたのである．

北ボルネオにおける事例は，陸サマと海サマという元々はサマ・バジャウとして出自を同じくする集団間にみられるクレオール性といえるが，東インドネシアの事例との共通性も認めることができよう．また現在，陸サマ人の多くが様々な職業に従事し，専業漁民として認められる世帯はごく一部でしかない事実からは，定住化とともに彼らの生業も多様化したことを指摘できる．しかし生業や職業における「変わり身の早さ」も，サマ・バジャウ人や海民の人々の特徴の一つであった．

その背景に彼らの商業性志向の強さが見え隠れしている．漁業においても，彼らが主な捕獲対象としてきた海産物は，時代とともにナマコやサンゴ礁魚類から，商品の価値が高まったハタやナポレオンフィッシュ，そして観賞魚ブーム以後は食用には向かない小型の観賞魚種まで拡大し，漁具や漁法も多様化している（e.g. 秋道 2013；小野 2012）．しかし，その基本的な生き方，あるいは文化・社会的価値観においては，現代の海民も歴史時代の海民も大きくは変わっていないということを，これらの事例は示している．

4. 東アジア海域の海民：その過去と現在

東アジア海域は，中国大陸沿岸から朝鮮半島沿岸，そして琉球を含む日本列島と台湾からなる．歴史的にこの海域圏に大きな影響を与え続けてきたのは大人口を抱えてきた中国で，東シナ海と南シナ海を通して人やモノの移動や流通が古来より繰り返されてきた．生態的には多くが温帯圏に属すが，琉球列島と台湾は亜熱帯島嶼圏に位置する．特に台湾は，東南アジア海域からオセアニア海域にかけて広く分布するオーストロネシア語族の起源地ともされており，歴史的には熱帯島嶼圏の入り口としても存在してきた．

東アジア海域では，日本列島における海民や海人的な要素を持つ集団の出現期として，先述した網野により約4000年前，安田により約3500年前以降の寒冷期以降における年代が指摘してされている．この年代は，日本列島において縄文時代末期から弥生時代初期にあたり，大きな人の動きがあった時期に相当する．また日本列島へと押し寄せたとされる渡来人や，台湾を起点に海域東南アジアやオセアニアへの拡散を果たした新石器集団は，いずれもその起源を中国大陸沿岸に求めることができる．しかし，海域東南アジアと同じく，先史時代における海民集団の暮らしや居住スタイルについては，まだよくわかっていない．それでも日本列島を中心に，弥生時代の沿岸遺跡からは多数の釣り針や漁錘といった多様な漁具が出土しており，海的な要素を強く持った集団が継続的に暮らしていた痕跡が残っている．

文字資料としては，先日した魏志倭人伝に潜水漁の得意な漁民として「白水朗」（アマ）の表記[2]があり，日本においてはこれが最も古い．中国においては，「蛋」に関する記述としては晋の『華陽国志』を初出とするようだが，家船集団

としての「蜑」に関する記述は10世紀の北宋時代より認められ（浅川2003），中世までには家船居住民が出現していたと考えられている．またこうした海民が生まれた背景には，中国大陸における人口増加や土地を巡る競争に敗れ，元の土地を追われるか，土地所有できなかった人々がボートピープル化し，蜑民になったとする仮説がある．日本においても家船居民の出現が認められるのは鎌倉時代以後で，土地を追われた平家の落ち武者が家船居民となったとする言い伝えも残っている．その真意は不明だが，家船居民の多くが土地を持たなかったことからも，彼らが社会的には低く見られてきたことは確かであろう．

ところで中国で10世紀，日本においては12世紀以降に家船居民が登場するもう一つの歴史・社会的要因として，市場経済の発達も指摘しておく必要がある．なぜなら，土地を所有せず，また主食となる食糧生産に直結する農業にも従事していなかったと推測される家船居民にとって，あるいは専業化した漁民が生きていく上では，捕獲した水産物を主食となる農作物と容易に交換できるだけの市場の発達が不可欠だからである．歴史的には，東アジアにおける都市や市場の出現はより古くから確認されているが，家船居民を含む非農耕民がその暮らしを続けられるだけの安定した市場経済が達成されたのは，中世期だった可能性が高い（e.g. 網野1978；1984）．実際，日本の中世期には農耕に従事しない様々な職業民が出現・活躍した．

しかし日本において，家船居民に関する記録が増えるのは，16世紀の江戸時代以降である．浅川（2003）らの研究によれば，日本列島における家船居民の分布と家船の系統は，大きく日本海岸および太平洋岸と瀬戸内海岸に二分できるという．これらの地域では，専業漁民はいずれもアマとして記録され，日本海側のアマの中心地は北九州の筑前鐘ヶ崎で，ここから北は能登半島，南は壱岐や対馬まで漁場を求めた漁民の移住や出稼ぎが記録されているという．18世紀初頭の『対馬島誌』にも筑前鐘ヶ崎出身の漁民が，やがて対馬に移住する事例が記されている（浅川2003, 48頁）．

また丹後半島袖志の海女は，越前方面へ「ヌスト舟」と呼ばれる足の速い船に食糧等を積み込み，出漁したという．一方，太平洋側のアマの拠点は和歌山の志摩で，ここの海女は北海道の利尻や礼文島までテングサ採りに出かけていた記録もある．これらのアマが季節的に利用した家船を浅川（2003）は「磯場採集型」と呼んでいる．

これに対し，「回遊漁撈型」と呼べる家船が発達したのが瀬戸内海である．その中心は広島県の能地と二窓で，ここを拠点とした家船漁民は，宝永6年（1709）から明治30年（1897）の約200年の間に福岡，山口，広島，岡山，愛媛，香川の6県に150ヶ所以上の枝村を形成したという（浅川2003, 49頁）．またアワビがほとんど捕れない瀬戸内海で，彼らが得意とした漁法は延縄漁や一本釣り漁などの釣り漁の他，主にタイを狙う手繰網漁で，潜水漁はあまり行われなかった．家としての機能がより発展した家船もこの瀬戸内海で広まった．さらに大正期に入ると家船の動力化が進み，その移動性はさらに高まっていった．

しかし日本では，第二次世界大戦（あるいは太平洋戦争）を境に，家船居民の陸住化が進んだ．その結果，現在の日本では家船居民はほぼ消滅したともいえる．戦時期の混乱も陸住化を進めた要因であろうが，最も大きな要因としては，戦後の教育改革により家船居民らが暮らすような僻地にも小学校が建設された結果，定住化が進んだという指摘もある．同じく中国においても，第二次世界大戦後の1949年に中華人民共和国が成立して以降，中国共産党の強力な集団化政策により，蜑民ら家船居民の陸住化・定住化が急速に進んだ．特にその大きな要因として，各村に1校の割合で小学校が建設され，戸籍登録さえすんでいれば誰もが通学できる義務教育制度の普及といわれている．同じく共産党が行った生業ごとに互助組をつくる組織化は，それまで漠然と「水上民」として認識されていた人々を「漁民」や「船民」といった職業集団とし把握する新たな価値観を生んだ（長沼ほか2007）．

こうして東アジア海域では，1950年代以降は家船居住に代表されるような海民集団は激減した

が，沖縄の糸満集団やウミンチュのように海産物を求めて広範囲に移住や拡散を展開した専業漁民や，各地の海女さんに代表されるような潜水漁に従事する漁民は，いまも各地で活躍している．蛋民の多くも，定住化は進んだものの，その多くはいまも漁民として暮らしている．その点において，海民の伝統はいまも続いているといえるであろう．

5. 海民研究の視座と未来

本章では最後に，海域アジアの海民を研究することの意義や，これまでの海民研究が継続的にもち続けてきたその視座，そして今後の課題についてまとめたい．

海民や海人の研究，あるいは論考はこれまで，学問分野としては民俗学や民族学，文化人類学，地域研究としては東南アジア研究やオセアニア研究における主要なテーマの一つとして論じられてきた．日本においては，特に宮本常一（1975）や羽原又吉（1963），薮内芳彦（1969），野口武徳（1987）らによる漂海民論など，民俗学の分野に蓄積が多い．また歴史学的視点からの海民論としては，網野による論考（e.g. 1992）があり，考古学的視点から海人や海民に言及したものとしては，後藤明（e.g. 2010）による民族考古学的視点からの論考などが知られる．

文化人類学的な視点や，地域研究からの海民・海人研究は，現在も家船居住が残る他，海産資源を求めて移動や移住を繰り返す海民が広く暮らす，東南アジア海域を対象とした研究に蓄積が多い．ついでオセアニア海域（e.g. 秋道 1995；2013）や，中国の蛋民やベトナムなどの東南アジア大陸部に分布する家船・水上家屋民の研究が進められてきた（e.g. 可児 1970；1996；浅川 2003；長沼 2010）．

東南アジア海域における海民研究としては，比較の視点から民俗学者の薮内芳彦（1969）や野口武徳（1987）によるフィリピンのサマを対象とした先駆的研究がある他，1970年代より東南アジア研究の枠組みで日本人研究者による海民研究が試みられてきた．これには日本における東南アジア海域研究の先駆者の一人，立本成文（e.g. 1989；1996）によるスラウェシのブギス族を軸に

した社会学的手法による研究，ナマコやエビといった特定の海産資源を軸に，その生産現場に生きる海民の暮らしや歴史を，経済学的側面からも論じた鶴見良行（e.g. 1981；1982；1990）や村井吉敬（e.g. 1988；1997）による研究や論考がある．

特に鶴見らによる論考は，特定の学問的手法に基づいた研究としてよりも，日本やアジアの市民運動を背景にした枠組みから試みられた面が強い．実際，彼らの論考の多くは，学術論文としてではなく，一般向けの本として公表されてきた．その根底には，日本という国家をアジアの枠組みの中で解体し，再認識しようとする目的や，日本においても西欧主義的な視点で描かれてきた東南アジア史を，地域主義的な視点から読み直そうとする姿勢が認められる．その際，国家や都市を中心とした制度的視点から最も周縁に位置し，離合集散を繰り返す定住社会の対局にある存在として映る，東南アジアの海民がキーワードになったのである．

こうした視点は，日本人による東南アジアの海民研究に共通しており，先述した立本による研究にも認められる．その結果，東南アジア海域世界に関する研究は，1980年代後半以降，人文社会科学の諸領域に国民国家の位置づけを相対化する視点を広めることになる．同時に，移動やネットワークといったそれまで看過されがちだった社会の組織原理も明らかにしてきた．

なお立本がブギス人を主な対象としたのに対し，鶴見らはインドネシアのスラウェシ南部を拠点にする一大勢力であるブギス人の周辺で，専業漁民や移動漁民としてより高い海洋性志向を持つサマ・バジャウ人についても言及した．映像作家の門田修（1986）も，フィリピン南部のスールー諸島で家船居住を続けていたサマ・バジャウ人を対象とした，長期的取材に基づく民族誌を発表している．この民族誌に感化された形で，鶴見らがサマ・バジャウ人も対象にしたことで，1980年代後半頃より，東南アジアの海民研究を志す若手研究者が育っていったという研究背景があったことも指摘しておきたい．

海域東南アジアの海民を対象とした，海外における研究群としては，ソファーによる東南アジア

の漂海民を対象地した歴史や民族誌，口承伝承を基礎とした比較研究がその嚆矢とされる（Sopher 1965）．さらに1970年代からはアメリカの文化人類学者，アル・ニモやクリストファー・セイザーらによるフィリピン諸島からマレーシアのボルネオ島に暮らすサマ・バジャウの研究が行われ，両者ともに良質の民族誌を提供してきた（e.g. Nimo 1972; Sather 1997）．またサマ・バジャウを含めた海民の歴史に関する研究やスールー王国時代の奴隷交易や海賊行為に関する研究としては，ワレンによる一連の研究がある（e.g. Warren 1981）．

これに対し，東アジア海域における海民・海人研究としては，まず先述した日本における研究が最も豊富だ．特に戦前まで，瀬戸内海や九州の大分県や長崎県沿岸に広くみられた家船居住民を対象とした民俗学的研究に蓄積がある．しかし戦後は，こうした家船居住民の数が激減したこともあり，海女を対象とした漁民研究は継続されたが，海民や海人研究の枠組による研究は少なくなった．唯一，琉球列島でウミンチュと呼ばれる沖縄本島の糸満や久米島を出自とする専業漁民を対象にした民俗学や文化人類学的研究が，現在に至るまで継続されてきた．

ここでは補足として，オセアニア海域における海民・海人研究についても，その先行研究について触れておく．先述したように，オセアニア海域で海民と呼べる人々は，その暮らしや社会的特徴において，アジア圏の海民とはややイメージが異なる．それでもメラネシアを中心に，海民と認識できる人々の存在は古くから知られ，民族誌や人類学の研究対象とされてきた．たとえば，文化人類学的研究の金字塔でもあるB・マリノフスキー（1967）の『西太平洋の航海民』（Malinowski 1922）は，クラ交易を行ってきたニューギニア離島のトロブリアント諸島の人々を対象としており，見方によれば海民研究の先駆けでもある．またソロモン諸島マライタ島のラウについては，海民や海人研究の視点からの研究蓄積が多い．その嚆矢となるのは，1970年代前半に行われた秋道ともやによる一連の研究であろう．秋道は生態人類学的手法に基づき，ラウの漁撈活動や漁場・漁期認識に関わるデータを基礎に，論考を展開してきた．さらに秋道は，日本における海人の概念を用いて，オセアニアだけでなく東南アジアや日本の海民・海人的性格を持つ集団をも対象とした比較研究を展開している（e.g. 秋道 1995；2013）．

以上が各海域における，海民研究のおもな流れである．最後にその視座と海民研究の意義についてまとめるなら，大きく2つを指摘できよう．1つは人類史的な視点における，海民研究の持つ重要性である．これまで見てきたように，マクロ的には私たち人類はアフリカの奥地で誕生し，やがて地球のほぼ全域への拡散や移住に成功してきた．日本列島を含む海域アジアの島嶼域へいたる，私たちの祖先による移住・拡散も，そのプロセスの中で達成された．その際，島嶼域への移住には，当たり前ながら「海を渡る」という行為が求められたはずである．

現在，私たちの多くはその事実について深く考えることなく，当たり前のように暮らしているかもしれない．しかし，祖先があえて海を渡ってまでして，これら島嶼部への移住を決断し，実践してきたことについて考えることは，私たちの暮らしや現代的諸問題を考えるうえでも大切なことであろう．その際に，海への適応を進め，海と共暮らしてきた海民の人々について学ぶことは，多くのヒントや新たな発見を私たちに与えてくれるはずである．海民研究の1つ目の意義はここにある．

海民研究における2つ目の意義は，私たちが無意識のうちに受け入れている「国民国家」を頂点とする現代の集団組織やシステム論を考える際のヒントを与えてくれるところにある．先述したように，海域東南アジアを対象とした1970年代以降における海民研究は，従来のアカデミズムにおける歴史観や国家認識を，海域世界や海民の視点から脱構築しようとする知的な試みでもあった．また鶴見や村井らの視点は，日本の歴史を海から，あるいは漁民や商人などの非農耕民の視点から再考しようとする，網野善彦ら同時代の日本史学者による試みとも重なっている（網野 1992）．

さらに政治的まとまりのなさや，移動性，ネッ

トワーク性，商業性といった特徴を強く持つ海域東南アジアの海民社会を対象とした研究は，日本においてはまだ 200 年の歴史もない「国家」という概念の相対化や，それ以前からアジア圏に存在していた共生論理の基盤として見直すような新しい視点も導いた（e.g. 立本 1996；鶴見 1990）．学問的には，社会の組織原理の諸要素に関して，西洋起源の人文社会科学が長らく基本とみなしてきた「まとまり」や「定着」，「持続」といった概念を相対化し，他方で「分散」，「移動」，「うつろい」を前景化したという役割（長津 2016）も指摘できる．このように海域東南アジアの海民研究は，国民国家を相対化する視点や，私たち自身の生き方，無意識に定着している価値観を問い直すうえでも，独自の意義を有してきたといえよう．

（完）

注
1) 網野（1992）が指摘したのは約 4000 年前の縄文末期頃だが，その後の考古研究の成果に従うなら，人々の動きがより活発化したのは 4000 年前以降とするのが現時点での一般的な理解となっている．
2) 浅川によれば，「白水」とは泉という文字を上下に分解した語で，これに「郎」をつけた「白水郎」は，もともとは福建省泉州方面にいた漁民を指すらしい（浅川 2003:42）．

参考文献

秋道智彌 1995『海洋民族学—海のナチュラリストたち』東京大学出版会
秋道智彌 2013『海に生きる—海人の民族学』東京大学出版会
浅川滋男 2003「東アジアの漂海民と家船居住」『鳥取環境大学紀要』創刊号：41-60 頁
網野善彦 1978『無縁・公界・楽—日本中世の自由と平和』平凡社
網野善彦 1984『日本中世の非農業民と天皇』岩波書店
網野善彦 1992『海と列島の中世』日本エディタースクール出版部
ウォーレス・A. R. 1996『マレー諸島（下）—オランウータンと極楽鳥の土地』新妻昭夫（訳），筑摩書房．（原著，Wallace, A. R. 1869. Malay Archipelago: The Land of the Orang-Utan and the Bird of Paradise. London: Macmillan
小野林太郎 2007「ボルネオ島サマ人による漁撈の「近代化」と「伝統」—陸サマと海サマによる漁撈の比較をとおして」『国立民族学博物館研究報告』31 (4): 497-579 頁
小野林太郎 2011『海域世界の地域研究—海民と漁撈の民族学』京都：京都大学学術出版会
小野林太郎 2012「動作の連鎖・社会的プロセスとしての漁撈技術—ボルネオ島サマによる漁撈活動を中心に」『文化人類学』77 (1): 84-104 頁
小野林太郎・長津一史・印東道子 編著 2018『海民の移動誌—西太平洋のネットワーク社会』昭和堂
可児弘明 1966『鵜飼—よみがえる民俗と伝承』中公新書
可児弘明 1970『香港の水上居民』岩波書店
後藤明 2010『海人から見た日本人—海人で読む日本の歴史』講談社
立本成文 1989『東南アジアの組織原理』勁草書房
立本成文 1996『地域研究の問題と方法—社会文化生態力学の試み』京都大学学術出版会
羽原又吉 1963『漂海民』岩波書店
鶴見良行 1981『マラッカ物語』時事通信社
鶴見良行 1982『バナナと日本人—フィリピン農園と食卓のあいだ』岩波書店
鶴見良行 1990『ナマコの眼』筑摩書房
長津一史 2012「異種混淆性のジェネオロジー—スラウェシ周辺海域におけるバジョ人の生成過程とその文脈」，『民族大国インドネシア—文化継承とアイデンティティ』鏡味治也（編），木犀社
長津一史 2016「海民の社会空間—東南アジアにみる混淆と共生のかたち」，甲斐田万智子・佐竹眞明・長津一史・幡谷則子 共編著『小さな民のグローバル学：共生の思想と実践をもとめて』上智大学出版
長沼さやか 2010『広東の水上居民—珠江デルタ漢族のエスニシティとその変容』風響社
長沼さやか他 2007「水上居民の家船居住と陸上がりに関する文化人類学的研究」『住宅総合研究財団研究論文集』34：65-76 頁
野口武徳 1986『漂海民の人類学』弘文堂
マリノフスキー・B. 1967『西太平洋の遠洋航海者』，泉靖一・増田義郎編訳『世界の名著（59）』中央公論社
村井吉敬 1988『エビと日本人』岩波書店
村井吉敬 1997『スラウェシの海辺から—もうひとつのアジア・太平洋』同文舘
門田修 1986『漂海民—月とナマコと珊瑚礁』河出書房新社
安田喜憲 2009『稲作漁撈文明』雄山閣
薮内芳彦 1969『東南アジアの漂海民—漂海民と杭上家屋』古今書院
Nimmo, H. A. 1972 The Sea People of Sulu: A study of Social Change in the Philippines. San Francisco: Chandler Publishing Company.
Malinowski, B. 1922 Argonauts of the Western Pacific: An account of native enterprise and adventure in the Archipelagoes of Melanesian New Guinea. London: Routledge and Sons Ltd.
Sather, C. 1997 The Bajau Laut: Adaptation, History, and Fate in a Maritime Fishing Society of South-Eastern Sabah. Oxford: Oxford University Press.
Sopher, D. E. 1977 <1965> The Sea Nomads: A Study of the Maritime Boat People of Southeast Asia. Singapore: National Museum of Singapore. (reprinted in 1977 with postscript)
Warren, J. F. 1981 The Sulu Zone 1768-1898: The Dynamics of External Trade, Slavery, and Ethnicity in the Transformation of a Southeast Asian Maritime State. Singapore: Singapore University Press.

コラム6　海洋考古学への期待

　日本考古学を学ぶ私の立場からみたとき，先史時代の航海技術が解明されることへの期待は大きい．そもそも後期旧石器時代の人々はどのような方法で海を渡り，日本列島にたどり着くことができたのだろうか，という問いがある．どのような船が使われたのだろうか．まさか葦や葭を束ねた草船ではなかったであろうと思いたいが，手がかりはほとんどない．

　とはいえ，丸木船の発見が相次ぐ縄文時代遺跡にまで時間を降らせると，こうした問いへの回答は具体性を帯びてくる．縄文人はこの刳り船を漕いで海を越えるすべを心得ていたことがわかるからだ．さらにこの点に関して気になるのは御子柴型石斧である．旧石器時代の最終段階に出現する丸ノミ形石斧であり，伐採用の横斧ではなく，あきらかに加工用の縦斧なので，サイズの点からみて刳り船加工用であった可能性は否定しえないことになる．つまり御子柴型石斧もまた刳り船の存在を暗示する石器であり，それは丸木船を繰った渡来人に由来する可能性が浮上するのではないか，そのような想像がかきたてられる．

　では，私が専攻する弥生・古墳時代（琉球列島の場合は後期貝塚時代）についてはどうなるか．縄文時代のそれをはるかに凌ぐ規模と広域性を帯びた遠隔地間交易があったと考えられている．各地の遺跡や古墳からみつかる実際の舶来遺物群をみれば，このことは事実として疑いようもない．しかしこの時代に活発化する海の遠距離交易を，丸木船や，それに竪板と舷側板を付加した準構造船で担うことが，はたして可能だったのだろうか．

　もちろん「八十島」の異名を持つ日本列島だから，外洋に漕ぎ出さずとも，隣接する湊と湊を短距離航行でつなぎ，その連鎖によって列島内の遠距離交易は充分にまかなえたと指摘されることもある．大著『地中海』（F. ブローデル1966；浜名訳1999）でフェルナン・ブローデルが示した地中海航路の様相を図12に引用した．1592年から1609年までのヴェネチア行きの船の遭難箇所を示したもので，沿岸航路が優勢であったことを示している．このような見解を念頭におけば，瀬

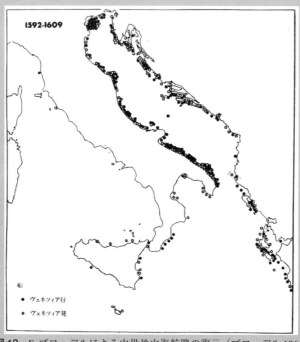

図12　F. ブローデルによる中世地中海航路の復元（ブローデル1966）

図13 黒潮の難所（左：対馬灘，右：七島灘）

戸内海沿岸地一帯や日本海沿岸地帯，あるいは太平洋沿岸地帯についても，たしかにそのような説明でも納得できるところがあるだろう．日本列島の外縁には黒潮や対馬海流が常に流れているので，その潮流に沿って，あるいは本流の外縁に生じる反流を利用しての航海は活発だったとみることができる．このような経路を伝うのであれば，丸木船や準構造船でも対処可能だったとみてさしつかえないのかもしれない．

ただし私がここで問題にするのは，沿岸航路とは別に，黒潮の本流を横断する航海が実際にあったとしか考えられないことである．そこを横断して行き来することが手漕ぎの丸木船や準構造船ではたして可能だったのだろうか．

もちろん幸運を拾うこともありえたかもしれない．しかし，そのような偶然性に委ねたままでは安定した交易を維持することなど不可能である．

問題となる交易の具体例を示せば「貝の道」がある．これは木下尚子氏によって命名された，朝鮮半島と沖縄本島とを結ぶ東シナ海交易網をさす（木下 1996）．北方産の燕鉄と南方サンゴ礁海域産の貝殻はこの交易網の中で交差した．経由地である北部九州からは，稲籾が加わり双方向に流れた可能性も指摘できる．

弥生時代前期末から活性化し中期末までは確実に維持されたこの「貝の道」は，遼東半島から朝鮮半島西岸地帯，九州西岸地帯を経て，トカラ列島から奄美諸島・沖縄本島までを結ぶのであるが，トカラ列島南端の宝島と奄美大島との間で黒潮本流を横切ることになる．

この海域は古くから「七島灘」といわれ，近代にいたるまで本海域を航行する船員たちが非常に怖れたところであった．笹森儀助の『南嶋探検―琉球漫遊記』に収録された船員の証言によれば，この海域は黒潮が「東流之勢力宛カモ大河ノ奔流スルガ如ク，（中略）若シ過テ其潮勢ヲ船腹ニ受クレバ一瞬間三四海里ノ外ニ漂蕩シ……（後略）」（笹森 1894；東校注 1981, 14-15 頁）という凄ま

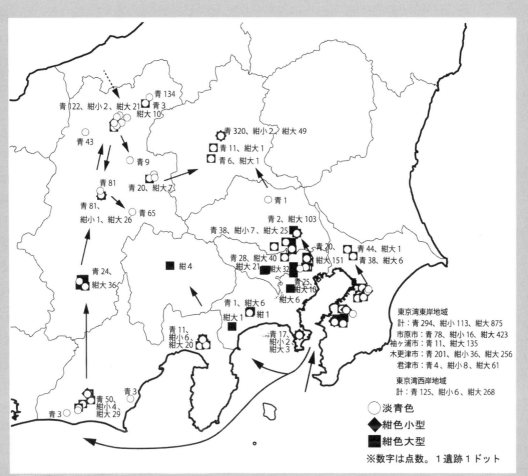

図14 弥生後期の東海・関東へのガラス小玉の流入（斉藤2014）

じいものであった．明治期の動力船（汽船）であっても高度な操船技術が要求されるらしい．仮に本流に巻き込まれ「漂蕩シ」たとしても，運がよければ椰子の実と同じく紀伊半島付近にまで漂流することになるが，転覆し沈没の憂き目にあうことさえ珍しくはなく，ここで海に呑み込まれた人々は数知れぬほど多かったという．

さらに対馬海峡でも対馬−壱岐間において黒潮から分岐した対馬海流を横断しなければならず，「七島灘」に次ぐ難所である．のちの遣唐使船がこの海峡を渡るのに困難を極めたことからも，危険度の高さは察しがつく．2つの難所を図13に示した．

要するに「貝の道」は黒潮の本流と分流を2ヶ所で横断する技術が確立されなければ成立しえない，そのような交易網だったのである．その成立

は丸木船や準構造船で達成されたのであろうか．「大河ノ奔流スルガ如」き怒濤の潮流を相手に，櫂を操作することで突っ切ることができたのであろうか．そうは思えない．

ちなみに1975年に試みられた実験航海船「野性号」は，釜山から対馬に渡るさいに潮流を真正面から受け自力航行を断念せざるをえず，海流を乗り切るまでは随伴船に曳航されたという．また1989年の「なみはや号」の場合は，そもそも自力航行は無理だと最初から諦められていた．そのため外洋航海はもっぱら随伴船の牽引に頼ることになり，入港時に限って8名の大学生からなる漕ぎ手が奮闘したのである．前者は帆を付設した手漕ぎとの併用船，後者は手漕ぎ専用船で，どちらも古墳出土の舟形埴輪をモデルにした準構造船であった．だとすれば2度にわたる「再現実験」

図15 鹿児島県徳之島に遺存する森戸の岩絵（写真撮影：北條芳隆）

の成果を素直に受けとめ，その実用性を判断する，という視点があってもよいはずだ．

　もうひとつ，黒潮との対峙を想定せざるをえない考古学的状況は，弥生時代後期の千葉県域にもある．多量のガラスビーズが太平洋を伝ってこの地にもたらされたことが大賀克彦氏や齋藤あや氏によって解明された（斎藤2014；大賀2003）．ビーズの大多数は東南アジア製であるらしいが，中には高アルミナタイプのソーダ石灰ガラスといわれるエジプト起源の製品も含まれている．各種のガラスビーズが多量に持ち込まれていることからみて，途中にさまざまな経由地をたどる過程で目減りしたような状況ではない．セットを崩さず一括して持ち込まれたと推定するのが妥当である（図14）．

　こちらは「海のシルクロード」（実態はビーズロード）ともいわれる中近東ーインドー東南アジアを結ぶ遠隔地間交易であり，一時期のみ，あるいは1回限りではあったかもしれないが，千葉県域の弥生後期社会はたしかにこの交易網の北縁に位置づけられた．

　もちろん，先の「貝の道」の経路上にあたる九州西岸地帯のどこかを経由した可能性は捨てきれないが，一括多量舶載のビーズを目前にすると，東南アジアからのダイレクトな道のりだった可能性をも念頭におくべきではないかとさえ思われてくる．そして，この「海のビーズロード」は黒潮本流と併走するか重なる経路であり，琉球列島から日本列島までのどこかで本流を横断する宿命を負ったはずである．

　「貝の道」にしても「海のビーズロード」にしても，黒潮や対馬海流との対峙を前提とした遠隔地間交易であったから，手漕ぎの丸木船や準構造船がそこでの運送を主に担ったとみるのは不自然である．丸木船であればアウトリガーを備えたタイプか，双胴船の存在を想定しないことには合理的な説明がつかないと思われる．より妥当なのは本格的な帆船があったとみなすことであろう．民

俗学の谷川健一氏は，先にみた「貝の道」の海上難所越えの問題を考慮したうえで，弥生時代における帆船の存在を確信している（谷川 2007）．

さらにこの問題に関連して気になるのは，鹿児島県徳之島天城町戸森の岩絵である．遺跡は島の西海岸に注ぐ小河川の河口から陸側に少し遡った場所にあり，停泊地を想わせる広場にあるこの岩絵が刻まれた年代は不明であるが，そこにはいくつもの帆船が描かれており，そのタッチは弥生土器に刻まれた絵画とよく似ている（図 15）．

ここが「貝の道」中に設けられた停泊地であったとみてよければ，岩絵の存在を積極的に評価することもできるだろう．ただし現時点では憶測の域を出ない．地元教育委員会で遺跡周辺の確認調査が進められているので，その成果を心待ちにしている．

もちろん岩絵が後世のものである可能性は充分にあるため，弥生・古墳時代の「貝の道」を支えた船舶が帆船であったことを示す考古学的な証拠はない．むしろ否定的な見解が依然として優勢である．古墳出土の舟形埴輪や埴輪に刻まれた絵画の存在が効いているからだ．

とはいえ，弥生・古墳時代に遠隔地間の交流が実在した物的証拠は揃っている．さらに経路上の難所を考慮すれば，帆船の存在を措定しないことには説明しえない現状がある．だからこれからの海洋考古学に期待することは，今示した問いに直面している私への明確な回答を用意いただくことである．

遠くない招来にこの問いへの回答が提示されることを心から願っている．

引用文献

笹森義助 1894・東喜望校注 1981『南嶋探検記（1）琉球漫遊記』平凡社
谷川健一 2007『甦る海上の道・日本と琉球』文芸春秋文庫
F・ブローデル 1966，浜名優美訳 1999『地中海②』藤原書店
木下尚子 1996『南島貝文化の研究―貝の道の考古学―』法政大学出版会
大賀克彦 2003「三世紀のシナリオ」『風巻神山古墳群』福井県清水町教育委員会
斎藤あや 2014「関東地方における玉類の流通と画期―ガラス小玉を中心に―」『久ヶ原・弥生町期の現在―相模湾/東京湾の弥生後期の様相―』西相模考古学研究会記念シンポジウム資料

第3部
動物考古学

　第3部では，動物利用から海と人の関係に迫りたい．遺跡から出土する動物遺存体の研究は，人と動物の関係の歴史を明らかにする一つの方法である．このような動物遺存体の研究を，今日では考古学の一分野として「動物考古学」と称するようになっているが，専門研究者は他の分野に比べればそれほど多くない．本書では海洋考古学として，主に動物遺存体からみた海産物利用を通じて，海と人の関係を読み取る方法や事例についてみていく．

　第7章では，動物考古学の事始めとして，動物遺存体に関する基礎的知識や資料化にかかる作業について簡単に触れておく．また，日本における本格的な海産物利用が始まる縄文時代について，最近の貝塚調査例を紹介する．そこで出土した魚類の骨や耳石を基にして漁撈について考え，微小な魚骨の重要性について論じる．第8章では，日本の食文化における海産物の重要性を浮き彫りにする．その舞台として，海から隔たった内陸に位置する弥生時代の集落遺跡に注目する．また，弥生時代前後の資料についても紹介し，内陸遺跡から出土する海水魚の意義について考える．第9章では，京阪神地域の都市遺跡を取り上げる．近年，京都・大阪・神戸の各都市の発掘調査によって，近世の遺構から膨大な魚貝類が出土している．それらの分析を通じて，各都市における魚貝類消費の相違に着目し，生産地，流通拠点，消費地における海産物利用を紹介する．

　以上の3章で構成し，縄文時代，弥生時代，近世の各時期の事例紹介を行い，海産物の獲得，交易（流通），消費などについて理解することを目的としている．それとともに，第7章から第9章を通して読むことで，先史社会から歴史社会への変化として，近世における海産物利用の飛躍的な発展をみていきたい．

扉写真　兵庫津遺跡第62次調査で検出したトリガイの集積遺構（第9章参照）

第7章　動物考古学からみた海と人の歴史

　海と人の歴史は，様々な学問分野，視点から論じることが可能である．その中で海の生き物と人の関係の歴史を明らかにするには，動物考古学という分野はうって付けである．動物考古学は，考古遺跡から出土する貝殻，脊椎動物の骨や角などを分析資料として，人と動物の関係の歴史を明らかにする分野である．本章では，動物考古学における分析資料の特性や基礎的な方法について紹介する．また近年，縄文貝塚の発掘調査で注目された佐賀県東名遺跡から出土した魚骨を題材として，縄文時代の人と海との関係を考える．

1. 動物考古学はどのような分野か

　考古遺跡の発掘調査で出土する遺物といえば，多くの人は土器や石器などを思い浮かべるであろう．あるいは，土偶や埴輪などの土製品，銅鏡や銅鐸などの青銅器を思い浮かべる人がいるかもしれない．しかし，これらの無機質の遺物以外に，有機質の遺物が出土することがある．有機質遺物には，動物質と植物質があり，それらのうち動物質遺物の総称として動物遺存体（動物遺体）という用語を使用している．動物考古学は，この動物遺存体を分析資料として，人と動物の関係の歴史を紐解く考古学の一分野である．したがって，動物遺存体は人と動物の関係を明らかにする考古資料であることから，自然状態で堆積した動物骨などは動物遺存体とは呼ばない．また，人類が誕生する以前の恐竜などの化石は，人間と動物の関係を明らかにするものではないため，考古学の研究対象にはならない．

　動物遺存体は日本全国のどの遺跡からも出土するわけではない．日本国土の大部分は，火山灰性の酸性土壌に覆われており，動物遺存体の保存条件に恵まれていないためである．また，土壌中の微生物により，発掘調査が行われる前に有機質遺物が分解されることはしばしばである．しかし，貝塚，洞穴，湿地，砂丘などに立地する遺跡では，動物遺存体が良好な状態で保存されていることがあり，稀に魚鱗や獣類の毛皮なども出土するが，骨，歯，角，貝殻などが圧倒的に多い．このような動物遺存体の保存状態をめぐる問題により，日本の動物考古学研究は，貝塚や湿地遺跡の発掘調査の増加とともに発展してきた．

　1877年に来日したエドワード・S・モース（Edward S. Morse）は，東京都品川区の大森貝塚の発掘調査を行い，その報告では出土した貝類や動物骨について記載している（エドワード・S・モース 1983）．これはモースが動物学者であることに関係しており，日本で最初の近代的・科学的発掘調査とともに動物考古学的な研究の視座は準備されていた．ところが，その後も貝類や動物骨の観察・分析は，考古学者ではなく自然科学者が主体となっており，日本における動物遺存体の研究は，近年まで考古学の亜流的存在となり，付属的な研究の課題として考えられていた（金子 1992）．1960年代から大規模開発による発掘調査の増加，遺跡調査・遺物採集技術の発達により，数多くの遺跡から動物遺存体が出土し，その研究は飛躍的に進展する．なお，日本の動物遺存体研究に関する研究史は，金子浩昌（1992）が詳しく，動物考古学の研究に興味がある方は，ぜひ一読していただきたい．

　出土資料から，人と動物の関係を読み解くには，動物考古学における専門的な知識や技術が必要である．遺跡から魚骨が出土したとする．たいていの魚骨は食料残滓であり，どのような漁法で，どのくらいの量が獲られ，どのように解体，調理さ

れたのであろうか．このような疑問から，動物考古学の研究は出発する．それらの疑問は，まず魚骨が何の種類で，どの部位の骨であるのかを明らかにして，種類や部位別の量比，解体や調理の痕跡などを手がかりに解決していく．まずは，どのようにすれば動物の種類や部位を知ることができるのか，次節以降で出土した動物遺存体が研究資料となるまでを解説する．

2. 動物遺存体の資料化

発掘調査での取り上げ

　動物遺存体の資料化は，発掘調査によって動物遺存体を採集することから始まる．動物遺存体には，ウマやウシなどの大きな頭蓋骨から，アユやイワシなどの小さな脊椎骨，強固な貝殻や脆弱な鳥類の骨など様々なものが含まれる．大型獣の骨であれば，発掘調査中に目視で取り上げることができる．しかしながら，微小な魚類，両生・爬虫類，鳥類などの骨は，いくら注意深く土を掘り下げても，見逃してしまうものである．

　発掘調査中に，肉眼で確認しにくい微小な動物遺存体を採集するためには，遺跡や遺構の土壌を篩がけする．篩の網の上に遺物を含む土壌を乗せ，篩がけすれば，網目より小さなものは下に落ち，大きなものだけが上に残る．動物遺存体を含む土壌が砂質であれば，乾燥した状態で篩がけすることは容易であるが，粒子の細かい泥質の土壌であれば水洗篩別を行う．採集したい遺物の大きさに応じて網目を選択するが，魚骨の中でもマダイやスズキなどの比較的大きな骨は 2 mm や 5 mm 程度，アユやイワシなどの小さな骨を採集するのであれば，1 mm 目の篩を使用する．このような遺跡土壌の篩がけを行うと，発掘中に見逃した小さな骨を採集することができ，より多くの情報をもって過去の人々と動物の関係を考えることが可能になる．

　また，発掘調査中に土の中から動物骨を取り上げようとすると，元来の形状を失うほど脆弱な場合がある．脆弱な状態のまま強引に取り上げてしまえば，その資料の持つ情報量は極端に減り，そこに骨があった，ということしかわからなくなる．

このような脆弱遺物からも，なるべく多くの情報を引き出すためには，現地において動物考古学的な視点による観察（動物の種類や部位，複数の骨が残っていればどのような位置関係にあるのか，解体されているのか，どのように利用されたのかなど）も必要である．現地で観察したとしても，土に埋没している部分は見ることができないため，形状を維持したまま取り上げることが望ましい．その際には，骨の周辺に土台を残しておいて，その土台ごと取り上げる方法や，崩壊を防ぐため土台を含めて発泡ウレタン等で梱包し，取り上げる方法が有効である．

洗浄・乾燥・補強

　微細遺物や脆弱遺物を含む動物遺存体を発掘調査で取り上げた後，それらの形状や表面観察をするために洗浄を行う．洗浄は，保存状態が良ければ水道水でブラシを使用し，自然乾燥させれば良いが，夏場の直射日光による急激な乾燥は，骨の劣化の原因となるため避けたい．また，冬場の暖房のよく効いた室内も乾燥速度が速く，骨の亀裂が広がったり，骨表面だけが捲れ上がったりする場合があるので注意が必要である．一方，脆弱な資料は筆にアルコールを含ませて丁寧に泥を除去すると良い．脆弱な状態の骨に，必要以上の水分を含ませると，崩壊を促すこともある．アルコールは揮発性が高いため，不要な水分が骨に残らず，カビの発生防止にも有効である．脆弱な動物遺存体は，乾燥した状態でパラロイド B-72 などの可逆性の合成樹脂を浸潤させることで補強できる．そうすれば手にとって観察できるだけでなく，長期にわたり保管することが可能となる．炭素 14 年代測定，安定同位体分析，DNA 分析などの理化学的分析に供することをふまえ，補強に使用した薬品や溶剤について記録を残しておく．

　なお，発掘調査によって動物遺存体を取り上げてから水漬けで保管する場合がある．長期間の水漬け状態が続くと，水が腐敗するだけでなく，骨が分解することもあり，理化学的分析に必要なコラーゲンが流出する可能性もあることから，なるべく早めに乾燥し，補強することが望ましい．

分類・同定・観察

骨の形状がわかり，表面観察もできるように洗浄・乾燥・補強が終われば，分類・同定や計測，観察を行う．遺構や層序などのまとまりで，形態の特徴により分類しておくと，最終的な集計作業や再検討するには効率的である．ここでは骨の同定について簡単に説明しておく．魚類，両生類，爬虫類，鳥類，哺乳類など，それぞれに特徴的な骨の形態や質感によって大分類を，あわせて部位の特定を行う．大分類と部位が定まれば，大きさに注目して細分する．たとえば哺乳類で最も大きい分類はウシ，ウマ，アシカ，クジラなど，次にイノシシ，シカ，アザラシ，イルカなど，次にイヌ，タヌキ，キツネなどと骨の大きさで目処を付ける．次に，関節部の形態，栄養孔の位置，筋粗面の状態などを現生骨格標本と比較して種類を特定していく．

骨の観察は，表面に残された解体，受熱，風化などの痕跡をみるが，見慣れないうちは判断を誤る可能性もある．たとえば，火を受けた骨は変色し，熱の温度や火に晒された時間で褐色，黒色，灰色，白色などの異なる色調を呈する．褐色や黒色に類似する色調の場合，埋没していた土壌の影響を受けた可能性もあり，判断を誤りやすい．解体などにともなう骨に残された傷は，人間の所作によるものかの判断が重要である．このように同定，観察，計測等の結果を一覧表にして資料化し，これを基に数量的な議論を行ったり，観察所見から人間の行為を復元したりする．

貝類や魚類に関する分類，同定などの詳細は，富岡直人（1999），樋泉岳二（1994；1995；1999）をはじめとして，参考文献に掲げた論考を参照していただきたい．

3. 東名遺跡にみる縄文時代早期の漁撈 〜微小な魚骨・耳石を採集する意義〜

海と人の関係の一つに，海産物利用（獲得・流通・消費）という視点が設けられる．すなわち生業と食生活，およびその間の経済的活動である．縄文時代の魚骨からみた漁撈に関する研究は数多くあり，入門書としてはそれらを俯瞰した列島に

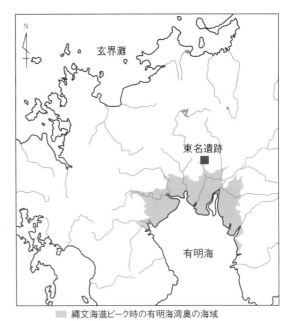

■ 縄文海進ピーク時の有明海湾奥の海域
図7-1　東名遺跡の位置（佐賀市教育委員会 1996）

おける漁撈を紹介するべきであるが，すでに全国的な縄文時代の漁撈の特徴は樋泉岳二（2014）において，簡潔にまとめられているので，それを参照していただきたい．本稿では少し視点をかえて，等閑にされがちな微小な遺物の採集と，それらから得られる動物考古学的成果として，佐賀県の東名遺跡の事例を紹介する．

湿地性貝塚の特長

東名遺跡は佐賀市にある，今から約8000年前頃（縄文時代早期）の集落遺跡であり，2016年10月に国史跡に指定された．東名遺跡を訪れると現在は調整池になっており，その脇に東名遺跡に関連する展示施設の「東名遺跡縄文館」がある．遺跡は，有明海と背振山地に挟まれた佐賀平野の中央に位置しており，現在の有明海の汀線から10 km以上離れた，潮の香りを感じることすらできない場所である（図7-1）．ところが，縄文時代早期にここで生活していた人々は，現在とはまったく違った風景を見ていた．

佐賀市教育委員会の発掘調査により，東名遺跡は有明海に注ぎこむ河口付近に営まれた集落であり，眼前には海が広がっていたことが明らかにな

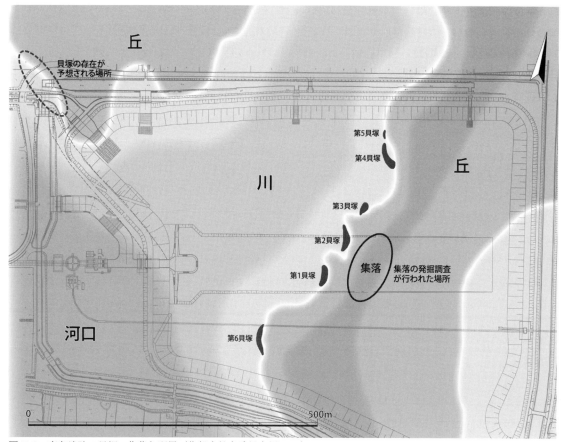

図7-2 東名遺跡の貝塚の集落と配置（佐賀市教育委員会編 2017）

った．現代と縄文時代早期の遺跡周辺の風景が大きく異なるのは，海水面の上昇と下降に起因する．長く続いた氷河期はおよそ1万年前に終わり，地球規模で温暖化していく．それにともなって海水面が上昇する中，縄文時代の人々はたくましく生きていた．この海面上昇を日本では「縄文海進」と呼び習わしており，東名遺跡で人々が生活していた頃が，ちょうど海面上昇の時期にあたる．現在わかっているだけでも6基の貝塚が形成されている．東名遺跡は，最終的にさらなる海面上昇によって埋没したことが発掘調査で確認され，どこか違う所へ人々は移動したと考えられている．

東名遺跡の発掘調査は，微高地と貝塚の2回行われた（佐賀市教育委員会 2004；2009；2014；2016；2017）．最初の微高地の調査では，墓や集石遺構などが見つかり，生活の場が調査された．その後，調整池建設のための工事が始まり，重機によって深く掘削を進めたところ，現地表面から約5m下で縄文時代の貝塚が発見された（図7-2）．貝塚は第1次調査が行われた微高地の西側にある斜面に位置する．6ヶ所の貝塚が確認されたうち，第1貝塚と第2貝塚の2ヶ所は全面調査の対象となり，その他4ヶ所は部分的な調査にとどめ，地中で保存されている．

貝類はもちろんのこと土器，石器，動植物遺存体などの大量の遺物の他，低地部に掘られた貯蔵穴などの遺構が多数みつかり，東名遺跡をめぐる自然環境や具体的な生活像が明らかになりつつある．東名遺跡を一躍有名にしたのは，貝塚だけでなく，低地部で貯蔵穴とともにみつかった日本で最古級かつ最多の網籠（編組成品）の出土である．最初に記したように，日本の高燥地にある遺跡では，私たちが目にすることなく動植物遺存体が土の中で朽ち果てる．それに対して東名遺跡は，動植物遺存体が保存状態に恵まれる貝塚と低湿地の2つの条件を兼ね備えた湿地性貝塚であり，最後

に遺跡を覆った粘土層は密閉性が高く，有機物の腐敗を抑制したのである．

出土した魚類遺存体

　東名遺跡は，動物遺存体の保存に恵まれただけでなく，微細遺物の採集も徹底して行われた．貝塚の調査中は大量の貝殻が取り上げられ，ヤマトシジミを中心に，ハイガイ，アゲマキ，カキなどの汽水域で獲れるものが主である．貝殻に混じって，イノシシやシカなどの獣骨が出土し，山野における狩猟が盛んであったことがよくわかる．また，日本最古級のイヌの出土でも話題となったが，縄文時代は狩猟犬としての役割が大きい．これら大きな獣骨は発掘中に肉眼でも確認して，その場で取り上げられたものが多い．東名遺跡では，掘削中の取り上げとは別に，貝塚の土壌を篩がけして微細な動物遺存体を採集している．肉眼でも同定できる数 cm のものから，ルーペや実体顕微鏡を用いて同定しなければならない数 mm のごく小さなものまであり，東名遺跡では多数の魚骨が出土しており，漁撈に関する成果が得られている．

　縄文時代の漁撈に関連する遺物は，漁網錘や浮子，釣針，銛や，ヤスなどの刺突具といった漁具，そして魚骨が出土する．研究対象としては出土量が多い漁網錘，釣針，刺突具，魚骨が主流である．東名遺跡の発掘調査が終了し，遺物の整理が始まってしばらくは，シカの角や骨を割って，先端を尖らせただけの刺突具が唯一の漁具として想定されるだけで，あとは魚骨の分析が頼みの綱であった．魚骨を分析する利点は，実際に漁獲，消費した具体的な魚種がわかること，その生態学的特徴から漁場，漁期，漁法などの情報を基に，漁撈の復元が行えることである．縄文時代は内湾の干潟や入り組んだ海岸線が発達した場所で漁撈が活発化した地域が多い．東名遺跡のように内湾に位置する遺跡からは，スズキ属，クロダイ属，ボラ科の出土が代表的である．東名遺跡では，それら3種類が多く出土している（口絵29）．これらの漁獲量が多かっただけでなく，いずれも堅く大きな骨格部位を持っており，イヌなどの肉食動物によって，噛み砕かれたり，飲み込まれたりする食害

にもあいにくく，遺跡における保存状態が良いことも一因となっている．また，エイ・サメ類の椎骨も多数出土しており，それらの中には中心部を穿孔した装身具もある．特筆されるのは，トウカイハマギギの出土である．出土した部位は側篩骨2点であり，片方は中心付近が小さく穿孔され，装身具と考えられる．現在，トウカイハマギギは東シナ海や黄海の沿岸に生息しており，有明海では漁獲されない．

　一方，貝塚土壌の水洗篩別によって採集された微細遺物には，魚類の耳石が大量に含まれていた．耳石は，平衡感覚や聴覚に関連した器官であり，孵化前後から頭の骨の内部で形成されるものである．人間にも耳石はあるが，体の大きさに対して非常に小さい．反対に，魚類は体の大きさに対して大きな耳石を持つ種類が多い．とはいっても，2〜3 cm のものが多く，小さいものは 1 cm に満たず，土壌の篩がけなしに得られるものではない．耳石は合計1116点が出土しており，他に類を見ない出土量であり，縄文時代の漁撈研究にとって貴重な資料となる．

魚骨と耳石からわかったこと

　魚骨の同定によって判明した種類は，海水魚が9割以上を占め，集落の近傍を漁場としていることがわかる．前述のようにスズキ属，ボラ科，クロダイ属が，この順に多く出土しており，約6割を占める（図7-3）．これらの3種類は，汽水域や河口を遡って淡水域にも進入することがある．ところで，魚名の後につく「属」や「科」は，生物の分類群の単位を示すもので，たとえばボラ科はボラ属やメナダ属などを含むグループ，さらにボラ属の中に「種」としてのボラなどがある．骨格部位の形態ではこの「種」まで特定することが難しい種類でも，耳石であれば区別することが可能である．

　耳石で判明した魚種の約7割はスズキ，クロダイ，ボラとメナダで，骨で判明したスズキ属，クロダイ属，ボラ科に対応する（大江ほか2016，図7-4）．ただし，耳石の出土量ではスズキ，ボラ科（メナダとボラ）に続くものは，ニベ科のコ

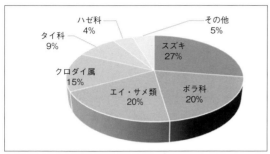

図7-3　東名遺跡第2貝塚の魚類組成（N＝2299）

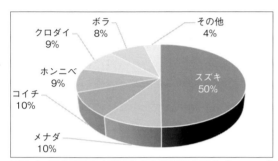

図7-4　東名遺跡から出土した魚類耳石の組成（N＝1061）

図7-5　ホンニベの耳石（佐賀市教育委員会2016）

イチとホンニベとなった．これら両種とも産卵期には河口および干潟に接近する習性があり，先の魚種とあわせて河口付近で漁撈が盛んに行われていたと考えられる．ホンニベは現在，東シナ海や黄海に生息するが，有明海では漁獲されない．さらに耳石では，骨ではみられなかったヒラ，テンジクダイ科，ギンイソイワシが同定された．

骨と耳石をあわせてみれば，スズキ，クロダイ，ボラ，メナダ，コイチ，ホンニベが重要な漁獲対象となっていたことがわかる．魚骨では特定できなかった種を，耳石で明らかにすることができた意義は大きい．その一例として，ホンニベが挙げられる（図7-5）．ホンニベは現在では東シナ海や黄海などの沿岸に生息しており，有明海での漁獲はない．ホンニベの耳石は98点が出土しており，東シナ海沿岸からの交易品と考えるには多いように思われる．また，耳石にはみられないが，骨で同定された注目すべき種としてトウカイハマギギがある．トウカイハマギギも現在の有明海では漁獲されず，有明海の魚類相が現在とはやや異なっていたことを示唆する．

東名遺跡から出土した漁具は刺突具のみであり，刺突漁に特化した漁撈のようにみえる．しかし，これらを河口域で効率良く漁獲するのであれば，刺突漁だけでなく仕掛けを利用していたことが想定される．有明海では石日見漁や竹羽瀬漁のような，石を積んだり，あるいは竹を一定間隔で建てならべたりする，引き潮を利用した漁法が近現代にはあった．東名遺跡の調査範囲では，そのような仕掛けの痕跡が見つかっていないが，縄文時代早期から潮の干満差を利用した漁法が行われた可能性もある．

小さな魚からわかったこと

遺跡土壌を篩がけしなければ，小さな魚骨は採取できない．本来は遺跡に廃棄され，保存されていたにもかかわらず，そこには魚がなかったことになってしまうためである．また，使用する篩の網目の大きさによっても，取りこぼし（サンプリングエラー）が生じる．東名遺跡の調査では，最小1mmの網目を使用して魚骨を採取した結果，アユ，ムツゴロウを含むハゼ科などの小形の魚が同定された（図7-6）．

東名遺跡では淡水魚の出土量は少ないが，その中でアユは比較的多いほうである．おそらく，アユの習性と漁場とが関係しているためと考えられる．アユは両側回遊魚であり，春に河口付近で孵化して沿岸で過ごした後，春から初夏にかけて河川を遡上し，秋になると産卵のために河口まで降

って一生を終える．そのためアユは，古代から「年魚」とも記され，食料として有用な淡水魚であった．東名遺跡の人々は，河川を遡ってアユを漁獲したのではなく，産卵のために河口付近へ降ったアユを漁獲していたのであろう．

　ムツゴロウは干潟に生息しており，現在は有明海や八代海の固有種となっている．昭和前半の有明海では，泥土を掘り起こして，生息孔にいるムツゴロウを手捕りにする方法が一般的であり，この他に干潟上を浮遊するムツゴロウを釣る方法，溝を泳ぐムツゴロウを網にかける方法，ムツゴロウが生息孔から干潟上に飛び上がる習性を利用して，生息孔の上に仕掛けをした竹筒をおくなどの方法がある（文化庁文化財保護部 1972）．東名遺跡の前に干潟が広がっており，そこを漁場としていたことを示す重要な手がかりである．

　これらの他に，沿岸表層を回遊するイワシの仲間の骨や，それとは別のギンイソイワシの耳石なども出土している．イワシの仲間の出土量はごく僅かであるが，このような小形の回遊魚は漁網を使用して捕獲したことが想定される．ギンイソイワシは商業ベースで広く流通するような魚ではないが，縄文時代の人々は食用としていたのか，あるいは網漁によって混獲されただけかもしれない．よくわからないというのが現状であるのは，管見の限りでギンイソイワシが同定された遺跡をみないためである．考古遺跡で出土を初めて確認した魚種は，類例がないため，どのように人間が利用したのか説明することが難しいこともある．この東名遺跡でのギンイソイワシの出土を契機として，今後，意識をもって同定にあたれば類例が増加することが期待できる．

　また，これらのような小形魚の骨や耳石は，スズキやボラなどに比べれば，出土量は非常に少ない．アユやイワシなどは，煮たり焼いたりすれば，骨ごと食べることは難しくない．また，丁寧に肉だけを食べて骨を捨てたとしても，飼っているイヌが残飯を食べれば，きれいに平らげてくれるであろう．そのようなことを考えれば，遺跡に残った小形魚の骨や耳石は，実際に消費したものの一部だけに過ぎず，実際はさらに多くの小形魚を漁

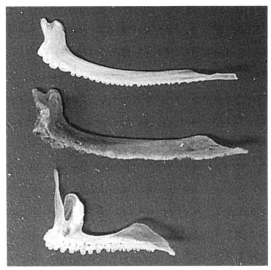

図7-6　ムツゴロウの前上顎骨（上：ムツゴロウの現生標本，中：遺跡出土資料，下：マハゼの現生標本）

獲していたと考えることもできる．

4．まとめ

　考古遺跡から出土する動物遺存体の研究は，海と人の歴史をたどる有効な資料である．本稿では，人と海の関係が深まっていく縄文時代早期に東名遺跡から出土した魚類遺存体を基にして，縄文時代の人々が利用した魚種や漁撈について紹介した．出土遺物では漁具が乏しく見える遺跡であるが，遺跡が立地する河口部付近や眼前に広がる干潟を漁場としていたことは，出土した魚種の生態から推測される．考古学では，遺跡に残った道具によって生業を復元することが一般的であるが，動物遺存体の分析によって，さらに多くの情報を追加することができる．また，遺物の材質や大小は，その重要性とはまったく無関係であり，研究の発展には地道な作業が必要であることをよく教えてくれる．まだ，東名遺跡における漁撈には不明なことも多くあり，さらなる魚類遺存体の分析によって実態解明が期待される．

参考文献
エドワード・S・モース 1983『大森貝塚』岩波文庫 520　近藤芳郎・佐原真編訳　岩波書店
大江文雄・松井章・丸山真史・真貝理香・西田巌 2016「東名遺跡出土の魚類耳石群について」『東名遺跡群Ⅳ』第1分冊　佐賀市教育委員会 145-160 頁

金子浩昌 1992「日本考古学における動物遺存体研究史―動物との関わりにみる日本列島の文化形成」『国立歴史民俗博物館研究報告』共同研究「動物考古学の基礎的研究」（続）第 42 集　国立歴史民俗博物館 47-276 頁
佐賀市教育委員会編 2004『東名遺跡Ⅰ』佐賀市教育委員会
佐賀市教育委員会編 2009『東名遺跡群Ⅱ』佐賀市教育委員会
佐賀市教育委員会編 2014『東名遺跡群Ⅲ』佐賀市教育委員会
佐賀市教育委員会編 2016『東名遺跡群Ⅳ』佐賀市教育委員会
佐賀市教育委員会編 2017『縄文の奇跡！　東名遺跡』雄山閣
樋泉岳二 2014「漁労の対象」『講座日本の考古学 4　縄文時代（下）』青木書店 54-86 頁
文化庁文化財保護部 1972『有明海の漁労習俗』無形民俗資料記録第 16 集　文化庁文化財保護部

貝類・魚類の分類・同定方法に関連する文献
第四紀学会編 1993『第四紀試料分析法』東京大学出版会
樋泉岳二 1994「遺跡産魚骨同定の手引き（Ⅰ）」『動物考古学』第 2 号　動物考古学研究会 23-38 頁
樋泉岳二 1995「遺跡産魚骨同定の手引き（Ⅱ）」『動物考古学』第 5 号　動物考古学研究会 11-38 頁
樋泉岳二 1999「魚類」『考古学と動物学』西本豊弘・松井章編　同成社 51-88 頁
富岡直人 1999「貝類」『考古学と動物学』西本豊弘・松井章編　同成社 89-117 頁
西本豊弘・松井章編 1999『考古学と動物学』同成社
松井章編 2003『環境考古学マニュアル』同成社
松井章 2008『動物考古学』京都大学出版会
安田喜憲編 2004『環境考古学ハンドブック』朝倉書店
山崎京美・上野輝彌 2008『硬骨魚綱の顎と歯』アート＆サイエンス工房 TALAI
山崎京美 2016『遺跡出土魚類遺存体の同定用アトラス』2010 年度〜2012 年度科学研究費補助金基盤研究（C）研究成果報告書

コラム 7　海洋考古学を化学する —— DNA で追う遺跡産魚骨の謎

近年の分子生物学の飛躍的な進展によって，DNA を用いた研究は生命現象の謎に迫る分野だけでなく，過去を探求する考古学においても幅広く利用されつつある．特に，考古学における DNA 分析の適用は，人類の歴史を知るうえで多くの洞察を与えているが，海洋考古学における適用はまだ始まったばかりといえる．本コラムでは，著者らが行ってきた海洋考古学分野への DNA 分析の適用例を紹介したい．

われわれが取り扱っている海産魚類の遺存体は，歯骨や脊椎骨など硬組織が主である．多くの場合，部分的な欠損が生じており，見た目で種まで同定することは難しい．一方，DNA は劣化による断片化はあるものの，種を特徴付ける DNA 配列さえ得られれば，見た目では判断できない遺存体の正体を知る手がかりを提供してくれる．

このような遺存体 DNA 分析を行うにあたって最も注意すべき点は，外部からの DNA の混入（コンタミネーション）である．動物遺存体に残されている DNA は極めて微量で，一般的に PCR 法と呼ばれる技術によって DNA を増やすが（図16），現生の生き物の DNA が混入してしまうと誤った結果を導いてしまう．分析しようとする遺存体本体はもちろん，実験機器，実験者の体，実験室内の空気中など，様々な場所にコンタミネーションのリスクが伴う．第1の関門であるコンタミネーションのリスク回避は，UV 照射などの技術的な処置を施すことで厳密に対処する必要がある．また，これまで対象となるような生き物を扱ったことの無い実験室（たとえば，魚類が対象であれば植物等を対象とした研究室）で分析を行うことでコンタミネーションによる誤同定のリスクをある程度回避できる．

さらに，DNA を増幅させる過程でも遺存体に特有の問題がある．脊椎骨や歯骨などの動物遺存体の DNA は，長期間埋没している間に劣化し断片化してしまう．一般に，遺存体 DNA は数十〜数百塩基（文字）程度に断片化していると考えられており，長い DNA 配列を得ることは難しい．第2の壁はこの断片化された短い配列から，できるだけ多くの情報を得ることである．詳細は省くが，近年この断片化された短い DNA 配列から

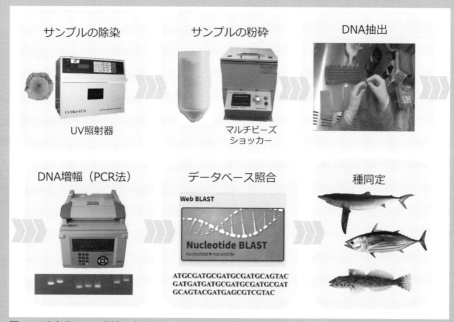

図16　遺存体 DNA 分析の実験フロー

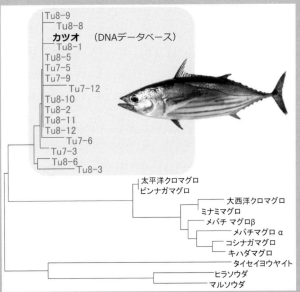

図17 DNAによる種同定の一例（"TU"がすべて遺存体サンプル）．DNA配列の類似性によりサンプルはすべてカツオと同定された

長いDNA情報を復元する分子生物学的手法も開発されつつある．実験機器やコストの制約がなければ，ある程度信頼に足る情報を多く引き出せる可能性も高くなっている．

さて，第3の難関は得られたDNA情報を基に，それがどの種であるか同定する作業である．普段，われわれが見慣れない生物を目にした場合，図鑑をみて種を同定するはずである．DNA配列で種を同定する場合にも，そのDNA配列が何ものであるかを照合する「カタログ」が必要である．このような生物種を同定するためのDNAカタログは「DNAバーコーディング」と呼ばれるもので，世界中の研究者が生物名とともにDNA配列の情報をデータベース上にアップしている．このデータベースは無料で公開されており，誰でも自由にアクセスできる．特に，われわれが扱う海産魚類のDNAデータベースは他の分類群に比べて比較的充実しており，確度の高い結果が得られる状況にある．

本コラムの執筆者（野原）と学生達は，南太平洋のトケラウ諸島で発掘された数百年前の魚類遺存体のDNA分析を進めてきた（発掘は小野が担当）．主な対象は，形態に基づく動物考古学的な分析で，サバ科のカツオと推測された脊椎骨とメジロザメ科の仲間と推測されたサメの脊椎骨と歯，それにウミガメの甲羅である．これらの骨をわれわれが，上記のような処理を施して得られたDNA配列をデータベースと照合した結果，形態的特徴からサバ科のカツオと推測されていたものは，すべてカツオと同定された（図17）．また，メジロザメ科と推測されていたサメの脊椎骨から得られたDNAからは，ツマジロやオグロメジロザメなどが同定された．

一方，サメの歯骨やウミガメ類の甲羅の遺存体からはDNA抽出ができなかった．これらについては今後，遺存体DNAの残存の違いが部位によるものかの検討が必要である．しかし，カツオやサメの脊椎骨を対象としたDNA同定結果が，形態に基づく同定結果と一致した上，さらに種レベルでの同定も可能としたことは大きな成果であろう．このように，DNA分析を通じて形態的には推測の域を出なかった種までの同定が可能となることで，過去の魚食文化の一旦をより詳細に垣間見ることができるのである．

第8章　先史時代の奈良盆地における海産物利用

　本章では，奈良盆地の縄文時代から古墳時代までの遺跡から出土した貝類・魚類遺存体の分析を通じて，先史時代の内陸における海産物利用を紹介する．奈良盆地は，北を奈良山丘陵，東は大和高原，南は竜門山地，西は生駒・金剛山地に囲まれる．大阪湾へは直線距離にして30km以上の道のりである．このような内陸の地において，縄文時代の橿原遺跡，弥生時代の唐古・鍵遺跡，古墳時代の南郷大東遺跡など，奈良盆地を代表する遺跡から海産物が出土している．内陸の遺跡から海産物が出土することは，海と山との繋がりを如実に物語り，人と物の交流を示す．また，現代のように冷蔵技術，輸送技術，市場経済が未発達にもかかわらず，遠隔地から海産物がもたらされていることに，どのような意義を見いだすことができるのか，動物考古学的な分析を中心に日本における海産物の重要性を考える．

1. 唐古・鍵遺跡と海産物

　筆者は大学院生の頃，京都市内の遺跡から出土する江戸時代の魚骨をよく見ていた．京都も奈良と同じ盆地であるが，魚骨が出土した大部分の遺跡では，マダイやスズキなどの海水魚が7〜9割を占めており，なぜ内陸の遺跡でこれほどまでに海水魚が多いのだろうか，いつの時代から淡水魚と海水魚の比率が逆転するのだろうか，と疑問に思っていた．残念ながら京都市内では先史の動物遺存体の出土がほとんどなかったため，奈良盆地に解決の糸口を求めることにした．

　唐古・鍵遺跡は，奈良県磯城郡田原本町にある弥生時代の集落遺跡であり，国史跡に指定されている．その位置は，奈良盆地のほぼ中央であり，多数の河川が集中する低地である（図8-1）．大阪湾が最も近い海となっており，直線距離にして30km以上離れている．大阪平野と奈良盆地は，標高300〜1100mの生駒山地と金剛山地によって隔てられているが，両山地の間には大和川が西流しており，川伝いに奈良盆地から大阪平野へと抜けることができる．

　唐古・鍵遺跡の最初の発掘調査は，1937年の唐古池の工事に伴うものであり，当時は唐古遺跡として調査が行われた（小林・末永・藤岡 1943）．

唐古・鍵遺跡は，弥生土器の編年の基礎が築かれたことで有名であるだけでなく，数々の保存状態に恵まれた動植物遺存体が出土していることもあいまって，弥生時代の集落研究を牽引する遺跡となる．その後，奈良県立橿原考古学研究所，田原本町教育委員会によって発掘調査が続けられ，低湿地部では膨大な動物遺存体が出土しており，動物考古学的視点からも注目される遺跡である．

　唐古・鍵遺跡では，1937年の最初の調査でアカニシ，アワビ，イタヤガイといった海産貝類が報告されており，その後の田原本町教育委員会の調査でもアカニシの貝殻片，ウニの棘や海水魚が出土していることが知られていたが（田原本町教育委員会編 2004），最近になって弥生時代の魚類利用の実態がみえはじめてきた．

2. 唐古・鍵遺跡の魚類遺存体の特徴

弥生時代前期〜中期初頭

　この時期は，1つの遺構における魚骨の出土量が少ない．第37次調査土坑 SK-2201，SK-2204，SK-2211，SK-4202，SK-4205，SK-4207，大溝 SD-2201，SD-2202，第53次調査の落ち込み SR-101A から出土したものを同定した．これらの土坑や溝など複数の遺構を総合して，種類を特定できた総量が130点を数える（丸山・藤田 2017）

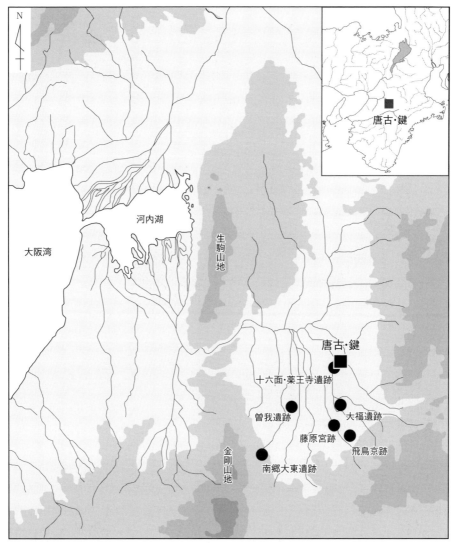

図 8-1 唐古・鍵遺跡の位置（周辺の海水魚の出土した遺跡を含む）

（図 8-2）．淡水魚が 9 割強を占めており，淡水魚の利用が盛んであったことがわかる．若干ではあるが，海水魚も出土しており，その利用を窺い知ることができる．

淡水魚はコイ・ウグイ・フナ属を含むコイ科，ナマズ・ギギを含むナマズ目，アユが出土している．ナマズ目の出土量は 95 点と他を圧倒し，コイ科 9 点，コイとフナ属が 4 点ずつ，アユ 3 点，ウグイ属 2 点，ギギが 1 点出土している．コイやナマズは体長 30 cm 以上に成長するにもかかわらず，出土資料には 30 cm 以上のやや大形の個体より，20 cm 前後かそれより小さな個体が多い．小形個体が多いことは，漁場の環境，漁法，漁獲季節，人為的な選別などの要因が考えられる．一方，海水魚はエイ・サメ類，ボラ科，マダイ，タイ科が 1 点ずつ出土している．ボラ科やマダイは体長 40 cm を越え，沿岸部の遺跡でも珍しくない大きさである．

弥生時代中期

この時期には，第 37 次調査で検出した井戸（SK-2130）から魚骨を含む動物遺存体が比較的多く出土している（藤田・丸山 2012，図 8-3）．魚類遺存体の破片数は 156 点にのぼり，種類や部位を同定したものは 82 点を数える．その内訳は淡水魚 56 点，海水魚 26 点であり，魚類の約 7 割

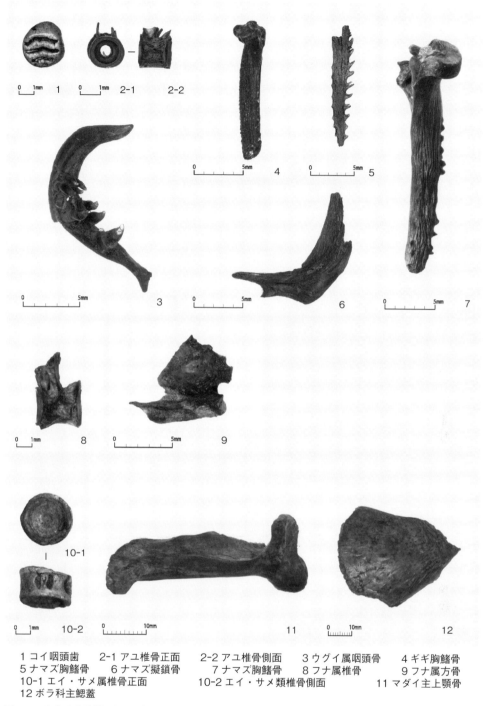

1 コイ咽頭歯　2-1 アユ椎骨正面　2-2 アユ椎骨側面　3 ウグイ属咽頭骨　4 ギギ胸鰭骨
5 ナマズ胸鰭骨　6 ナマズ擬鎖骨　7 ナマズ胸鰭骨　8 フナ属椎骨　9 フナ属方骨
10-1 エイ・サメ属椎骨正面　10-2 エイ・サメ類椎骨側面　11 マダイ主上顎骨
12 ボラ科主鰓蓋

図 8-2　弥生時代前期の魚骨（丸山・藤田 2017『田原本町文化財年報 25』田原本町教育委員会 P.116）

を淡水魚が占めている．

　淡水魚のナマズが最も多く 25 点，その他にアユ 9 点，コイ科 7 点，ナマズとギギの区別がつかないもの 4 点，ウナギとドジョウ科が 3 点ずつ，コイとギギが 2 点ずつ，フナ属 1 点が出土している．前期につづいて，ナマズを中心とした淡水魚の利用が盛んであることがわかる．ナマズの大きさは，体長 20～30 cm 程度の個体が大部分を占めるが，それ以下の小さな個体も含まれる．アユ，コイ科，フナ属は体長 20 cm 以下，ドジョウ科は

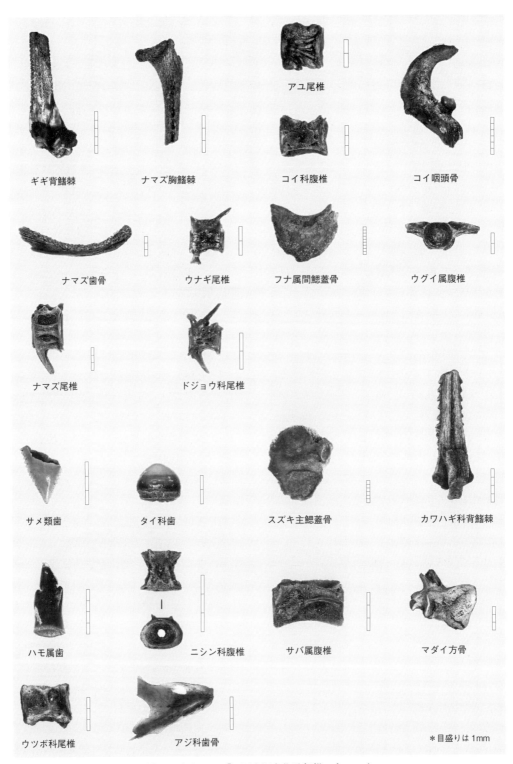

図 8-3 弥生時代中期の魚骨（藤田・丸山 2012『田原本町文化財年報 22』P.147）

体長 10 cm 以下，ウナギは体長 50 cm 以下と推定される大きさである．一方，海水魚はイワシ類が最も多く 14 点，エイ・サメ類 5 点，タイ科 4 点，サバ属 2 点，ボラ科 1 点が出土している．エイ・サメ類は小形個体であり，サバ属は体長 20 cm 程度，ボラ科は体長 30～40 cm と推定される．

弥生時代後期

この時期には，第 37 次調査と第 51 次調査で検出した井戸 SK-2103，井戸 SK-104 から魚骨を含む動物遺存体が出土している（丸山・藤田 2014，図 8-4）．

第 37 次調査の井戸 SK-2103 から出土した魚骨は，淡水魚のコイ科が最も多く 53 点が出土しており，全体の 24.5% を占める．これに続いてアユ 41 点，ナマズ 35 点，ドジョウ科 16 点，ナマズ／ギギ 15 点，ウナギ 6 点，ギギが 5 点，コイ 3 点，フナ属，ウグイ属が 1 点ずつ出土している．コイ科は体長 20 cm 以下の小形個体，コイ科に属するコイ，フナ属，ウグイ属は大分部が体長 20 cm 以上であるが，それ以下の小形個体も含まれる．アユは体長 20 cm 以下で，ナマズは大部分が体長 20～30 cm であり，10～20 cm の小形個体，30 cm 以上の大形個体も含まれる．ギギは体長 20 cm 以下と 20～30 cm の個体がある．ドジョウ科は体長 10 cm よりやや小さな個体，ウナギは体長 50 cm 以下の個体である．一方，海水魚はニシン科 13 点，エイ・サメ類 11 点，サバ属 6 点，マイワシ 3 点，タイ科 2 点，ハモ属，スズキ，アジ科，マダイ，カワハギ科が出土している．イワシ類は，いずれも体長 20 cm 以下，エイ・サメ類も小形のものである．サバ属は体長 20～30 cm，タイ科は体長 60 cm 以上の大形個体，マダイは体長 30～40 cm，スズキ，カワハギ科は体長 20～30 cm，アジ科は体長 20 cm 以下である．

第 51 次調査で出土した魚骨は，淡水魚はナマズが最も多く 21 点が出土しており，魚類全体の 24.7% を占める．これに続いてアユ 16 点，コイ科 10 点，ドジョウ科 8 点，ウナギ 4 点，ギギ 3 点，コイ 2 点，ウグイ属 1 点が出土している．ナマズは体長 20 cm 以下の小形個体が半数以上を占める

が，体長 20～30 cm の個体もあり，ギギはすべて体長 10～20 cm の小形個体であり，アユ，コイ科は体長 20 cm 以下で，コイ科には 10 cm 程度の小形個体も含まれる．コイは体長 40～50 cm の大形個体と 10～20 cm の小形個体が含まれる．ウグイ属は体長 10～20 cm で，ドジョウ科は体長 10 cm 前後である．ウナギは体長 50 cm 程度かそれより小形個体である．一方，海水魚はイワシ類 6 点，タイ科が 3 点ずつ，エイ・サメ類，ウツボ，サバ属が 3 点ずつ，サメ類，ハモ属，アジ科，サバ科が 1 点ずつ出土している．イワシ類は体長 20 cm 以下の小形個体である．エイ・サメ類は小形のエイ類と推測される．ハモ属は体長 100 cm 以上の大形個体である．ウツボ属は体長 50 cm 程度とそれよりやや大きい個体である．サバ属は体長 20 cm 程度である．

魚類遺存体の変遷

唐古・鍵遺跡の魚類利用は，ナマズ，ギギ，コイ，フナ属，ウグイ属，ドジョウ科，アユ，ウナギなどの淡水魚が中心であった（図 8-5）．淡水魚が多く利用されたことは，遺跡が内陸に位置しており，周辺環境を利用した漁撈が行われたのである．

大阪平野の宮ノ下遺跡（別所 1996）や亀井遺跡（樽野・山西 1980；松井 1986）などの弥生遺跡におけるナマズの出土頻度は高い．これら大阪平野の弥生時代の遺跡から出土している魚類遺存体は食用となったものと考えられ，ナマズが重要種の一つであったといえる．これらに対して大阪湾沿岸部の池上遺跡では，マダイなどの海水魚が主体である（金子 1980）．また，伊勢湾沿岸のやや内陸に位置する朝日遺跡では，淡水魚が海水魚よりやや多く出土しており，淡水魚ではコイ科，ナマズ属，アユが主体である（山崎 2005）．近畿・東海地方の弥生遺跡では淡水魚が出土することは一般的であり，その主要種がコイ，フナ，ナマズといえる．これらにドジョウを含めた 4 種類の淡水魚は，河川や湖沼に生息するだけでなく，産卵期には水田や灌漑施設に進入する習性があり，稲作を営む弥生時代の人々にも馴染み深い魚種

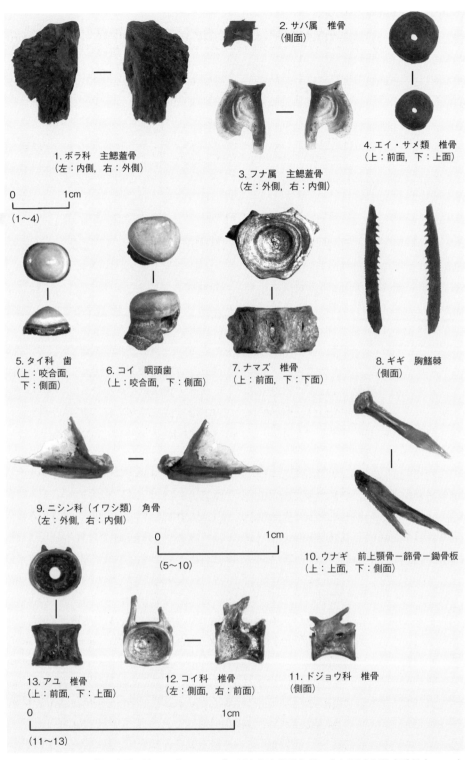

図8-4 弥生時代後期の魚骨（丸山・藤田2010『田原本町文化財年報20』田原本町教育委員会 p.119）

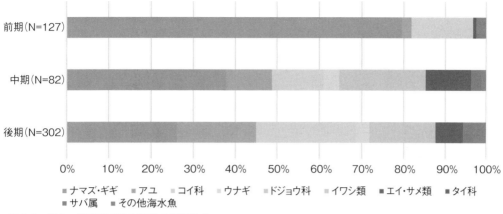
図 8-5 唐古・鍵遺跡の弥生時代の魚類組成

あったと思われる．弥生時代に水稲農耕が普及し，水田は米作りだけでなく，漁場としても重要であったことを示唆する．

唐古・鍵遺跡では，淡水魚と比較して出土量が少ないにしても，弥生時代前期から後期まで継続して海水魚が出土していることは注目すべきことである．淡水魚との量比，種類数の時期的変化をみると，前期～中期初頭では海水魚は1割にも満たず，種類数も5種類に留まる．さらに土器様式で細分した時期別にみれば，大和Ⅰ-1様式段階では海水魚は出土しておらず，大和Ⅰ-2様式段階で海水魚が出土する．それが中期や後期になると，海水魚の比率が2～3割に増加し，種類数は中期で5種類，後期で10種類に増加する．唐古・鍵遺跡に集落が成立する弥生時代前期前半は海水魚の持ち込みがなかった，あるいは非常に少なかった，それが前期後半になると一定量の海水魚がもたらされるようになり，中期・後期には持ち込まれる量や種類が増えたと考えられる．

唐古・鍵遺跡は河内平野から水稲農耕の技術を持った人々が入植してきたと推測され，前期から中期にかけて3つの小集落が環濠で囲まれ，集落の規模が拡大する（藤田 2012）．集落の成立期から大阪方面との繋がりがあり，集落の発展とともに沿岸部との交流が盛んになることで，海水魚の比率が高まり，種類数が増加したとも考えられるが，具体的な理由は未だ定かではない．また，内陸の遺跡における海水魚の必要性を考えなくてはならない．

海水魚の必要性

唐古・鍵遺跡で出土している他地域からの搬入土器によって，大阪湾沿岸，和歌山湾沿岸，伊勢湾沿岸との交流がうかがえ，それらの地域から海産物が持ち込まれたことが見込まれる．複数の供給地を想定することもできるが，ハモ属が出土していることに注目すれば，大阪湾沿岸地域を供給地として考えることができる．大阪湾沿岸地域や河内平野の弥生遺跡で，ハモ属はしばしば出土しており，前期の神戸市楠・荒田遺跡（渡辺1980），中期の大阪市桑津遺跡（久保1996），神戸市戎町遺跡（松井1989），後期の池上遺跡（金子・牛沢1980），八尾市亀井遺跡（樽野・山西1980）などが挙げられ，ハモを食用とする文化が根付いていた地域といえよう．また，弥生時代中期後半の飯蛸壺が出土しており，その形の特徴から大阪の和泉沿岸地域からもたらされたものと考えられている（藤田 2012）．唐古・鍵遺跡と最も近い海である大阪湾沿岸地域が海水魚の第一の供給地である可能性が高い．

唐古・鍵遺跡で生活する人々は淡水魚の利用が中心であるにもかかわらず，わざわざ遠方から運ばれる，決して新鮮とはいえない海水魚をなぜ必要としたのであろうか．遺跡から出土する魚骨によって証明することは難しいが，鮮魚ではなく，内臓を除去して日干ししたものや塩漬けにしたも

のであろう．出土した海水魚は，いずれの種類も沿岸部の遺跡で出土する魚種であり，食用として持ち込まれたと考えるのが自然である．

唐古・鍵遺跡の人々の食生活を読み解いた分析が行われている．出土した人骨の炭素・窒素安定同位体による食性分析である．分析した人骨3個体のうちの2個体は，水稲あるいは水田に由来する魚貝類を多く摂取していた可能性があり，他の1個体は陸上生態系と海洋生態系の双方を利用していた縄文人の同位体の特徴と類似している（米田・安部・丸山・藤田 2015）．また，唐古・鍵遺跡から出土した土器に付着するコゲ（炭化物）の炭素14年代測定では，土器様式における年代観と異なる値が示されたものがみつかっている．この年代観の相違は，海産物を調理したコゲを測定したため，海洋リザーバー効果によって土器の年代より古い値を示したと推測されている（小林 2007）．安定同位体分析では，他より多くの海産物を摂取していた人（沿岸部から移動してきた可能性もある）が存在すること，年代測定では海産物を調理していたことが指摘され，海産物を調理した人あるいは食用としていた人がいることは確実である．しかし裏を返せば，その他の人や土器は，海産物の摂取率は少なく，海産物の調理も限られていたという見方ができる．

やはり，魚骨の同定結果による淡水魚と海水魚の比率にみられるように，海産物を日常的な食料としていたとは考えにくい．では，非日常的な食料とみることはできるのであろうか．弥生時代中期と後期の井戸から出土した遺物に注目すると，中期の井戸では供献された広口壺，大型細頸壺，水差形土器などの完形品や卜骨などの祭祀に関連した遺物がある．後期の井戸2基からも，供献された完形品の大小2点の短頸壺，吉備産の大形器台，木製楯・鍬，杓子未成品，卜骨，ヒョウタンなどの祭祀に関連する遺物が出土している．祭祀遺物が出土した同じ土層から海水魚が出土しており，祭祀における供献物あるいは儀礼食であったことを想定できる．しかしながら，祭祀遺物が出土しない土層でも海水魚は出土しており，簡単には結論づけられないのが実際である．

3. 弥生時代以前と以後

奈良盆地で海水魚が出土する最古の遺跡は，唐古・鍵遺跡ではない．時代を遡った縄文時代晩期，御所市観音寺本馬遺跡と橿原市橿原遺跡でも海水魚が出土している（丸山・大藪 2013；丸山・橋本・松井 2011）．観音寺本馬遺跡では，サメ類の歯が2点だけ出土しており，歯根部は破損してエナメル質のみが保存されていた．橿原遺跡では18点の魚骨が出土しており，淡水魚はコイ1点のみで，その他はスズキ，フグ科が同数で最も多く，ボラ科，タイ科，トビエイ科，ハモ属，クロダイ属，マダイ，コショウダイ属が出土しており，魚類以外にクジラ類やウミガメ類も出土している．

奈良盆地では縄文時代晩期には，すでに沿岸部との交流があり，海産物が持ち込まれていたのである．橿原遺跡で出土した土器や石器をみれば，在地とは別の東北，瀬戸内などの異系統土器の占める比率が高いこと，大量の土偶，動物形土製品，土冠，石棒，石刀，石冠などの特殊な遺物が出土している（奈良県立橿原考古学研究所 2011）．遺構から出土したものではなく，どのような状況で出土したのか明らかではないが，このような橿原遺跡の資料群にあって海水魚の出土は，特殊な状況で消費されたことも推察される．

弥生時代以後の遺跡からも海産物は出土しており，最近になって事例が増加した．古墳時代では，桜井市坪井・大福遺跡，御所市南郷大東遺跡，田原本町十六面・薬王寺遺跡，曽我遺跡，巨勢山古墳群に海産物の出土がある．坪井・大福遺跡は，弥生時代の環濠集落であり，サメ類の椎骨が1点のみ出土している（樽野 1978）．

南郷大東遺跡は，古墳時代の有力豪族である葛城氏の拠点であった南郷遺跡群にあり，1点のみであるがハタ科が出土している（松井 2003）．唐古・鍵遺跡の南にある十六面・薬王寺遺跡ではマダイが3点，タイ科が4点，貝類では淡水産のカワニナ科6点，海水産のオキシジミが1点，橿原市曽我遺跡では同一個体とみられるサメ類の歯が9点も出土している（丸山 2017, 図 8-6, 8-7）．十六面・薬王寺遺跡の海水魚が出土した土坑は，

図 8-6　十六面・薬王寺遺跡の魚骨（丸山 2017）

図 8-7　曽我遺跡のサメの歯（丸山 2017）

祭祀具と考えられる木製品や骨角製品が出土しており，犠牲と考えられる馬骨には4個体の下顎骨が含まれ，鳥類のカモ科もあり，一括で出土したマダイは祭祀の供献物と考えられる．馬には明瞭な解体痕がみられ，犠牲として捧げるとともに食用にしたのであろう．魚類，貝類，鳥類もまた，供献後に食用としたことが推察される．

また，巨勢山古墳群ミノ山支群3号墳の蓋坏などの副葬土器の中からハマグリが出土している（奈良県立橿原考古学研究所1983）．副葬土器の中に納められたハマグリは供献物であり，海産物であることにも意味があったのであろう．前述の南郷大東遺跡や天理市布留遺跡などで製塩土器が集中的に出土しており，沿岸部との強い結びつきをみる．現状では古墳時代の魚骨の出土量は少なく，不明なことは多いが，淡水魚より海水魚の方が多く見つかっており，古墳時代の初め頃には海産物の利用頻度が高まっていたのかもしれない．

出土した海産物は食用となる種類であるが，縄文時代の観音寺本馬遺跡や古墳時代の曽我遺跡ではサメ類の歯のみが出土しており，食用として持ち込まれたのか定かではない．縄文時代には，サメ類の歯の歯根部に穿孔を施し，装身具として利用されることは珍しくない．残念ながら観音寺本馬遺跡で出土したものは歯根が破損し，加工痕を確認できない．曽我遺跡は古墳時代の玉作りの代表的な集落であり，サメ類の歯も装身具の素材の一つであった可能性もあるが，出土資料には加工痕はみられず，サメ類の歯そのものに特別な意味があったことも想定される．

　なお，古墳時代以降に中央集権化が進んでいく中，飛鳥時代の飛鳥京跡苑池遺構で淡水魚のサケ科が 3 点，海水魚のスズキ 4 点，ブリ属 2 点，エイ・サメ類とコチ科 1 点（丸山・松井 2012），藤原宮跡で海産貝類のアカニシ，エイ・サメ類，マダイが各 1 点（山崎 2016），奈良時代の平城京東市跡ではボラ科，サケ属が出土している（中島 2004）．奈良盆地に都城が成立してからは，地方から多様な海産物がもたらされたことはよく知られている（関根 1969）．荷札木簡などの文字資料によって，奈良盆地と各地の結びつきが明確化するこの時代において，海水魚が出土することに贄や税という貢納物，市での商品としての位置づけも与えられる．

4．まとめ

　海と人との関係をみるには，沿岸部の遺跡に真っ先に注目する．当然，海と接している人々が残した遺跡に多くの情報が残されているからである．しかしながら，内陸の人々の生活にも目を向けてみれば，改めて海産物の重要性を認識することができる．

　本章では，弥生時代の唐古・鍵遺跡を中心に，その前後の縄文時代と古墳時代の遺跡から出土した海産物を紹介した．それぞれの遺跡は，各時代を代表する拠点的な集落遺跡であり，盆地外との交流があったことは在地以外の土器を有することからも明らかである．唐古・鍵遺跡では，淡水魚に比べて海水魚の比率は圧倒的に低く，海から隔たった奈良盆地では，海産物が貴重品であったことは間違いない．また，祭祀遺物とともに出土したものを積極的に評価すれば，海産物が祭祀に伴う供献物や，儀礼食となっていたと考えられる．であるにしても，特定の魚貝類が選択的に消費された状況はみられず，定形化したものではなかったのであろう．

　奈良盆地で出土している先史遺跡から出土した海産物は，本稿で取り上げた遺跡以外に数例程度であり，大分部の遺跡では魚骨の出土は報告されていない．第 7 章で記したように，土壌環境によって動物遺存体の保存に恵まれない遺跡があることや，土壌の篩がけをしていなければ微小な魚骨は見落とされている可能性が高い．現在までに認識している断片的な資料によって，奈良盆地の魚類利用の全貌を把握したことにはならず，特殊な面だけを見ている可能性もあり，今後の研究の積み重ねが必要である．

参考文献

金子浩昌・牛沢百合子 1980「池上遺跡出土動物遺体」『池上・四ツ池遺跡』第 6 分冊　自然遺物編　（財）大阪文化財センター 9-32 頁

久保和士 1996「桑津弥生人の食を探る」『葦火』65 号　大阪市文化財協会 6-7 頁

小林謙一 2007「同位体分析による土器付着物の内容検討に向けて」『土器研究の新視点』大手前大学史学研究所オープン・リサーチ・センター研究報告第 2 号　長友朋子編　大手前大学史学研究所 112-133 頁

小林行雄・末永雅雄・藤岡謙二郎 1943『大和唐古彌生式遺蹟の研究』京都帝國大学文学部考古学教室

関根真隆 1969『奈良町食生活の研究』吉川弘文館

中島和彦 2004「平城京東市跡推定地（左京八条三坊十二坪・東三坊坊間路）の調査第 27・28 次」『奈良市埋蔵文化財調査概要報告書』奈良市教育委員会 87-102 頁

樽野博幸 1978「大福遺跡出土の獣骨について」『大福遺跡』奈良県立橿原考古学研究所 127-144 頁

樽野博幸・山西良平 1980「動物遺体」『亀井・城山』（財）大阪文化財センター 397-404 頁

田原本町教育委員会編 2004『唐古・鍵考古学ミュージアム展示図録』田原本町教育委員会

奈良県立橿原考古学研究所 1983『奈良県遺跡調査概報 1982 年度』第 2 分冊

奈良県立橿原考古学研究所 2011『重要文化財橿原遺跡出土品の研究』

藤田三郎 2012『唐古・鍵遺跡』日本の遺跡 45　同成社

藤田三郎・丸山真史 2012「唐古・鍵遺跡第 37 次調査出土の魚類遺存体について」『田原本町文化財調査年報 20』田原本町教育委員会 111-119 頁

松井章 2003「南郷大東遺跡出土の動物遺存体」『南郷遺跡

群Ⅲ』橿原考古学研究所 303-308 頁

丸山真史 2017「動物遺存体の概要」『国家形成期の畿内における馬の飼育と利用に関する基礎的研究－平成 26 年度～28 年度科学研究費基盤』（C）（一般）成果報告書－』青柳泰介・丸山真史編　奈良県立橿原考古学研究所 11-26 頁

丸山真史・大藪由美子 2013「観音寺本馬遺跡Ⅲ区から出土した動物遺存体」『観音寺本馬遺跡Ⅰ』附録 CD 奈良県立橿原考古学研究所

丸山真史・藤田三郎 2014「唐古・鍵遺跡出土の魚類遺存体について」『田原本町文化財調査年報 22』田原本町教育委員会 135-147 頁

丸山真史・藤田三郎 2017「唐古・鍵遺跡における弥生時代前期の魚類遺存体」『田原本町文化財調査年報 25』田原本町教育委員会 109-116 頁

丸山真史・松井章 2012「動物遺存体分析」『史跡・名勝飛鳥京跡苑池（一）』奈良県立橿原考古学研究所調査報告書第 111 冊，奈良県立橿原考古学研究所 185-189 頁

丸山真史・橋本裕子・松井章 2011「橿原遺跡出土の動物遺存体」『重要文化財橿原遺跡出土品の研究』奈良県立橿原考古学研究所 281-294 頁

松井章 1989「戎町遺跡第 1 次調査出土の動物遺存体」『戎町遺跡第 1 次発掘調査概報』神戸市教育委員会 127-129 頁

渡辺誠 1980「自然遺物」『楠・荒田町遺跡発掘調査報告書』神戸市交通局・神戸市教育委員会 105-106 頁

山崎健 2005「朝日遺跡出土の魚類遺存体」『研究紀要』第 6 号（財）愛知県教育サービスセンター・愛知県埋蔵文化財センター 34-45 頁

山崎健 2016「藤原宮跡から出土した動物遺存体」『藤原宮跡出土馬の研究』奈良文化財研究所 1-26 頁

米田穣・安部みき子・丸山真史・藤田三郎 2015「唐古・鍵遺跡における散乱人骨における形態学的初見と炭素・窒素同位体分析」『田原本町文化財調査年報 24』田原本町教育委員会 133-142 頁

第9章　近世の海産物利用

　文字が使用される時代の海産物利用の研究には，考古資料以外に文献資料や民俗資料が加わることで，先史に比べて飛躍的に情報量が増加する．そのため考古学では，考古資料を主要な研究対象とし，文献史学や民俗学による研究成果を援用することで，より具体的な水産物利用を明らかにすることができる．本章では，近世遺跡から出土する魚貝類遺存体からみた生産-流通-消費-廃棄という一連の海産物利用について紹介する．その舞台には，近年，数多くの発掘調査が相次いで行われてきた神戸・大阪・京都を取り上げ，それぞれ特徴的な魚貝類の組成をみる遺跡について，そこでの海産物利用を読み解いていく（図9-1）．

1. 兵庫津における漁業と海産物利用

兵庫津遺跡から出土した魚貝類

　兵庫県神戸市は，国際港湾都市として有名であり，兵庫津という近世都市が前身となっている．兵庫津は，古代から交通，流通の要衝として重要な役割を果たしていた．織豊期には兵庫城の築城を契機として町の城郭化が進められ，江戸時代には大坂と西国との交通や，物資流通の増加にともない発展し，幕末には兵庫（神戸）開港をむかえる．また，近代の兵庫は，海産資源に恵まれた瀬戸内海に面する立地により，阪神間でも有数の漁獲地でもあった．

　このような歴史を持つ神戸の兵庫津遺跡では，70ヶ所近い地点での発掘調査が行われている．その中でも第14次調査地点（現在の七宮町）は，元禄9（1696）年成立の『摂州八部郡福原庄兵庫津絵図』（以下，元禄絵図と記す.）の「宮前町」の一角にあたり，調査で見つかった建物跡から16世紀第4四半期から18世紀前半の町割りが復元されている（神戸市教育委員会 2010）．発掘調査で明らかになった17世紀後半から18世紀前半（第2遺構面）の町割りは，天保9（1838）年成立の『宮前町水帳絵図』の地割とよく合致している（図9-2）．この調査地は，日常什器である碗や皿などの陶磁器，建物の屋根瓦，釣針や漁網錘といった漁具，そして総数1万点にもおよぶ動物

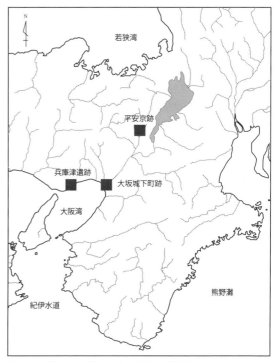

図9-1　神戸・大阪・京都の遺跡の位置

遺存体が出土し（口絵30），兵庫津遺跡と水産業の関係をみるうえで重要な地点である．

　兵庫津遺跡第14次調査で出土した動物遺存体は，屋敷地内あるいは町屋群の空き地に掘られた径1～2mのゴミ捨て穴や，地面に埋めた径1m前後の桶（埋桶）に投棄されたものである．それらの大部分は食用となるものであるが，食用にならないアワジチヒロやニシキガイといった貝類も

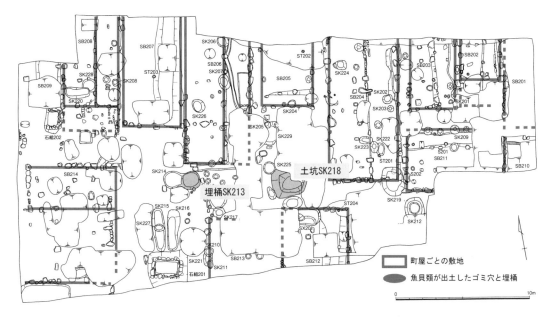

図 9-2　兵庫津遺跡第 14 次調査の町屋跡（神戸市教育委員会 2010 を改変）

少量であるが混在している．この調査を特徴付ける遺構には，最終的にゴミ穴として利用された土坑 SK218 があり，貝類 603 点，魚類 1049 点と，あわせて 50 種類を越える多様な魚貝類が出土した（丸山・松井 2010）．貝類はトリガイが 132 個体と最も多く，サザエ 102 個体，ハマグリ 38 個体などが続く（図 9-3）．魚類はフグ科が 205 点，エイ・サメ類 155 点，ウシノシタ科が 137 点，ハモ属 92 点，カレイ科 71 点などが続く（図 9-4）．また，ほぼ同時期のゴミ捨てに転用された埋桶 SK213 からは，魚類が 1400 点出土しており，マダイ 130 点，イワシ類 126 点，ハモ属 88 点，ウシノシタ科 87 点，フグ科 84 点などが続く（図 9-5）．

貝類は，大量に出土したトリガイが注目される．トリガイは，大阪市堂島蔵屋敷跡（18 世紀）と西宮市西宮神社社頭遺跡（14〜15 世紀）で一定量が出土しているが（池田 2010；丸山 2011c），京都，大坂の魚市場跡や屋敷地跡での出土は一般的ではない．兵庫津遺跡では，第 62 次調査でもトリガイが大量に出土している．トリガイのみで構築された，17 世紀中頃から 18 世紀前半の貝溜まり 4 基が検出されている（神戸市教育委員会 2017）．この調査地は元禄絵図では「新町」に該当し，町屋群が形成されていたことが調査でも確認されている．出土したトリガイの総量は，最小個体数 991 個体，殻頂が破損した破片を含めた総重量は約 36 kg を量る．それらの中で最大規模の貝溜まりは，遺構検出面の時期によって 18 世紀初頭前後の所産と推定され，最小個体数 429 個体，総重量約 12 kg を量る．一般家庭で排出されたとは考えられない量の生ゴミである（丸山 2017）．

魚類は，土坑 SK218 ではフグ科，エイ・サメ類，ウシノシタ科などの出土量が多い．一方，埋桶 SK213 ではマダイが最多の出土量を示すが，その出土比率は 9％と低く，イワシ類などの他の魚種と比較して卓越しない．後述する京都や大坂の屋敷地では，大抵の場合がマダイやキダイを含むタイ科が魚類の 1／4 以上を占める．また，京都や大坂では，マダイの大きさは体長 30 cm から 50 cm と推定されるものが多いのに対して，兵庫津遺跡では体長 20 cm に満たない個体が多く含まれている．また，土坑 SK218 出土のスズキ，ヒラメ，サバ属の半数あるいはそれ以上が，現生骨格標本との比較で体長 20 cm 以下と推定される．

以上のように兵庫津遺跡出土の貝類は，トリガイが大量かつ集中的に出土すること，タイ科に集中せず，小さな個体が多く含まれることが特徴の

第 9 章　近世の海産物利用　133

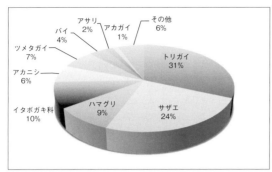

図9-3 兵庫津遺跡土坑SK218出土の貝類組成（N=419，最小個体数）

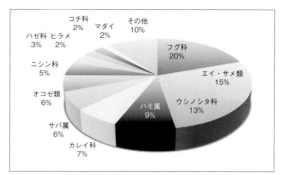

図9-4 兵庫津遺跡土坑SK218出土の魚類組成（N=1049，破片数）

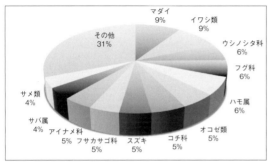

図9-5 兵庫津遺跡埋桶SK213出土の魚類組成（N=1400，破片数）

一つとなる（丸山2012）．

史料にみる兵庫津の魚市場と宮前町

　寛政8（1796）年成立の『摂津名所図会』には，兵庫津の北浜の宮前町，南浜の今出在家町に魚市場があり，早船を仕立てて京都，大坂の市に送って魚を販売し，その美味さから「兵庫の魚」として有名であったことが記されている．また，南浜の今出在家の浜の生洲が描かれており，その生洲を泳ぐ魚にはタイ，ハモ，スズキの他に，エイ，コチ，ヒラメ，フグ，タコ，イセエビなど多様な海産物がある（図9-6）．また「兵庫の生洲は今出在家の浜にあり，常に諸魚を生けて，湿気の時，不漁の用とす．禁裏臨時調具もこれより捧ぐること多し」という詞書きがあり，悪天候の際にこの生洲から市場に出荷し，選りすぐった新鮮な魚を京都の禁裏に献上するという機能を果たしたことが窺える．

　前述の『宮前町水帳絵図』で，第14次調査地に該当する町屋群は，魚屋久四郎，魚屋惣兵衛，魚屋太郎兵衛，丹波屋七兵衛門，蛤屋太兵衛，東海屋徳兵衛，貝屋甚左衛門，貝屋市左衛門，石屋半右衛門，生駒屋弥兵衛らの所有地となっている（高久2002）．これら土地所有者の「魚屋」，「貝屋」，「蛤屋」といった屋号から，水産業に従事する人々の所有地であることがわかる．さらに，文久2年（1862）成立の『商家繁栄歳中日用記』には，「生魚問屋　貝屋甚左衛門・魚屋惣兵衛」の名前が挙げられ，この両名が調査地の一角の土地所有者であることから，京都や大坂の魚市場に魚貝類を卸す生魚の商いに関連したことも考えられる．

トリガイの剥き身製造

　兵庫津遺跡の魚貝種の組成や消費されたマダイの大きさは，魚貝類消費の性格を示唆している．すなわち，兵庫津遺跡で釣針や漁網錘が数多く出土していること，史料から宮前町には魚市場があり，第14次調査地が水産業に関連する商人の所有地であったことから，生産地における魚貝類の消費状況を示す資料といえる．

　前述のように，京都や大坂ではトリガイの出土は一般的ではないが，史料からトリガイが消費されたことを読み取ることができる．たとえば，永禄4（1561）年から6（1563）年頃成立の『猿の草紙』には，京都を舞台とする物語中で饗宴の食材に「鳥貝」が登場し，その入手には兵庫，尼崎，敦賀，小浜といった範囲で飛脚を遣わせている（矢田2005）．山科教言の日記，『教言卿記』の応永14（1407）年11月24日条に，山科教言から法印（坂士仏）への贈答品として「鳥貝」が記録

図9-6 兵庫生洲（『摂津名所図会』）

される．また，応永14（1407）年6月14日条に，西宮から魚貝類を購入した記録がある．これらで注目されるのは，入手先に兵庫，西宮，尼崎の阪神間の地名が見られることである．

これらのうち尼崎は，18世紀初頭から中頃にトリガイの産地として有名になっていた．元禄14（1701）年成立の摂津の地誌『攝陽群談』には，「名物土産の部」に「鳥貝」があり，尼崎ではトリガイが多く獲れ，干物にして販売しているという記事が見られる（蘆田編1915）．正徳3（1713）年成立の本草書『和漢三才図会』には，「鳥蛤」と記され，やはり尼崎でトリガイの殻を取り去って販売していることが窺える（和漢三才圖會刊行委員会1970）．また，宝暦7（1754）年成立の『日本山海名物図会』には，「摂州尼崎鳥貝」と題され，尼崎で舟を使ってトリガイを大量に捕獲する様が描かれている．

現代でもトリガイは剥き身にして，可食部の「足」だけを店頭に並べて流通させることが一般的である．京都や大坂の屋敷地，魚市場跡でほとんど出土しないことは，トリガイを剥き身にして流通させたためであり，兵庫津遺跡で出土した大量のトリガイは，この地で剥き身を製造した残滓と推察される．第14次調査地の町屋群は，水産加工場としての役割も担っており，第62次調査でみられるような，より大規模な工房も兵庫津には存在したと考えられる．

漁業と雑魚の利用

魚骨からは，兵庫津における17世紀後半から18世紀前半までの漁業を推定できる．出土した魚種は，淡水域，沿岸岩礁域，沿岸内海底層，沿岸内海表層〜中層，沿岸外海底層，沿岸外海表層〜中層，寒海，暖海外洋表層と生息域によって大きく分類でき，瀬戸内海で漁獲できる魚種が大部分を占めている．その中でも沿岸内海底層に生息するフグ科・エイ類・ウシノシタ科・ハモ属などの出土量が多い．これらの魚種に続いてサバ属・イワシ類など沿岸内海の表層〜中層に生息する魚種も多いことから，兵庫津では沿岸地先における漁業が盛んであり，底生の魚種が多いことは，底曳き網の発達を示しているだろう．

第9章　近世の海産物利用　135

魚類の体長組成は漁具，漁撈技術と相関しており（赤沢1969），イワシ類などの小型魚を狙った網漁では，大量の雑魚も水揚げされたであろう．兵庫津遺跡では，火災にあった町屋跡から漁網が折り重なった状態で出土している．この漁網の網目の結節間は一辺9.0〜15 mm，網目の最大幅は14〜21 mmを測る．火を受けたことで収縮しているとしても，このような目の細かい漁網は小型魚の捕獲用と考えられる．釣針も大量に出土しており，土坑SK218では高さが20 mm前後，ふところ幅が9 mm前後に集中した規格性に富む製品が含まれる（神戸市教育委員会2010）．これらの釣針は40点以上あり，一括廃棄されていることから，延縄漁に用いた可能性がある．

明治27年に農商務省農務局によって編集された『水産事項特別調査』では，神戸の重要水産物の生鮮品に「ハモ，タコ，コノシロ，カレイ，コチ」が，製造品に「ザコ（雑魚）」が挙げられている（神戸市史編集委員会1990）．18世紀後半に刊行された『鯛百珍料理秘密箱』には「若州名物小鯛漬」が紹介されており，兵庫津遺跡に見るような小鯛（若魚）が若狭でも漁獲されていたこと，雑魚を加工することで「小鯛漬」として商品化していたことを物語っている．出土した魚種は白身魚が多く，竹輪や蒲鉾などの練り物に加工していたことも推測できる．このような雑魚を頻繁に漁獲することから，それらを加工品にすることで商品価値が生じ，都市部に流通するようになったのであろう．

2. 大坂の魚市場

江戸時代の大坂は，「天下の台所」と称されたことはよく知られる．天下の台所と聞くと，現代の大阪が食いだおれの街と呼ばれることに結びつけ，江戸時代も食の街というイメージを抱くかもしれない．しかし実際は，堂島や中之島に諸藩が米蔵を建て，大坂で米を換金していたことに由来する．大阪市内の発掘調査では，豊臣秀吉が大坂城と城下町を建設した時期の遺構からも数多くの動物遺存体が出土している．中でも豊臣後期から江戸時代初期（16世紀末〜17世紀初頭）の魚市場跡の発掘調査は，近世の水産物流通を考える資料として重要である．

魚市場跡と考えられる地点は，大阪市中央区の堺筋の東西に位置する．そこでは，魚名を記載した木簡や魚骨が大量に出土している．魚市場跡は，かつて靱町・天満町と呼ばれ，天正年間（1573〜1592）に天満鳴尾町から移転してきた場所であり，その後の魚市場は1618（元和4）年に生魚商の一部が上魚屋町（現安土町）へ，さらに1679（延宝7）年には鷺島に本店を移し，そこが雑魚場（現西区靱本町付近）と呼ばれるようになった（酒井1992，図9-7）．

魚市場跡の発掘調査は，大阪市中央区道修町1丁目（OS86-20次調査），高麗橋1丁目（AZ87-5次調査），伏見町2丁目（OJ92-1次調査），伏見町1丁目（OJ06-3次調査）の計4地点で行われている（図9-8）．出土した海水魚は49種類にのぼり，破片数にして1826点，最小個体数では273個体を数える（久保1999；丸山・松井・黒田2007）．マダイ，スズキ，アジ，サバ，イワシの仲間などの現代にも馴染みのものばかりでなく，ダツ属，タカベ，ミシマオコゼ科といったあまり馴染みがないものも含まれている．大部分の魚種は，大阪湾や瀬戸内海の近海で漁獲できるものであるが，マグロやカツオに代表されるような外洋性魚類，タラ科やサケ属といった北日本に生息する魚種は，太平洋や日本海沿岸部から持ち込まれたものである．多くの魚骨は散乱状態で出土しているが，稀に交連状態のマダイやイワシがまとまって出土しており，何らかの理由で販売されないまま廃棄されたと考えられる．

魚市場に残された魚骨は，販売できなかったもの，売れ残ったもの，解体して肉だけを販売した残滓，魚市場にいる人々の食料残滓など様々に考えられる．とはいえ，基本的に市場の入荷品とすれば，魚骨の出土量や出土頻度は，ある程度の入荷状況を反映しているであろう．全ての地点で出土している魚種は，マイワシ，ボラ科，カマス科，マアジ属，サワラ，ハモ科，エソ科，マダイ，コチ科，フグ科の10種類である．破片の出土量が多い順番に，カタクチイワシ326点，マダイ324

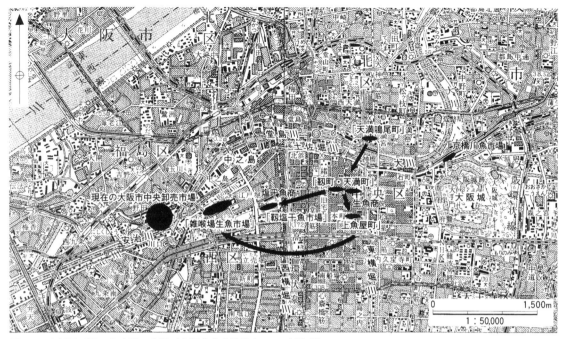

図9-7 大坂城下町の魚市場の変遷（大阪市文化財協会2004を改変）

点，ハモ科145点，トビウオ科121点，スズキ103点，その他100点以下の各種類が続く（図9-9）．マダイの出土量は多いが，兵庫津遺跡と同様に突出した組成を示さない点が特徴的である．OS86-20次調査で出土した魚名を記載した木簡の分析では，ムロアジ，アジ，サバ，イワシなどの青魚が多く市場に持ち込まれたことが指摘されている（久保1999a）．木簡と魚骨をあわせてみれば，青魚だけでなく，白身魚の入荷も一般的といえる．

地点別にみると，OS86-20次調査，OJ92-1次調査ではイワシの仲間が多数を占め，アジの仲間も比較的多く，総じて青魚が多いことは木簡と調和的である．一方，AZ87-05次調査，OJ06-3次調査では，青魚が少ない．今日でも，イワシやアジは丸ごと1尾を販売しているのをよく見かける．これと同じで，骨付きの状態で魚市場から持ち出されたのであろう．大坂の屋敷地などの発掘調査でも，イワシやアジの仲間が一般的に出土することは，その傍証となる．また，AZ87-05次調査，OJ06-3次調査では，マダイ，ハモ科，スズキと白身魚が多く出土しており，地点によって中心的に商う魚種が異なっていたことも考えられる．

なお，魚名を記載した木簡が少量出土しているOJ92-18次調査は，魚市場に関連したゴミが投棄された，あるいは紛れ込んだ可能性のある場所であり，活け〆の痕跡があるマダイが出土している（久保1999）．近世には生魚を輸送する生け間を設けた「活魚船」があったことから（日本風俗史学会編1989），鮮魚流通の技術が進歩しており，生魚が多く流通していたことも推察される．

3. 京都の屋敷における水産物利用

京都は，大坂とあわせて上方と称され，江戸時代には日本を代表する文化が発展した．平安京が建設されて以来，現在に至るまで様々な文化の根本を有する都市であり，懐石料理から発展した京料理が日本料理の源流となっている．近年，京都の市街地では，再開発に伴う発掘調査が増加し，多量の動物遺存体が出土している．主に武家屋敷跡や町屋跡，京都ならではの公家屋敷跡の発掘調査も行われ，屋敷の裏手に掘られたゴミ穴で動物遺存体が出土することが一般的である．本章では，それぞれの代表的な遺跡である，常盤井殿町遺跡，平安京左京四条二坊十四町跡，平安京左京六条三坊五町跡から出土した魚貝類について紹介し（図

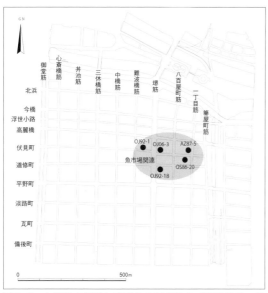

図 9-8 大坂魚市場跡に関連する調査地点（宮路淳子・松井章 2004 に加筆）

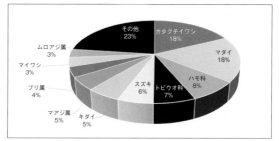

図 9-9 大坂魚市場跡の魚類組成（N=1827，破片数）

9-10)，京都の魚食文化についてみていく．

遺跡から出土した魚貝類

常盤井殿町遺跡は，京都市上京区の現在の京都御所の北側にあたる同志社大学・女子大学構内に位置し，江戸時代には公家の二條家の屋敷地となっていた．二條家は，万治 4（1661）年に禁裏の南方東寄りの新在家に置かれた屋敷の火災後，この地に移転し，明治 23（1890）年までこの地を生活の場としていた．二條家屋敷地内に掘られたゴミ穴から，481 点にのぼる動物遺存体が出土している．また，18 世紀後半に位置づけられる大量の土師皿が出土しており，宴会の後始末を想起させ，共伴する魚貝類遺存体はその食材であることを示唆する．出土した魚貝類は，貝類が 58 個体，魚類が 270 点を数える（金子 1994；丸山 2010）．貝類は，ハマグリ 23 個体，アカガイ 16 個体，テングニシ 5 個体などで，二枚貝が約半数を占め，これらの他にアワビ類，シジミ類，イタボガキ科，タイラギが出土している（図 9-11）．魚類はキダイ 43 点，タイ科 38 点，イワシ類 37 点などで，キダイを含むタイ科が 3 割を占め，これらの他にトビウオ科，マダイも多く，カマス科，サバ属，キス科などが出土しており，淡水魚のコイ，フナ属，アユは計 5 点に留まる（図 9-12）．

平安京左京四条二坊十四町跡は京都市中京区に位置し，現在は寺町通御池に位置する本能寺の旧地にあたる．調査地は，『寛永十四年洛中絵図』に「本多甲斐守」と記されており，本多政朝によって造営された屋敷地と考えられている（京都市埋蔵文化財研究所 2003）．動物遺存体の大部分は，8 m 四方，深さ 1.4 m と大規模なゴミ穴から出土したものである．このゴミ穴の底部から鉋屑が密集して出土していることから，屋敷建造期の廃棄物を埋めたものと推定され，17 世紀第 2 四半期に位置づけられている．動物遺存体はそれより上層で出土しており，屋敷が利用され始めてから，本多政朝が没する寛永十五（1638）年頃までゴミ穴は開口していたと考えられる．出土した魚貝類は，貝類 727 個体，魚類 318 点を数える（丸山・富岡・平尾 2007）．貝類は，ハマグリ 135 個体，サザエが 111 個体，アワビ類 68 個体などが出土している（図 9-13）．巻貝のサザエとアワビ類をあわせると約 4 割を占め，アカニシ，バイが続いており，巻貝が上位を占める．これらの他にアサリ，シジミ類，ツメタガイなどが出土している．魚類はマダイ 174 点，タイ科 25 点，ブリ属 20 点などで，マダイを含むタイ科が約 6 割を占め，カツオ，ハモ属などが続き，淡水魚はコイ，フナ属，コイ科，ナマズ属をあわせて 10 点に留まる（図 9-14）．

平安京左京六条三坊五町跡は，京都市下京区の東本願寺の北側に位置しており，この付近には，慶長 7（1602）年に公許の遊里「六条三筋町（六条柳町）」が二条柳町から移転し，島原に移動する寛永 17（1640）年まで設置されていた．この地が遊里の移転先に選ばれたことは，江戸時代初

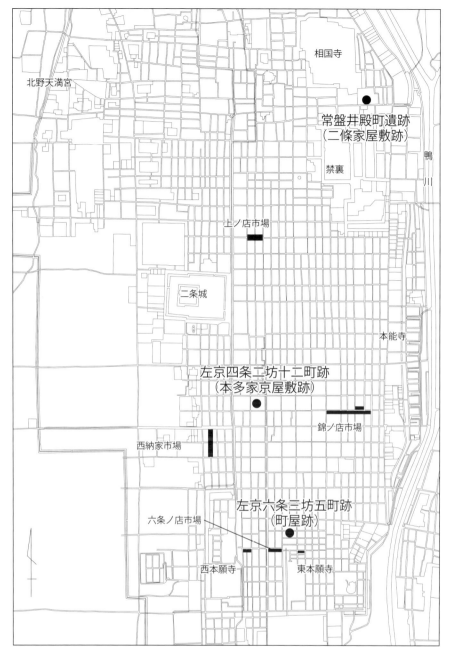

図 9-10 京都の公家屋敷跡・武家屋敷跡・町屋跡

期にはまだ，田圃景観が広がっていたことが推測されている．遊里の移転後，この地に町屋が形成され，江戸時代を通じて様々な商工業者が居住していた（京都市編 1981）．特に動物遺存体が出土したゴミ穴（SK1122）の屋敷地の南側には鋳造施設が設置された町屋が 3 軒あり，職人が多数居住していた地域であることを示している．ゴミ穴（SK1122）は径 5.1 m 程度で，深さ 1.7 m を測る

底部が楕円形を呈し，土師器や陶磁器などから 18 世紀前半に位置づけられる．出土した魚類は 171 点を数える（丸山・松井 2005）．カマス科 59 点，キダイ 25 点，タイ科 16 点などで，カマス科が最多の出土量を示し，キダイを含むタイ科は約 2 割に留まる（図 9-15）．サバ科のサバ属，カツオ，ソウダガツオ属，サワラをあわせると比較的多い．また，貝類が多く出土した土蔵 SX170 は，

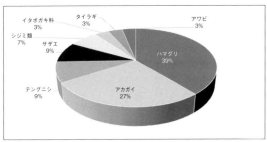

図 9-11　二條家屋敷跡の貝類組成（N=59，最小個体数）

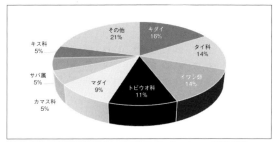

図 9-12　二條家屋敷跡の魚類組成（N=268，破片数）

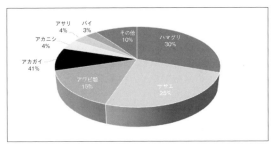

図 9-13　本多家京屋敷跡の貝類組成（N=445，最小個体数）

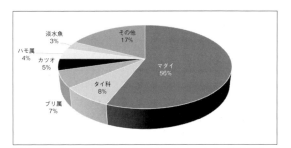

図 9-14　本多家京屋敷跡の魚類組成（N=310，破片数）

基礎の溝は外側で長辺 4.7 m，短辺 3.7 m を測り，出土遺物から幕末に位置づけられる．種類を同定できた貝類は 47 個体（丸山・北野・竜子 2005）．町屋跡の貝類は，SX170 でシジミ類が 30 個体，ハマグリが 13 個体，バイ 2 個体などで，二枚貝が約 9 割を占め，巻貝は少量に留まる（図 9-16）．この他にアカガイとイタボガキ科が出土しており，出土した種類は 5 種類に留まる．

京都の魚食嗜好

　各遺跡において，海水産魚貝類が多く，淡水産は少ない．内陸に位置する京都でも，江戸時代には多様な海産物が利用されたことを示している．また，3 遺跡で共通して出土している魚貝類は，サザエ，アカガイ，イタボガキ科，ハマグリ，シジミ類，マダイ，キダイ，イワシ類，トビウオ科，ハモ属，カマス科，サバ属，カレイ科は，近世の京都において一般的に消費された魚貝種といえる．貝類は大部分が二枚貝であり，その中でも最もよく利用されたのが最多の出土量を示すハマグリである．魚類では，マダイ，キダイを含むタイ科が大部分を占める．遺跡における保存状態の良さや発掘調査中に確認しやすいなどの理由があるにしても，卓越した出土量は，その消費量を物語っている．また，魚貝類ともに 17 世紀から 18 世紀にかけて，現代でも馴染みの種類が出揃い，今日の京都でも馴染みの深いハモ属，カマス科，サバ属，カレイ科の出土頻度が高いことは，現代に通じる食文化が形成されつつあったことを示唆する．京都の近世の魚市場跡と推定される遺跡は調査されていないが，海水魚を扱う上ノ店市場，錦ノ店市場，六条ノ店市場，塩干魚を商う西納家市場があり，若狭から多くの魚荷が輸送される中，素人の直買直売が横行するほど，その輸送量が豊富であったという（藤田 1989）．実際に数多くの海水魚の遺存体が出土していることは，市場経済の発達した近世には，京都に大量の海産物が流通していたことを裏付ける．

　本多家京屋敷跡では，サザエやアワビ類などの巻貝が半数以上を占めるのに対して，二條家屋敷跡と町屋跡ではハマグリ，アカガイ，シジミ類などの二枚貝が 8 割以上を占め，武家屋敷跡で巻貝が多く出土するという傾向が見られる．二枚貝では，ハマグリが 3 遺跡の上位に位置づけられることは共通しているが，二條家屋敷と本多家京屋敷ではアカガイが，町屋ではシジミ類が多いという相違があり，公家屋敷跡と武家屋敷跡でアカガイが，町屋跡ではシジミ類が優占的である．魚類で

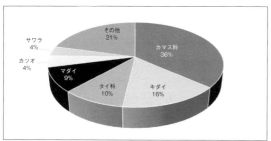

図9-15 町屋跡(平安京左京六条三坊五町跡)の魚類組成
(N=162，破片数)

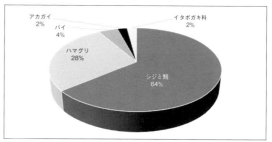

図9-16 町屋跡(平安京左京六条三坊五町跡)の貝類組成
(N=47，最小個体数)

は，二條家屋敷跡と本多家屋敷跡では，マダイ，キダイを含むタイ科が多数を占めるのに対して，町屋跡ではカマス科が圧倒的である．また，二條家屋敷跡と町屋跡ではマダイよりキダイが多い．関西では，キダイをレンコダイと称して，マダイの代替品として利用することがある．タイ科の魚類では，マダイ，キダイなどの「赤い鯛」は出土しているのに対して，クロダイ，ヘダイなどの「黒い鯛」は出土していないことも特徴的である．さらに，外洋性魚類のシイラとカツオは公家屋敷では出土していない．

以上のように，身分階層の異なる屋敷地ごとに出土傾向が見られる．しかし，献立，季節，搬入形態，経済的価値，どのような場で誰が消費したものなのかなどの問題を考慮しなければならず，直ちにそれぞれの身分階層の消費の特徴とすることは難しい．そうであるにしても，公家と武家で高価なアカガイ，マダイ，キダイが優占的であり，さらに二條家と本多家の屋敷に共通してタイラギが出土していることは，経済的に裕福であったことを示しているだろう．また，二條家屋敷跡や本多家屋敷跡において，マダイやキダイといった魚類が大部分を占めることは，大量の土師器の皿が出土していることと考えあわせれば，宴会の食材となった可能性がある．

中世にはコイが最も高貴な魚とされるのに対して，近世にはマダイが魚類の王座にすわる(原田1989)．このような魚類の格付けは，京都の近世遺跡から，マダイなどのタイ科が多く出土することと関連していると思われる．また，タイ(マダイ)は，魚の中で姿・色・味が最も優れていると

感じられ，祝膳には味だけではなく，姿や色のみごとさも必要とされるという(松下1991)．近世の料理書では，アカガイがサルボウガイより上位に格付けされている．

大坂魚市場跡でも出土量が多く，頻度が高いハモであるが，京都でも頻繁に消費されており，上方の魚食文化を代表する魚種といえる．大坂と同様にハモが多く漁獲できる瀬戸内海や大阪湾から水産物が多くもたらされたためと考えられる．ハモは堅い小骨が多くあり，そのままでは食べにくいため，骨切りして賞味するのが一般的である．「骨切り」は享保15(1730)年に成立した『料理綱目調味抄』に初めて見られ，京都でハモが好まれるのは，生命力が強く，京都に運ばれる間も生存しており，何とか美味く料理しようとして，骨切りが生まれたのではないかといわれている(川那部2000)．京都の人々は，海とは隔たった内陸で，より新鮮な魚を欲したのであろう．

4．まとめ

兵庫津遺跡では，近現代にみられる沿岸内海の魚種がほぼ出そろっていることから，17世紀後半〜18世紀前半にはすでに神戸近海での沿岸漁業の基礎が確立されていたといえる．延縄や網漁を行っており，イワシ類などを狙って漁網の目を細かくすることで，マダイなどの成長途中の幼・若魚などの雑魚も一網打尽にしていたようである．大量のトリガイは魚市場の近くで剥き身製造を行っていたことを示しており，商品にならない雑魚は自家消費していたことや，加工していたことが想定される．

兵庫津遺跡では，フグ科，ウシノシタ科，オニオコゼ属，コチ科の比率が比較的高いのに対して，大坂城下町の魚市場ではウシノシタ科やオニオコゼ属の消費が低調であるのとは対照的である．これらの種類の漁獲量が少ないのではなく，大坂での入荷・消費量が少なかったのであろう．また，大坂や京都の魚市場や屋敷地では，マダイやスズキなど体長20cm以上の個体が一般的であり，大坂の魚市場では魚種や魚体の大きさを選別して入荷していたと考えられる．

　京都では，アカガイ，ハモ属，マダイやキダイなどの赤い鯛を選択的に消費しており，京都の人々の海産魚貝類に対する嗜好が表れている．その主たる要因は，京都が近畿地方の内陸に位置するという立地環境に求められよう．特定の種類を選択的に消費する背景には，海浜部で魚貝類が水揚げされてから，京都へ運ばれるまでに，種類の選別が徹底されていたことを想定できる．すなわち市場を介して，京都の人々の需要に応じた品々が流通していたのである．京都の人々は，上位に格付けされるような美味かつ新鮮な魚貝種を好んで賞味し，そのような嗜好は，公家や武家といった上流階層だけでなく，町民層にも及んでいた可能性がある．しかし，大部分の魚が干物，塩漬けの状態で流通していたであろうことは，現代の冷蔵保存技術の発達まで，京都の人々が塩干物を日常の魚としていたことからもわかる．近世においても，新鮮な魚貝を入手することができたのは，経済的に裕福な家に限られていたであろう．

参考文献

赤沢威 1969「縄文貝塚産魚類体長組成並びにその先史漁撈学的意味」『人類学雑誌』第77巻第4号136-60頁

蘆田伊人編 1915『播群陽談』『大日本地誌体系』日本歴史地理學會校訂，大日本地誌大系刊行會

池田研 2010「堂島蔵屋敷跡B地点（DJ08-2次）調査出土の貝類について」『堂島蔵屋敷跡Ⅲ』（財）大阪市文化財協会 78-86頁

大阪市文化財協会 2004『大坂城下町跡Ⅱ』

金子浩昌 1994「棄てられていた貝・魚と部位」『京の公家屋敷と武家屋敷』同志社埋蔵文化財委員会編 123-130頁

川那部浩哉 2000『魚々食紀』平凡社新書 041

京都市編 1981『史料京都の歴史 12』下京区　平凡社 303-304頁

京都市埋蔵文化財研究所 2003『平安京左京四条二坊十四町跡』

久保和士 1999「近世大坂における水産物の流通と消費」『動物と人間の考古学』真陽社 137-179頁

神戸市教育委員会 2010『兵庫津遺跡発掘調査報告書第14・20・21次調査』第1分冊

神戸市教育委員会 2017『兵庫津遺跡第62次発掘調査報告書』

神戸市史編集委員会編 1990『新修　神戸市史』産業経済編Ⅰ第一次産業 158-159頁

酒井亮介 1992「近世初期大坂の水産物市場に関する一考察」『大阪の歴史』大阪市史料編纂所 62-87頁

高久智広 2002「近世兵庫津北浜における浜先地開発と屋敷割りの変化について」『神戸市立博物館研究紀要』18号　神戸市立博物館 5-40頁

原田信男 1989『江戸の料理史』中公新書 929　中央公論新社

藤田彰典 1989「近世京都の魚市場と鯖街道」『市場流通史』市場史研究会編 21-36頁

松下幸子 1991『祝いの食文化』東京美術選書 61　東京美術 2-9頁

丸山真史 2010「二條家屋敷跡に見る近世の動物利用」『常盤井殿町遺跡発掘調査報告書』同志社大学歴史資料館・同志社女子大学 171-189頁

丸山真史 2011「西宮神社社頭遺跡から出土した動物遺存体」『西宮神社社頭遺跡』兵庫県教育委員会 49-54頁

丸山真史 2012「近世の兵庫津における水産物利用」『ビオストーリー』vol.17 生き物文化誌学会 86-99頁

丸山真史 2017「兵庫津遺跡第62次調査出土の動物遺存体」『兵庫津遺跡第62次発掘調査報告書』神戸市教育委員会 243-258頁

丸山真史・北野信彦・竜子正彦 2005「平安京左京六条三坊五町から出土した軟体動物遺存体」『平安京左京六条三坊五町』（財）京都市埋蔵文化財研究所 118-125頁

丸山真史・富岡直人・平尾政幸 2007「本多甲斐守京邸出土の動物遺存体」『研究紀要』第10号（財）京都市埋蔵文化財研究所 227-244頁

丸山真史・松井章 2005「平安京左京六条三坊五町から出土した脊椎動物遺存体」『平安京左京六条三坊五町』（財）京都市埋蔵文化財研究所 126-137頁

丸山真史・松井章 2010「兵庫津遺跡第14次調査出土の動物遺存体」『兵庫津遺跡発掘調査報告書第14・20・21次調査』第1分冊、神戸市教育委員会 353-386頁

丸山真史・松井章・黒田慶一 2007「大坂城下町跡（旧鞋本町地区）出土の動物遺存体の分析」『大阪市歴史博物館紀要』第6号　大阪市歴史博物館 107-120頁

宮路淳子・松井章 2004「大坂城下町跡出土の動物遺存体の分析」『大坂城下町跡Ⅱ』大阪市文化財協会 419-451頁

矢田俊文 2005「中世考古学のための文献資料解説・首都物資流通圏」矢田俊文・竹内靖長・水澤幸一編『中世の城館と集散地』高志書院 281-282頁

和漢三才圖會刊行委員会 1970『和漢三才圖會』上　東京美術

コラム8　オセアニアにおける海の動物考古学

　遺跡より出土した動物遺存体（骨や貝）を対象とした動物考古学は，海と島からなるオセアニアでも重要な研究分野となっている．またニューギニア島を除けば，島嶼面積が小さいオセアニアの島々では，魚や貝といった海産物への依存度が高くなるため，魚骨や貝を対象とした動物考古学の研究が一つの主軸となってきた．本コラムでは，オセアニアを舞台とした魚骨や貝類を対象とした研究事例とその最前線を紹介し，海の動物考古学が持つ可能性と魅力について触れてみたい．

ラピタ人をめぐる先史漁撈の研究

　ポリネシア人の祖先とされるラピタ人は約3300年前頃，ニューギニアの離島域となるメラネシアの島々に突如として登場する（5章参照）．ラピタ人は急速に東への拡散を進め，ソロモン諸島を超えて人類未踏の地であったヴァヌアツやフィジー，そして西ポリネシアに位置するサモアといったリモート・オセアニアの島々への移住に成功する．彼らの拡散成功の要因としてその高い海洋適応が注目されてきた．その考古学的痕跡となるが，彼らの漁撈やその技術にアプローチできる魚骨や漁具であった．しかし，その研究はラピタ土器を中心とした分析に対して，それほど熱心に行われてきた訳でもなかった．それでも1990年代までには，ラピタ遺跡から出土する魚類の多くがブダイ科などのサンゴ礁に生息する沿岸魚種が圧倒的に高くなる傾向が各地で確認されてきた（図18）．また島民が現在も活発に多様な漁撈を実践していることが多いオセアニアでは，同時代の島民による漁撈を参考に過去の漁撈復元を試みる民族考古学による研究も少なくない．

　一方，漁具に関しては，ラピタ遺跡からは多様な貝製釣針が出土することが知られてきたが，これらと出土する魚類との相関性に基づく研究はあまり行われていなかった．しかし，ルアーと推測できる釣針を含む釣針群の多くは（図19），民族誌データ等に基づくなら，カツオなどの外洋魚種も対象となっていた可能性が高い．実際，出土量は少ないがラピタ遺跡からはカツオ等の外洋魚種も出土している．こうした点に着目し，本コラムの執筆者（小野）らは近年，ヴァヌアツのラピタ遺跡で出土した魚類と漁具の両方に着目しつつ，かつ民族考古学に基づく復元研究を展開中である．これらの成果から改めて指摘できるのは，ラピタ人による海洋適応の高さであり，彼らが海や海産資源の利用に熟知していた可能性が明らかになりつつある．

図18　遺跡から出土したブダイ科の魚骨（前上顎骨・主上顎骨など）

図19　ヴァヌアツのラピタ遺跡から出土した釣針

図20　ファイス島の人々によって捕獲されたサメ

ミクロネシア・ポリネシアの先史漁撈と地球環境史

日本から最も近いオセアニアとなるミクロネシアでは，ヤップ諸島，パラオ諸島やマリアナ諸島，ナンマドール遺跡で有名なポンペイ島の他，島嶼面積や陸上資源が極めて限られるサンゴ島，トケラウに代表されるような環礁島より出土した魚類（コラム 7 参照）や貝類遺存体の研究が進められてきた．その結果，沿岸にサンゴ礁が発達するパラオ諸島やポンペイ島では，サンゴ礁などの沿岸域に多く生息するブダイ科やベラ科といった魚種が多くを占めるのに対し，沿岸のサンゴ礁が限られる島々では，カツオやマグロ，シイラ，サメ類といった礁外から外洋域に生息する魚種も多くなる傾向が認められる．またヤップ諸島に位置するサンゴ島となるファイス島では，移住初期となる 1 世紀頃から 8 世紀頃までは，サメ類とカツオ・マグロ類が卓越するのに対し，12 世紀以降はなぜかカツオ・マグロ類が激減する現象が見られた（Ono and Intoh 2011；小野・印東 2013）．しかし，サメ類は継続して卓越する上，ファイス島では現在でもサメ漁は盛んで，島民はサメ肉も好んで食べている（図20）．また漁具も，釣針やトローリング用の貝製疑似餌は 12 世紀以降も継続して出土した．

興味深いことに，日本から最も遠いポリネシアに位置するマルケサス諸島などでも，12 世紀以降になると，カツオ・マグロ類が激減する傾向が確認されている．ポリネシアではハワイ諸島やイースター島に象徴されるように，12 世紀以降に首長制社会が発展したが，こうした社会的要因が特定魚種の出土量の変化と関連するのではと考えられてきた．しかし，ミクロネシアのファイス島

では民族誌時代にいたるまで首長制社会は確認されていない．少なくともファイスの事例に対しては，社会的背景が激減の要因とは考えにくいのである．

　一方，古気候学の研究によれば，地球の気候は13世紀頃より小寒冷期にはいり，平均気温が下がった可能性がある．またカツオやマグロの魚類生態学からは，これら魚種の回遊ルートがエルニーニョやラニーニャによる影響を受け，大きく変化する傾向も確認されてきた．つまり，こうした気候や海洋環境の変化が，ミクロネシアとポリネシアでほぼ同時期にカツオ・マグロ類が激減した要因の候補として浮かび上がってきた．その可能性を追究するには，さらなる学際的研究が求められる．しかしこのように，人類の魚食や漁撈技術というテーマを超えて，地球環境史にも直結できるところに，海の動物考古学のもう一つの面白さと魅力が指摘できよう．

参考文献
Ono Rintaro, and Michiko Intoh, 2011 Island of pelagic fishermen: temporal change of prehistoric fishing on Fais, Micronesia. Journal of Island and Coastal Archaeology 6: 255-286
小野林太郎・印東道子 2013「ミクロネシア・ファイス島におけるサメ・マグロ類の利用と時間変化」『動物考古学』30号:83-104

終　章

1. 海洋考古学の理論と実践

　海洋は，大洋や海域から成り，内水域にまで伸長する．本書でいうところの，海洋考古学とは，沿岸・島嶼部における人類の拡散や定住の跡，遺跡で特定される水域資源の利用と生業の証拠，水上輸送・海戦で沈没・廃棄された船の遺跡など，水域利用の物質的痕跡を研究する分野である．海洋考古学の用語自体は，本書が初出ではない．海洋考古学（Marine Archaeology）は，考古学発掘調査が水中で行われ始めた20世紀後半に一時使用されたが，1978年マッケルロイによるMaritime Archaeology（『海事考古学』）刊行以来，Encyclopedia of Underwater and Maritime Archaeology（1998）やThe Oxford Handbook of Maritime Archaeology（2011）などの概説書により今日では海事考古学（Maritime Archaeology）が定着をみている．本書で，あえて海洋考古学を掲げるのは，序章で説明された通りである．

　考古学では細分化の限界が指摘されているが，一方で，"海"の考古学については，理論や方法論が必ずしも確立されていない．これを踏まえて，本書で改めて，その学問領域を明示することを意図した．豊かな内水域と海岸線を持つ国土と周辺海底からは，この様な環境利用の痕跡である遺跡や遺物が発見され，個々に詳細な報告がされてきたが，体系立った解釈は未だ発展途上にある．本書は，概説的に，海洋の考古学を語るところを基本とし，アプローチとして島嶼・沿岸考古学，動物考古学，水中・海事考古学さらに船舶考古学を柱に据えた．

　本書は，海洋環境に立脚する史観についての狭小的な時代の海上交流の隆盛や海洋国家としての繁栄を議論するものではない．海域からの視点を重要視する上で，本書が提示する理論と実践は，先史から歴史時代，さらに近現代までの長い時間軸における人類と海洋との関係を考古資料から明らかにする研究手法とその事例である．海を介した人類の過去の活動の検証にあたっては，沿岸・海洋環境への進出の痕跡，遺跡に残された水産資源，出土する舟・船などを考古資料としてのモノと位置づけている．海洋考古学では，"海洋"を研究対象の中心とするのではなく，人類史復元における海洋の役割理解のために必要不可欠であるモノを検証する．海洋考古学の入門書としては，先行研究や著書らの研究を総合的にまとめ，そのアプローチを提示した．

　本書は，大学教育での利用と学術的な寄与を目的として執筆された概説書である．"海洋"考古学が掻き立てるイメージに惹かれて，ここまで読み進め，あるいは不満を持った方もおられるかもしれない．海洋考古学もまた，モノを研究対象とする考古学の下位分野であり，その魅力を伝えることの大切はあえて説くものでもない．理論を説く本書が，その視点を欠いたとすれば，批判を受け止めて，今後の課題としたい．

　実践を掲げる本書は東海大学の研究者の手による執筆である．大学には海洋考古学を希求する土壌，研究者による多年の業績があり，それが本書の刊行に結び付いた．水中遺跡の調査については，1980年代に，1281年の鷹島沖で壊滅した元軍艦隊の初期水中探査でカラーソナー音波探査技術の専門家故茂在寅男が関わったことを端緒に，2010年代には海洋地質学の根元謙次がマルチビームソナーとサブボトムプロファイラー技術を利用して，元軍船の埋没地点の特定に大きく貢献した．この間には，静岡県駿河湾で，日露和親条約締結交渉中に安政東海地震の津波により大破，戸田への曳航中に沈没した帝政ロシア海軍のフリゲート艦ディアナ号の探査も試みられた．また同じく駿河湾

内南伊豆では，1873年に沈没したフランス郵船会社のニール号海底地形図の作成や試掘，静岡県指定の沈没船遺跡の周知化に，東海大学の研究者らが貢献してきた．本書で指摘したように20世紀の潜水技術の開発は水中遺跡の存在を明らかにし，近年のサイドスキャンソナーに代表されるリモートセンシング水中探査技術は，浅海から深海まで遺跡が所在する海底地形計測，その調査やモニタリングにまで使用され，さらにはROVや水中ドローンの普及は，ヒトが水に潜ることなく水底遺跡へアクセスできる選択肢を拡充した．本書では，これらの実践例の一部がコラムで紹介されているが，潜水科学，海洋工学分野の専門家と共同作業の重要性，海洋考古学の学際的側面が，その内容に反映されている．化学や保存科学分野と考古学の学際的側面が強調されるが，海洋を対象とする考古学についても学際的研究の実践が，今後ともますます重要となってくる．本書のDNA分析紹介に示されるとおりである．

海洋考古学の実践においては，地域の中心地性を陸地に求めるものではない．本書コラムで，紹介された研究の事例には，北海道・千島列島のオホーツク"海域"文化の研究を含む．陸地からの視点では，これら地域は，中心地からの周縁部に位置付けられがちだが，北と南の沿岸・列島部には，海域を境界とする独自の中心文化や生活空間が存在していた．多様な海域で，どう環境に適合し，それを利用してきたのかを知ることは，海洋環境と隣り合うわれわれに様々な示唆を与えてくれる．本書コラムでは，海洋環境の一つである潮流が取り上げられている．潮流の恩恵を実感する機会の少ない今日，潮流利用が当然であった過去の理解にいかに海洋考古学が貢献できるのか，その可能性を提示する．海洋考古学の概説書としては，陸地の対極としての海洋の歴史学・考古学論では無く，水中遺跡を陸地遺跡との二元論で語ることも意図してはいない．遺跡がいかなる環境にあろうとも，海洋環境と人類史の関係を紐解くという命題の下に，探究を行うのが海洋考古学である．

2. 水中・海事考古学，島嶼・沿岸考古学，そして動物考古学の視点

海洋考古学を扱う本書を刊行する大きな理由として，近年の水中・海事考古学の進展がある．考古学者は潜水技術の取得により，陸上遺跡発掘調査の原理原則を，水没した遺跡の発掘調査に適用することができるに至った．水没した遺跡の発掘調査は，これまで陸上の発掘事例では確認されなかった，良好な状態で保存された沈没船船体やその積み荷の出土，沈没船遺跡を考古遺跡として研究する学術潮流を確固たるものとした．水上あるいは海上でのヒトやモノの移送のように，人類史における数千年で，船舶が果たした役割は大きく，遂にその使命を果たすことなく水没した沈没船は，貴重な考古資料として現代の水中考古学者らによって発掘調査されている．また陸上でも発見される船体考古資料と合わせて，沈没船遺跡は，沿岸部の港湾遺跡や，陸上の生産地と消費地との関係の中で解釈される必要性が明らかとなり，海事考古学の成立を導いた．

日本では，水中遺跡の所在が内水域で確認され，琵琶湖では葛籠尾崎湖底遺跡を始めとする湖底遺跡調査が実施される．水中考古学史の初期には，戊辰戦争時に北海道江差沖で沈没した開陽丸発掘調査が行われ，出土した多量の金属製遺物の保存などが試行錯誤の中で実施された．日本初の本格的な沈没船遺跡の水中考古学発掘調査として成果を上げたが，結果として，沈没船遺跡発掘調査が波及したかについては限定的であった．考古学発掘がある種のアイデンティティの追求であるならば，デンマークにおけるヴァイキング文化の体現であるヴァイキングシップの水中発掘調査以後の，同国における水中考古学発展と比較にならない．また，イギリス王室海軍旗艦のメアリーローズ号引き揚げ，スウェーデン・グスタフ王朝の旗艦であったヴァーサ号のストックホルム湾での引き揚げは，いずれもそれぞれの国での海事考古学研究の素地を生み出した．オーストラリアでは，入植期以前のオランダ東インド会社船バタヴィア号の発掘調査が1970年代に開始され，船体と関連遺

物が引き揚げの後に，自国の植民初期・発展期の史跡沈没船の保護体制を構築する．これらの事例には，水中に没した船舶に，自らの文化的・歴史的起源を追い求める研究姿勢を垣間見ることができる．

日本文化や社会形成に海域史の視点を持ち込んだ場合に，考古学はどの様な貢献を果たせるのか？ ここでも舟や船の役割を強調したいが，現実には国内出土の船体考古資料は限られる．例外的には多数の縄文時代からの丸木舟の出土があり，その事実によって発展した準構造船を中心とする船の構造の進化論が受け入れられてきた．本書の海洋考古学のアプローチでは，この従来の船の考古学の外に出て，造船技術の発展，技術史的な見方で，海域を介した交流の可能性も含めて，朝鮮半島で出土した船体資料や，アジア海域での造船技術の変遷を論じている．日本の周辺の東アジア海域さらには南シナ海域では，水中と陸上の両方で，良好な状態で船体考古資料が発掘されており，海域アジアにおける造船技術の研究は新たな知見を提供してくれる．

日本でも鷹島沖の蒙古襲来関連の海底遺跡で，船体考古資料が出土したことが，大きく水中・海事考古学の方向性を変えた．同遺跡では，1990～2000年代の時点で，すでに船体部材・武器・甲冑類関連遺物の出土が相次いでいたが，2012年の元軍兵船の船体出土を直接の契機として，同遺跡は国の史跡指定を受けた．さらに文化庁主導により，水中遺跡の調査・管理・保護・活用の方向性を議論する検討委員会が組織された．2001年ユネスコ水中文化遺産保護条約の成立を機に，水中考古学の実践から水中遺跡を水中文化遺産として保全する動きが国際社会で加速している．これまで指摘されてきた日本の水中・海事考古学研究の遅れを過去のものとするべく本書の執筆に挑んだ．

海洋環境への適応は，人類史復元の初期の重要なテーマである．人類史上の水産資源の利用は，モノとして残る出土魚骨から読み解かれ，ケニアでは約195万年前の原人による淡水魚捕食が確認されている．特に，海産資源の利用痕跡については，新人段階，南アフリカでの約16万年前と下るが，有力な見方として，貝類・海生哺乳類の捕獲は，ネアンデルタール人や新人によって本格化していたと考えられている．地球規模の環境変化は，海洋環境を克服した上での人類の世界拡散の要因となり，氷期における出アフリカを促した．目の前に広がる海を見据えて，ヒトは何を考えたのか．フローレス原人は海を越え，インドネシアのフローレス島まで到達した10万～7万年前頃に出アフリカを達成した新人は，さらに海の壁を乗り越えて，それまで未踏であったオセアニアや新大陸へ進出し，地球上の全ての陸地への移動と移住に成功した．新人の海洋環境適応への検証は，琉球列島，東南アジアからオセアニア圏での研究が著しい進展を見せている．東ティモールでのマグロ・カツオ属の魚骨と単式釣り針の出土を踏まえて，4万3000～1万年前頃への外洋性・回遊性の魚の捕獲が確認されているが，新人としてのわれわれの海洋環境への適応，さらに積極的な利用の到達点とみることができる．人類と海洋環境の関係は，海に囲まれた大陸の沿岸部への進出による適応，そして島嶼地域への拡大段階での積極利用が読み解かれる．本書では，考古資料に基づき，沿岸考古学と島嶼考古学の双方の視点で，これを解説した．

海洋考古学の一手法として，島嶼部での人類による海への最終適応の解明を目指す島嶼考古学のアプローチは以下のように集約される．第1に「海を越えた島への移住行為に関する技術，移住年代，移住ルートから見えてくる人類の海洋適応の歴史の解明」，第2に「面積や陸上資源に限りのある島嶼環境へ移住後の人類による暮らし，特に島嶼資源や海産資源の利用に関わる技術や時間的変化から見えてくる人類と海との関わり方，海洋環境そのものの変化の解明」，そして第3に「島へ移住した人類による海上ネットワークによる他島や他地域との海を越えた関わりの歴史と動態の解明，またそれを可能にした技術発展（おもに航海術・造船技術）の解明」を掲げる．島嶼考古学の対象地域として日本列島，東南アジア島嶼部，オセアニア島嶼国が取り上げられ，出土遺物

終　章　149

に反映される海洋環境における人類の動態を地域ごとに描写するが，アジア・オセアニア圏というマクロ海域空間での適応段階を説明する．海域アジアとオセアニア海洋圏には，今日においても島嶼海域そのものを生活空間とする海民がいる．海洋環境への適応と利用を，数万年から数千年の過去のものとしてしまったわれわれにとって，「海を渡る」ことを日常的に実践する彼らから学ぶことが多々ある．海民研究の視点こそは，「国民国家」を頂点とする集団の発展やシステム論をもてはやす現代のアカデミズムが生む歪みを埋める重要なアプローチである．

　動物考古学は，考古遺跡から出土する貝殻，脊椎動物の骨や角などの動物質遺物，すなわち動物遺存体を分析し，人と動物の関係の歴史を紐解く考古学分野である．国内では，貝塚，洞穴，湿地，砂丘に立地する遺跡では，動物遺存体が良好に保存され，これらの発掘調査の成果は日本における動物考古学研究を発展させてきた．発掘調査中に抽出される動物遺存体には，貝殻，魚骨など大小様々で，両生・爬虫類，鳥類などの骨や微小な魚類の骨は検出困難である．水産資源が豊富な日本列島で，海の生き物を本格的に捕獲，消費しはじめたのが縄文時代である．特に，その早期の東名遺跡で検出された貝類や魚類遺存体から，人々が食料とした海の幸を食料とし，海との関係を深めた姿が浮かび上がる．出土した魚種の生態の特定は，遺跡が立地する河口部や干潟が漁場であったことを推定させる．東名遺跡では，漁具関連の出土遺物が乏しいため，漁法には不明な点もあるが，魚類遺存体から利用した魚種やその漁法を読み解くことで，水産資源利用の実態が浮び上がってくる．過去の水産資源の利用の検証に，貝殻や魚骨等の動物考古資料の分析法が直接的に有効であることが本書では提示された．

　沿岸部の遺跡は，海と人との関係を検証する上で直接の考古資料を提供することはいうまでもないが，本書で説くように，内陸における海産資源の利用量や質を分析することで，日本列島における海産物利用の意味を改めて問うこともできる．内陸に位置する奈良盆地では，先史時代の遺跡から，すでに海産物が出土している．海産物の消費地が早くから内陸にあったという事実は，過去の日本列島における海産物利用の意義，海域と山岳域を結ぶヒトとモノの交流ネットワークが生まれていたことを物語る．奈良盆地に所在する縄文時代の橿原遺跡，弥生時代の唐古・鍵遺跡，古墳時代の南郷大東遺跡などは，各時代を代表する拠点的な集落遺跡である．盆地集落と域外との交流も指摘されてきた．特に，弥生時代の唐古・鍵遺跡の動物遺存体分析では淡水魚消費が多く，逆に海産物は貴重品であった．海産物は，祭祀に伴う供献物や，儀礼食としての意義があった可能性が指摘される．一方で，域外から流入する海産物の種類の選択性はあまり見られず，定形的に魚貝類を供給することはなかった．このような状況は，都城成立と国家が地方から海産物を納めさせる体制が整備される状況を示している．日本列島で最も身近な食料資源である海産物について，過去の漁撈活動と水産物消費の形態を読み解く研究そのものが，現代社会の急激な水産物消費の変化や，われわれがどう水産資源利用を持続可能発展の中で位置づけるかを考えるきっかけともなる．

　海洋考古学は，陸と海に壁を作り出すことを目的に行う研究ではない．海洋考古学研究の成果が，これまでの研究成果との相乗によって，評価されることを願って本書を刊行した．

　本書の出版にあたっては，各方面より多大な協力を頂いた．末筆ながら，執筆陣を代表して，厚く御礼申し上げます．また本書の意義を理解し，その出版に尽力頂いた東海大学出版部の稲英史氏，原裕氏に感謝申し上げます．

索引

あ
アウトリガー・カヌー　92
朝日遺跡　125
アマ　99
有明海　113
アルフレッド・ウォーレス　97
栗津湖底貝塚　15
アンカーストック　17, 35
アンコッズ　49
アンティキティラ　9

い
イースター島　90
筏　28
池上遺跡　125
イコモス　49-51
糸満　100
糸満漁民　94
いろは丸　15
インゴット　27
インドネシア　62, 76, 92

う
ヴァーサ号　46, 47
ヴァイキング船　42, 43
ウアッタムディ遺跡　85
上野原遺跡　81
魚市場跡　133, 136
ウォータードレッジ　24
ウォーレシア　83
ウォーレシア海域　67
有珠モシリ遺跡　82
海のシルクルート　27
ウミンチュ　94, 100
ウルブルン　11

え
エアリフト　24
戎町遺跡　127
家船　93, 99
沿岸航洋船　31
猿人　59

お
小江慶雄　13, 14
オーストラリア　69, 87
オーストロネシア　84, 95
オセアニア　76, 77, 92

オランダ東インド会社　47-49

か
海事考古学　1-5, 11-13
海水魚　115, 121
貝製単式釣り針　69
貝製釣り針　81
貝塚　16, 28, 78, 111, 114
海民　92
海洋考古学　1-5
海洋適応　59, 81
開陽丸　14, 15
隔壁　36
橿原遺跡　128
亀井遺跡　125
唐古・鍵遺跡　121
カルンパン遺跡　85
管軍総把印　16
完新世　78
観音寺本馬遺跡　128

き
キース・マッケルロイ　12
季節風　27
久宝寺　30
鋸歯印文　84, 86
巨石文化　90
漁撈　79, 113, 125, 136, 143

く
クストー　9
楠・荒田遺跡　127
倉木崎海底遺跡　35
クラ交易　90, 101
刳り舟　28
クレオール性　97
クローヴィス　70
桑津遺跡　127

け
ケープ・ゲラドニャ　10
原位置保存　18, 25, 52
原材料　10, 11, 27
原人　59
現生人類　64

こ
黄海域造船伝統　35

港市　13, 31, 35
杭上家屋　93
更新世　78
構造船　29
神津島　27, 79
鴻臚館　33, 35
黒曜石　79, 85
巨勢山古墳群　128
ゴダヴァヤ　27
骨製釣り針　79
湖底遺跡　13-16, 53

さ
サーキュラーサーチ　23
サイドスキャンソナー　23, 40
サキタリ洞遺跡　69
サブボトムプロファイラー　18, 40
サフル大陸　67
サマ　93
サマ・バジャウ　92, 97
三内丸山遺跡　79

し
ジェリマライ遺跡　69
耳石　113, 115
史跡沈没船　11, 15, 42, 47
史跡沈没船保護法　49
ジャワ　83
ジャワ海沈没船　36
十六面・薬王寺遺跡　128
準構造船　29
縄文海進　78
縄文時代　98, 113
縄文時代期　78
ジョージ・F・バス　10, 23
新安船　38, 39
新人　64

す
水中遺跡調査検討委員会　20, 21
水中考古学　1-4, 9, 10, 12
水中文化遺産　49-52
水中文化遺産の保護と管理に関する憲章　51
スールー　100, 101
スンダ大陸　67

せ
潟湖地形　29
赤色スリップ式土器　84
瀬戸内海　99
船殻先行建造法　29, 43
泉州船　35, 36
船体考古資料　11, 26
船体骨格先行建造法　29

船舶考古学　1, 11, 12

そ
曽我遺跡　128

た
台湾　83
鷹島海底遺跡　16-18
鷹島神崎遺跡　18, 20
タボン洞穴　85
蛋　94
淡水魚　60, 116, 121, 138
蛋民　94

ち
チャウタン沈没船　33

つ
葛籠尾崎湖底遺跡　9, 13
坪井・大福遺跡　128

と
堂島蔵屋敷跡　133
動物考古学　1-4, 111
常盤井殿町遺跡　137
トポガロ洞窟群遺跡　86
トンガ王国　90

な
内湾　115
南海1号　36
南郷大東遺跡　128
ナンマドール遺跡　90

に
西宮神社社頭遺跡　133
ニューギニア　76

ね
ネアンデルタール人　63

は
バジャウ　93
バタヴィア　48
バタヴィア号　23, 47-49
八仙洞遺跡　84
パトロン・クライアント関係　98
バブ・エル・マンデブ海峡　61
パラオ諸島　88

ひ
東シナ海域造船伝統　36
東名遺跡　113
干潟　28, 35, 115

ビスマルク諸島　84
ピナクル・ポイント洞窟遺跡　64
ピニシ　92, 94
兵庫津遺跡　132
兵庫津　132
平底船　31, 33-35
ビリトゥン沈没船　32

ふ
フィリピン　84, 92
ブギス　92, 94, 97
ブキットテンコラック遺跡　85
船形埴輪　30
布留遺跡　129
フローレス　83
フローレス島　62
文化財保護法　18

へ
平安京左京四条二坊十四町跡　137
平安京左京六条三坊五町跡　137

ほ
縫合船　30, 32
ホモ・エレクトゥス　59
ホモ・サピエンス　59, 78
ポリネシア　71
ボロブドゥール　90
ボロンボス洞窟遺跡　65
ポンペイ島　90

ま
マカッサル　92
マダガスカル　76, 77
マラッカ王国　90
マリアナ諸島　84
マリノフスキー　101
丸木舟　28-30
マルチナロービーム　18, 23, 40
マレーシア　92
真脇遺跡　79
マンゴマン　87

み
ミクロネシア　84
見高段間遺跡　81
ミトコンドリアDNA　68
南シナ海域造船伝統　39
宮ノ下遺跡　125

む
無人潜水機　23

め
メアリーローズ号　43-45
メガリス　90

も
モアイ　71, 90
モーケン　92, 93

や
山下第一洞穴遺跡　69
弥生時代　81, 96, 98

ゆ
ユネスコ　49-51
ユネスコ水中文化遺産保護条約　49-52

よ
鎧張り　34, 36, 42

ら
ラピタ　88, 95
ラロ貝塚遺跡　85

り
離散集合　97
リモート・オセアニア　88, 95, 96
リモートセンシング　21, 23, 40
琉球列島　68, 81, 93
竜骨材　33

ろ
ロングシップ　42

コラム執筆者一覧（50音順）

木山　克彦
北海道大学大学院文学研究科博士後期課程修了．博士（文学）．東海大学課程資格教育センター（博物館学研究室）／清水教養教育センター講師．主な研究業績は，2010（共著）『北東アジアの歴史と文化』北海道大学出版会．

坂上　憲光
立命館大学大学院理工学研究科総合理工学専攻博士後期課程修了．博士（工学）．東海大学海洋学部航海工学科海洋機械工学専攻准教授．主な研究業績は，坂上憲光・小野林太郎・李銀姫・片桐千亜紀・山本祐司・中西裕見子 2016「石垣島における水中ロボットを利用した水中文化遺産教育」『工学教育』．

坂本　泉
東海大学大学院海洋学研究科博士課程後期修了．博士（理学）．東海大学海洋学部海洋地球科学科．主な研究業績は，2012（共著）「地学基礎」文科省検定教科書　実教出版．

鉄　多加志
放送大学大学院文化科学研究科修士課程修了．修士（学術）．東海大学海洋学部海洋フロンティア教育センター講師．主な研究業績は，2017「水中遺跡（沈没船）調査における安全な潜水方法の研究」『東海大学海洋研究所研究報告』．

野原　健司
福井県立大学博士課程修了．博士（生物資源学）．東海大学海洋学部海洋生物学科准教授．主な研究業績は，Higashi R, Sakuma K, Chiba S, Suzuki N, Chow S, Semba Y, Okamoto H, Nohara K. 2016. Species and lineage identification for yellowfin Thunnus albacares and bigeye T. obesus tunas using two independent multiplex PCR assays. Fisheries Science.

北條　芳隆
大阪大学大学院文学研究科博士後期課程満期取得退学．東海大学文学部歴史学科考古学専攻教授（文学部長）．主な研究業績は，2017『古墳の方位と太陽』同成社．

編著者紹介

木村　淳

フリンダース大学大学院博士課程修了．博士（Doctor of Philosophy）．マードック大学アジア研究所研究員，シカゴ・フィールド自然史博物館研究員を経て，東海大学海洋学部海洋文明学科特任講師．主な研究業績は，2006「日本水中考古学発展への模索：世界の水中考古学研究との比較を通じて」『考古学研究』，2014（共著）Naval battlefield archaeology of the lost Kublai Khan fleets, *International Journal of Nautical Archaeology*，2017 *Archaeology of East Asian Shipbuilding*, University Press of Florida，2017「海域東アジア史と航洋船の造船史—海事考古学によるアプローチ」『水中文化遺産：海から蘇る歴史』勉誠出版．

小野　林太郎

上智大学大学院外国語学研究科・地域研究専攻修了．博士（地域研究）．日本学術振興会特別研究員（国立民族学博物館），日本学術振興会海外特別研究員（オーストラリア国立大学）等を経て，東海大学海洋学部海洋文明学科准教授．主な研究業績は，2011『海域世界の地域研究—海民と漁撈の民族考古学』京都大学学術出版会，2013（共編著）*Prehistoric Marine Resource Use in the Indo-Pacific Regions*, Terra Australian National University E Press, 2016（共著）Discovery of iron grapnel anchors in early modern Ryukyu and management of underwater cultural heritages in Okinawa, Japan. *International Journal of Nautical Archaeology* 45.1: 75-91, 2017『海の人類史—東南アジア・オセアニア海域の考古学』雄山閣．

丸山　真史

京都大学大学院博士後期課程修了．博士（人間・環境学）．奈良県立橿原考古学研究所嘱託職員，奈良文化財研究所客員研究員，京都市埋蔵文化財研究所職員を経て，東海大学海洋学部海洋文明学科特任講師．主な研究業績は，2012「近世の兵庫津における水産物利用」『ビオストーリー』vol.17 生き物文化誌学会，2013「近世，京都の魚食文化の特徴」『動物考古学』第30号　動物考古学研究会，2016「古墳時代の馬の普及と飼育・管理」『古代学研究』208 古代學研究會，2017「平安京跡出土の牛馬骨の解釈に関する問題点」『洛史—研究紀要第11号—』京都市埋蔵文化財研究所．

装丁　中野達彦

海洋考古学入門—方法と実践

2018年5月20日　第1版第1刷発行

編著者　木村　淳・小野林太郎・丸山真史
発行者　浅野清彦
発行所　東海大学出版部
　　　　〒259-1292　神奈川県平塚市北金目4-1-1
　　　　TEL 0463-58-7811　FAX 0463-58-7833
　　　　URL http://www.press.tokai.ac.jp/
　　　　振替　00100-5-46614
印刷所　港北出版印刷株式会社
製本所　誠製本株式会社

Ⓒ Jun KIMURA, Rintaro ONO and Masashi MARUYAMA, 2018　　ISBN978-4-486-02171-1

・JCOPY ＜出版者著作権管理機構 委託出版物＞
本書（誌）の無断複製は著作権法上での例外を除き禁じられています．複製される場合は，そのつど事前に，出版者著作権管理機構（電話03-3513-6969，FAX 03-3513-6979，e-mail: info@jcopy.or.jp）の許諾を得てください．